# 以民主之名的獨裁



Moisés Naím
摩伊希斯・奈姆——著
陳於勤、洪婉禎——譯

民粹、兩極分化、後真相，戕害自由的21世紀「權力遊戲」。

# 各界讚譽與媒體書評

奈姆是世界上最令人振奮且最有創意的政治思想家，引人入勝地探討了正在重塑政治權力的矛盾趨勢，並解釋我們的未來將取決於如何解決這些問題。必讀。

——美國前國務卿**麥德琳・歐布萊特** Madeleine Albright

原創思想家又寫出一部原創之作，對民粹主義與權力提出獨一無二的全球視角。

——普立茲獎得主、歷史學家、《大西洋》特約撰稿人**安・艾普邦姆** Anne Applebaum

奈姆是世界政治最敏銳的觀察家之一，他在書中全面耙梳了近年來不負責任的獨裁者、民粹主義者與企業對民主構成的威脅，並在不同領域中洞察出共通點。一部重要且適時的著作。

——史丹佛大學國際研究所教授**法蘭西斯・福山** Francis Fukuyama

異常聰明、有洞察力、優雅地講述獨裁者與專制者在全球崛起掌權的原因，以及我們如何為自己的國家捍衛民主。沒有人比奈姆更了解權力，我從第三句話開始就被深深吸引住了。

——華頓商學院教授、紐約時報暢銷書作家**亞當・格蘭特 Adam Grant**

「歷史的終結」為何變成了專制的復興？奈姆用精闢的分析與全球視角探討二十一世紀最令人不安的問題，展現民粹、兩極分化、後真相如何推動領導者如貝盧斯科尼、波索納洛、奧班、艾爾多安、杜特蒂、川普的崛起。每一個關心真理與民主的未來的人都應該讀這本書。

——財富傳媒執行長**艾倫・默瑞 Alan Murray**

如果你真正想了解當前全球對民主的威脅就應該要讀。奈姆寫出一本傑作。

——凱雷集團共同執行董事、甘迺迪中心與美國外交關係協會主席**大衛・魯賓斯坦 David Rubenstein**

奈姆對新獨裁主義做了有說服力、容易理解的概論。讀者會同意這是迫切需要關注的問題。

——出版人週刊 Publishers Weekly

權威且睿智地描述獨裁主義在全球蔓延及其帶來的危險……與提摩希・史奈德《暴政》、角谷美智子《大說謊家時代》不同的是，本書難能可貴地用大批事實真相討論國際上過去二十年逐漸傾向獨裁主義領導者的趨勢，不論是舊式獨裁者金正恩，抑或是表面上的民選總統普丁。

——科克斯書評 Kirkus Reviews

令人緊張不安……對任何一位認為這裡不會出現獨裁統治的人來說，這本書是個強有力的警鐘。

——《進步》月刊 The Progressive

範圍廣大的細微觀察，洞見當前的危機，而非試圖找出民主式微的單一原因……以各種不同的獨裁者歷史佐證，以及他們在崛起之路上磨練手腕到掌權的方法。

——華盛頓郵報 Washington Post

一位外交政策專家講述新近的煽動者如何取得權力，如何利用現代的社交媒體、電視、奇觀社會為工具，宣揚獨裁統治與打壓異己。

——亞當・高普尼克 Adam Gopnik《紐約客》書評

導讀

# 獨裁者的春天

何明修
國立台灣大學社會學系教授
國科會人文社會科學研究中心主任

當代世界面臨前所未有的挑戰，包括全球疫情、氣候變遷，恐怖主義等，需要各國人民團結合作，採取一致的行動。然而，民主國家的表現卻不是令人滿意。在肺炎病毒蔓延初期，民選的領導人忽視專家的警告，不願意採取必要的防範措施，例如戴口罩、邊境管制等；等到疫情擴大，各種封城與隔離的指令慢半板，也沒有徹底落實，其中主要原因在於政治人物不想得罪選民，不敢採取不受歡迎防疫規定。更甚者，不少政治人物宣揚關於病毒、口罩、疫苗的陰謀論或是懷疑論，導致不必要的混亂、法律訴訟、政治抗爭。包括美國總統、英國女皇、英國首相等都曾染疫，試想如果你是習近平或普丁，你會覺得西方民主是值得學習的模範嗎？難道民主不就是與散漫隨意、過度放縱、缺乏紀律等亂象可以劃上等號？

民主國家的失德失能，讓全世界大大小小的獨裁者更理直氣壯，宣揚他們統治的正當性。此外，民主體制重視人權與法治，賦與公民政治權力，如此也開啟了另一項風險，亦即是人民會不會選出「錯誤的」領導人，使得民主的精神與制度從內部被掏空，進而走上獨裁專制度的道路？

《以民主之名的獨裁》關切這樣危險趨勢，越來越多民選領袖仗著他們的政治支持，所做所為卻破壞民主的根基。菲律賓總統杜特蒂（Rodrigo Duterte）以掃毒之名，縱容執法人員大開殺戒，匈牙利總理奧班（Viktor Orbán）打壓學術自由，土耳其總統艾爾多安（Recep Tayyip Erdoğan）清算全國的公務人員與媒體記者，俄羅斯總統普丁玩弄憲法規定，建立其長達二十幾年的個人統治。上述這些例子發生於新興民主體制，或許可以歸因於民主根基不深所導致的逆流。然而在老牌的民主國家，這樣令人擔憂的趨勢也明顯可見。美國總統川普口無遮攔，公然講述各種歧視女性、少數民族、身障者的不當言論。英國首相強生也是以製造不實新聞起家，在脫歐公投期間宣揚各種錯誤的訊息。民主並不只有投票，還包括一些人權保障、權力制衡、言論與媒體自由、司法獨立等規定，一旦這些制度被侵蝕了，民選的執政者就可以為所欲為，也就離獨裁統治更進了一步。

關於民主體制的內在危機，台灣已經出版一些不錯的翻譯作品，包括戴雅門（Larry Diamond）的《妖風：全球民主危機與反擊之道》，李維茲基（Steven Levitsky）與齊布拉特（Daniel Ziblatt）的《民主國家如何死亡》。相對於這些既有的著作，《以民主之名的獨裁》更關切這些民選獨裁者所採用的手段，作者將其簡述為3P，亦即是民粹主義（populism）、兩極分化（polarization）、後真相（post-truth）。

歷史上的民粹主義，例如十九世紀的俄羅斯與美國，源自於鄉村的農民運動，對抗掌握金權與權力的都會菁英。但是到了後來，民粹主義成為了政治野心家煽動群眾的武器，他們宣稱自己代表真正的民意，揚言打倒封閉而腐敗的體制內菁英。民粹主義政治人物最令人意外的一點在於，他們通常來自於菁英階級，但是卻透過成功的行銷與包裝，取得了一般老百姓的支持。川普承襲家業，成為億萬富翁，但是美國南方貧窮的白人、北方落沒鐵銹帶工人卻相信川普才是他們的救星。

兩極分化也是滋生民選獨裁者的溫床，典型的操作方式就是污名化與妖魔化某些少數群體，例如美國的非法移民、印度的穆斯林，誇大其威脅，煽動仇恨，以取得政治權力。後真相源自政治宣傳，但是在數位媒體發達的年代下，訊息的海量成長與加速傳播不但沒有讓更多民眾取得真相，反而是淹沒於各種虛偽、錯誤、造假的訊息中，閱聽人分化成為各種彼此不對話的同溫層濾泡。可以這樣說，兩極分化讓野心政客得以輕易地賺取政治資本，後真相則掩飾了他們所散播的謊言與醜陋行徑。

本書的可讀性很可高，作者從全世界各地收集了各種民選獨裁者的行徑，加以整理與分類，讀起來很像是一份犯罪分析報告。台灣沒有根深柢固的宗教與族群分歧，但是政黨競爭所導致的藍綠對立在選舉期間特別明顯，某些政治人物言行也帶有明顯的民粹主義風格。更嚴重在於社群媒體上的假消息泛濫，其中來自對岸中國的資訊戰更不容輕忽。台灣的民主得來不易，或許讀者可以按圖索驥，指認出當下的各種威脅。

進一步而言，民選獨裁者之興起，也得利於外在的變遷趨勢。經濟全球化加劇了貧窮落差，隨著資本更自由的跨國流動，政府的財政能力退化，也越來越不能撐起穩固的社會安全網，協助弱勢民眾。戰亂、貧窮、政治迫害驅動了大規模移民，接受國不見得有能力安置他們，也經常激發民意的排外反彈。這些因素都是催生獨裁者浮現的結構條件，若能夠有効緩解，自然就能降低發生的機會。

事後來看，冷戰時期也是自由民主體制相當穩定運作的時刻，至少國內的政治分歧沒有明顯惡化，不同黨派政治菁英之間存有相當程度的共識。強大的外敵帶來了團結與相互忍讓，在蘇聯的核武威脅使得西方國家的右派願意接納福利國家體制，改善種族關係，左派則支持國防預算。蘇聯的解體，帶來了一種錯置的「歷史終結」之勝利感，也意外加深了國內的政治對立，因為不同陣營不再認為有必要相忍為國。值得注意的是，在今年二月俄羅斯對烏克蘭發動入侵戰爭之後，歐美民主國家迅速放下長久的歧見，達成軍援、制裁、強化北約、減低化石能源之依賴等共識。有鑑於當前民主國家越來越意識到中國與俄羅斯的威權擴張，也採取各種因應措施，「新冷戰」時期到來，或許能夠意外地強化民主體制的自我防禦能力。

最後，讀者會感到很意外，作者到了第十章才提到日益走向一人獨裁的中國，而眾所公認的，中國比俄羅斯帶給民主體制更巨大的挑戰。本書主要關切來自內部的顛覆力量，以民主之名破壞民主之實，而共產中國從來不曾民主過，從毛澤東到習近平，統治者不需依靠民粹主義與兩極分化來取得政權，儘管以政治宣傳形態存在的後真相一直是共產黨所牢牢控制的。

值得注意的是，中國的威權擴張有時也是透過顛覆既有的民主體制，其策略也可能複製了本書所指認的3P手法。然而，就台灣的經驗而言，中國銳實力的輸出還包括了一系列經濟讓利、扶植境外協力者與代理人、媒體壟斷與控制、收買與吸納宗教領袖與民間宮廟等更多元而廣泛的手段，已經超出原先「統戰」的範圍。如果台灣的民主體制能夠承受這些巨大的挑戰，那麼我們就有更多值得的分享的故事與啟示，與其他民主國家並肩同行。

目錄

## 第2部　爲獨裁政體打造的安全世界

沒有人會為了廢除權力而奪取權力。

——喬治・歐威爾《一九八四》

我們所遭遇到的正是不知道我們身上發生了什麼事。

——荷西・奧德嘉・賈塞特《人類與危機》

引言

# 危機四伏

全世界自由社會皆面臨毫不留情的新敵手，它並沒有手握海陸兵權，也無法在地圖上明確指出，既無所不在卻也無從尋找，因為它非實體的存在而是藏匿於思想之中。這位敵人不像納粹軍隊與蘇聯那樣從外部實體層面破壞社會，而是從內部結構下手。

無所不在又無處可尋的迫切危機十分抽象，無從辨識也無法明確指出。可以感受到它的存在，卻又無法賦予確切的名稱。許多文章敘述其特徵與組成，但「它」仍是籠統抽象的概念。

於是，我們的首要任務便是給它一個確切的名字，只有這樣才能理解它、對抗它，進而擊敗它。

這個危害我們自由繁盛的生活、甚至民主社會存在的敵人，究竟是誰？

答案就是**新興惡性形式的權力**。

每個時代都有一種或多種惡性政治鬥爭，而我們今日所見是一種復仇主義的變化型，在民主的表面之下悄悄地破壞民主，而且沒有極限。彷彿政治權力仔細評估過幾個世紀以來自由社會用來「馴化」它的所有方法，並且密謀反撲。

這便是為什麼我視其為權力的「復仇」。

在本書中，我將探究新興惡性形式的政治權力如何崛起，如何在世界各地發展。我記錄它如何暗中蠶食自由社會的根基，揭露它如何由受到多股力量摧毀終結的舊式權力中死灰復燃，無論它在何處萌芽發展，不管是玻利維亞、美國北卡羅萊納州、英國或是菲律賓，重點聚焦於削弱民主基石與鞏固惡性霸權的核心策略。同時，我構想出一些反擊方法，以保護或搶救現存的民主機制。

當然，人類歷史中永遠有坐擁權力者與無權力者之間的衝突。歷史上不難見到坐擁權力者為自身利益霸占權力並傳給後代子孫，以建立血緣與特權的朝代，從未為無權力者設想。暴力、金錢、科技、意識形態、道德勸說、監視、政治宣傳手段等等之類的權力工具，皆為世襲特權階級的領域範疇，一般凡人無從亦無法觸及。但是從十八世紀末的美國與法國革命起，權力關係劇烈改變，權力變成可以爭奪之物，並對掌握權力者布下新的限制條件。在限縮範圍內、對人民負責以及合法競爭的精神，這樣形式的權力是第二次世界大戰後全世界的繁榮與安全大規模拓展的最核心因素。

但在二十一世紀初，不安的轉變開始動搖戰後的穩定現狀。我在《微權力》（*The End of Power*）一書中探討權力如何在許多人類社會結構中逐漸式微。科技、人口分布、都市化、資訊、經濟與政治改變、全球化以及不同的心態共同造成權力分裂與稀釋，使其容易取得卻不易使用，同時也容易失去。

反撲是無可避免的，決心取得與掌握絕對權力者採用新舊策略以保護其權力，不受其他力量削弱與限制。這些新手法的設計，運用二十一世紀的科技、戰略、組織與心態，目標即是阻擋權力的式微，使其能夠重建、集中，且如昔日一般毫無限制地行使。

換句話說，使權力式微的離心力量造就了新的集中向心力，這兩種力量間的衝突是我們這個時代的特徵之一，而衝突的結果幾乎無法預見。

**這是風險極高的時刻，任何事都可能變動。**深陷危機之中的不僅是民主體制是否能夠在二十一世紀持續蓬勃發展，而是民主是否能做為政府的優勢系統存活下來，在這地球村持續成為預設值。無人能擔保自由是否能夠繼續存在。

民主體制能躲過有志獨裁者對限制權力的制衡系統所發動的攻擊嗎？如何達成呢？為何權力在某些地區十分集中，在其他地區卻是分裂與弱化？而重要的問題是：自由的未來是什麼？

很少有人自願割讓權力給他人，坐擁權力者自然而然想留住權力，反抗想削弱或取代他們的競爭對手。挑戰在位者的後起之秀通常是創新者，不僅能夠使用新工具且遵循不同以往的教戰守則。他們在政治上的創新，深深改變了二十一世紀的權力是如何被征服與保留。

這本書指出並詳細檢視這些創新想法的可能性、背後的邏輯以及矛盾之處，也指出民主守護者必須打贏的關鍵戰役，以避免自由在我們的時代被這些想法摧毀。

受限且受情況而定的權力形式無法滿足有志獨裁者，他們已學會如何有效利用當今趨勢，例如移民、中產階級對經濟的不安全感、身分認同政治角力、全球化引起的恐懼、社群媒體的力量以及人工智慧的誕生。在各種地理位置、各種情況之下，他們展現出對於無受限權力的渴望，而且想要永久掌控權力。

這些有志獨裁者面對新的選項，也擁有新的工具能夠宣稱掌握無受限的權力。其中許多工具幾年前尚不存在，其他工具雖然古老，但以新方法結合了新興科技與新穎的社會趨勢，效果加乘比以往更加有用。

這即是為何近年來新種類的權力尋求者大獲成功：非典型的領導者見證了傳統權力式微，並理解激進創新的手段能夠開啟前所未見、尚未開發的機會。他們已在世界各地崛起，無論是最富裕或最貧窮的國家，或是制度最為先進成熟到最落後的地區。首先當然是川普（Donald Trump），還有委內瑞拉的烏戈·查維茲（Hugo Chávez）、匈牙利的維克多·奧班（Viktor Orbán）、菲律賓的羅德里戈·杜特蒂（Rodrigo Duterte）、印度的納倫德拉·莫迪（Narendra Modi）、巴西的賈伊爾·波索納洛（Jair Bolsonaro）、土耳其的雷傑普·塔伊普·艾爾多安（Recep Tayyip Erdoğan）、薩爾瓦多的納伊布·布格磊（Nayib Bukele），還有更多例子。本書旨在剖析他們的手法，因為充分了解敵人才能屢戰屢勝。

這些新興獨裁者開創了許多新手法以取得無受限的權力，並且盡可能長期坐擁權力。儘管不一定可實現，但他們始終積極爭取終身坐擁權力的終極目標。任何能削弱他們權力的趨勢都被視為嚴重的威脅，需要嚴加控管。他們成功的經驗鼓舞世界上其他人效仿，雖然有許多成功案例，但也伴隨失敗的經驗，然而似乎每隔兩週就出現更多這樣的人，這些領導者以及這樣的領導「風格」，正是本書所要探討的焦點。

這些領導者調整適應新情境，即興發想新戰略以及重新設計舊手法，以更有效地將其意圖強加到他人身上。儘管他們所崛起的國家，不管是在國情、文化、政府機關、意識形態上都有顯著的差異，但是慣用的手法卻驚人地類似。例如巴西總統波索納洛與墨西哥的羅培茲・歐布拉多（Andrés Manuel López Obrador）兩者意識形態天差地遠，領導風格卻像一個模子刻出來的。位於中美洲又小又貧困的薩爾瓦多與幅員廣闊、體制成熟的強權美國，以國家地位來看，全無共通之處，但布格磊與川普的統治手法相似到令人發毛。

成功的配方為何？成分為何？在真實世界中如何運作？這些都是本書的重點，我認為這個配方可以以三個詞彙代表：民粹主義（populism）、兩極分化（polarization）、後真相（post-truth）。

我稱之為３Ｐ，而實行這種手段之人則稱為３Ｐ獨裁者。

## 何謂３Ｐ獨裁者？

３Ｐ獨裁者為政治領袖透過頗為民主的選舉獲得權力，再以民粹主義、兩極分化、後真相的手段拆掉行政權上的制衡系統。鞏固權力的同時，將獨裁計畫的陰謀隱匿於黑箱作業、官僚制度混亂、偽合法的詭計、操弄民意、壓制批評與敵對聲音等高牆的後面，等到摘下面具後，一切就太遲了。

威權主義是一個連續體。一端是如北韓的極權政體，權力完全集中在王朝專制者手中，公然且殘酷地掌握實權；另一端則是有威權主義傾向的民選領導者。二十一世紀的獨裁者起初由較溫和的這端出發，在維持民主的假象之下，暗中破壞民主制度。

他們是如何辦到的？藉由民粹主義、兩極分化與後真相。

許多研究已個別探討這三個項目，而我們將整合所有，將其帶入一個關鍵架構，探究二十一世紀的獨裁者如何取得、行使並且保有其權力。

不同地區、不同領導者的手法細節也許不盡相同，畢竟權力是依其脈絡而定，但是這些手法的基礎，不管在何處皆容易辨識。觸及範圍橫跨地理位置及時空情境，顛覆舊有制度的同時為後起之秀開創契機。獨立來看，任一個3P概念皆無法完全解釋這個時代權力的變異，但是將所有串連起來，竟可對抗分裂及稀釋權力的力量。

民粹主義大概是3P概念中最廣受討論但也是最常受到誤解的，其名稱中有「主義」二字，因此時常被誤解成是一種意識形態，以為是為了達成協調的統治哲學而與社會主義和自由主義競爭的另一方勢力，但根本不是如此。事實上，要理解民粹主義，將其想成**取得與行使權力的策略**即可，它的賣點在於多變性：民粹主義做為策略可有效使用於各種情境，並且能變通適應於任何治理政體的意識形態，甚至在沒有意識形態的情境下也適用。

如同卡斯・穆德（Cas Mudde）與克里斯托巴・羅維拉・卡特瓦塞爾（Cristóbal Rovira Kaltwasser）所言，民粹分子將政治領域整齊地切做兩塊：腐敗貪婪的菁英分子對上高尚純潔但遭受背叛憤恨不平的人民。所有人民所面臨的問題根源皆是來自圖謀不軌、貪汙腐敗的菁英分子做出的決定，民粹領袖將自身包裝成人民意志的體現，並捍衛其動機是為對抗貪腐的菁英分子。其方法已證實有效，而且能夠幾乎沒有受限地變通運用，因為基本上**任何**位階都能包裝成擁護純潔的人民，而**任何**反對的聲浪都能被解讀為為虎作倀[1]。

近年來聚焦於民主體制倒退的學術研究如雨後春筍般出現，提姆・史奈德[2]（Tim Snyder）、雅斯查・蒙克[3]（Yascha Mounk）、戴倫・艾塞默魯[4]（Daron Acemoglu）、安・艾普邦姆[5]（Anne Applebaum）、恩里克・克勞茲[6]（Enrique Krauze）、戴雅門[7]（Larry Diamond）等學者皆指出，民粹分子籌劃奪取權力時用的手段有相似的軌跡可循。

其中包含：

- **災難論：**民粹分子對於自身現狀是出了名的悲觀，他們眼中的世界是貪腐、無法運作且失敗，必須肅清貪腐才能有嶄新的開始。過去反人民的菁英統治毫無優點可循。
- **政治對手的罪犯化：**政治對手不光是與其意見相左的同胞，而是需要入獄的罪犯。民粹分子傾向將與政治對手交手的戰場從選舉移轉到法庭，立場傾向對民粹分子友善的法官會判決討厭的或是太受歡迎的對手入獄。「把他們關起來」是他們的口號，貪汙、煽動叛亂、叛國、恐怖主義、性侵害、密謀推翻政府，都是常見用來陷害對手入獄的藉口。
- **利用外界威脅：**除了內部威脅以外，也有外界威脅，這已是古老的手法。民粹領導者宣稱國外敵軍將入侵國家，這樣的國家危機能夠號召團結心以及人民無條件支持政府的作為。這樣的情況下，反對政府就是叛國。所謂的國外敵軍可以是其他國家、來搶工作的移民，或是來剝削家園的無良外商。
- **軍事化及準軍事化：**民粹分子長久以來美化軍隊的形象，尋求軍隊及準軍事組織來威嚇異議分子。

- **國境崩塌：**國家邊境常被形容為太開放、漏洞百出，因此為阻擋這些「來搶工作的移民」入侵，迫切需要強化邊境管理。
- **詆毀專家：**就定義而言，專家與科學家屬於知識菁英，因此共謀殘害民粹領導者所代表的高尚人民，同時，專家擁有資料與證據，能揭露民粹分子掌權者醜陋的真相。民粹主義存在於理念與直覺中，而非事實與科學。
- **攻擊媒體：**（不友善的）媒體如同專家一樣是敵人，他們也擁有資料，經常揭露政府的貪腐與無能。媒體也往往將政府的作為曝光，而非幫政府保守祕密。
- **破壞制衡系統：**任何能阻礙或反制民粹分子意圖的制度不受信賴，有時也被公開攻擊與破壞。
- **救世主降臨：**共同困境的解答就在那個強大的民粹主義領導者心中。民粹主義的體現經常是由富有魅力之人，帶領人民對抗壓迫百姓的菁英。

一旦這樣的模式建立起來，即可進入取得及保有權力的第二階段：兩極分化。不斷地將對手妖魔化，同時以長期醞釀與近年引進、能夠分裂國家的楔子議題做為離間策略，可悲的是，這樣的策略經常帶來極大的成效。「強化衝突矛盾」是從前馬克思主義者的手段，而其效果無庸置疑。

彼此間的差異不只讓政治敵手相互較量，甚至在家庭成員、朋友、同事或鄰居之間造成分化，可能起因於各種來源：意識形態、種族、宗教、區域競爭、歷史恩怨、經濟不平等、社會不公義、語言等等。

兩極分化排除中間地帶存在的可能性，逼迫所有個人與團體選邊站。在這個世代中，其運作方式為透過「狂熱支持者」：認同模式源自於音樂圈或體育賽事的明星文化，讓粉絲或球迷對自己喜愛的明星有強烈的認同感，同時對敵對的明星發自內心地憎恨。

另一個兩極分化關鍵來源是身分認同。法蘭西斯・福山（Francis Fukuyama）巧妙地敘述其特徵：「（身分認同）聚焦於民眾對尊嚴受到認可的自然需求，並在當尊嚴認可不如預期時，提供語言表達憤恨。」[8]政治家總是將身分認同當作楔子，去激發與動員人民及吸引支持者。近年來，這樣的吸引手法因政治兩極分化的普及，快速擴大了影響力。

在兩極化的政治環境中，狂熱支持者與身分認同阻礙了保持中立、跨黨派橋梁建立，或雙方的暫時休戰。當兩極分化愈加深，政治對手將把彼此視為仇敵。爭論雙方不再尋求兩方皆可接受的政策，取而代之的是，他們否定對方有權爭取權力的基本合法性，摒棄了典型的民主規範，例如任期輪替為民主共存自然且健康之支柱的特點。

民粹主義與兩極分化是在政治領域中符合直覺的古老手法，其案例能追溯到上古時期。權力的復仇在當代最為怪奇的是最後一個成分是後真相。我們正面臨全新的現象，不是說政治家從未說謊，他們當然有過，而是因為後真相的概念與說謊相比影響更為深遠。當今後真相的手法中，領導者的所做所為遠遠超過撒點小謊，或是否認可查證的真相之存在。後真相的重點不在於讓人把謊言當作事實，而是在於把事情弄得混沌不明到一開始便令人無從辨識真偽。

「後真相」一詞在一九九二年首次出現於編劇及小說家史蒂夫・特西奇（Steve Tesich）的文章[9]。

二〇一六年牛津詞典將其定為「年度詞彙」，並解釋該詞彙大量地使用於「英國脫歐公投與美國總統大選之脈絡中，該詞彙常與另一詞彙同時出現，即『後真相政治』」[10]。這個概念試圖道出尚恩・伊林（Sean Illing）所謂的「真相的共同客觀標準消失」[11]，以及芭芭拉・碧瑟克（Barbara A. Biesecker）所謂的「事實或替代事實、知識、意見、信念和真相間的來回遊移」[12]。

民粹主義、兩極分化與後真相為高階的機制和抽象概念，需要從神話等級降到能尋求及保留權力的實行做法。渴望權力的實行者若是技巧性地運用這3P，能夠打散社會用來保護民主不受絕對權力侵蝕的防禦措施。

它們的能力加總起來可以阻止權力式微的趨勢，但也帶來可怕的代價，因為3P原理設計是為追求與鞏固不民主也不受憲法或政府制度限制的權力。

## 再造獨裁政體

事情是如何發展至此？要能理解此事的根源，必須先看上一個類似事件。冷戰結束後，針對政治合法性本質的新共識趨於堅定。根據新的觀點，如果符合民主政府的要求，統治者的權力就是合法的，也就是說，首先必須在自由公平的選舉中勝出，同時也必須尊重法律與弱勢族群的權利，面對（未對行政機關負有不當義務的）法院與國會所提出的制度牽制，容忍自由獨立的媒體，尊重選民有權透過定期選舉換政府。這些規定於存有任期期限的地區需受到尊重，若於未存在任期期限的地方，則需抗拒視同終身掌權的誘惑。正是這種高階的原則聲明常被稱為「自由共識」，其中的「自由」並不是當代美國中間偏左的意義，而是歷史意義上的「以自由為中心」。

重要的是要理解到該共識一點都不自然，事實上，作為統治合法性的來源，自由共識算相當近代，自一萬年前，古美索不達米亞首次成立長期政府以來，大部分的時間統治者的治理權都是建立於與天神的關係。如大衛．斯塔薩維奇（David Stasavage）所言，大約一千年以前，某些歐洲的君王開始接受權力的限制，並與境內最高階級的貴族成員所組成的團體或議會一同合作治理該國[13]。近代，勞動階級的革新志向、君王的世襲特權、原住民與土地的古老連結皆是統治者合法性的替代根基。

但再也不是了。自從蘇聯解體，唯一存留下來的是民主的合法性。此轉變影響深遠，即是福山所稱「歷史的終結」[14]，當然不是因為歷史真的結束，而是因為大家不用再爭相建立不同系統，試圖證明某個政府是合法的。冷戰結束後，人民依然試圖於不同領域中建立權力，如宗教、家族繼承、階級或是民族，但這樣的作為不再被國際社群間的要角認定為合法或可接受。

但是，如果自由民主體制在行政權力上有諸多惱人的限制，不能從外部公然挑戰，那麼圖謀權力的獨裁者該如何建立自己的王國？答案是從內部暗中破壞民主體制。

3P原理是為取得、行使、保有無受限的權力之系統，在世界上不被認可其具有合法性。3P原理透過假裝效忠自由共識來解決問題，同時從內部不斷蠶食破壞。

在二十一世紀開始為渴望權力的獨裁者發展這樣的機制，是因為近年才有此需求。在二十世紀，專制暴君不需隱藏在政治領域中的支配地位，他們能積聚權力，可以公開炫耀，藉由武力或宣示對超級強權效忠以換取保衛盟友不受外界敵軍侵害。專制暴君經常用強力的政治宣傳手段來鞏固自己的權力，但其目的並非試圖隱藏專制者的權威。正好相反，當時沒有假裝成民主國家或是自由派領導者的需求，在那個年代，獨裁者建立統治的合理性不需經過人民同意，右派可訴諸「秩序與進步」，而左派可披上無產階級專政的外衣。無論他們如何包裝——即使有些領導者，如東德和北韓借用「民主」二字來宣揚馬克思主義——仍然沒有動機將其冒充為自由民主。

有些傳統老派的專制政體在「歷史的終結」時期前取得權力，它們現今仍在。事實上不只一些而已，像是中國、敘利亞、白俄羅斯、古巴等地，證實該類政體在世界各地仍然可行，但是對於冷戰結束後才發跡的獨裁者們，舊的方法現在可行不通，他們需要新的策略。

在現今世界，人民、商品、想法皆不斷變化，順從在位者或遵守傳統規範的舊式概念逐漸減退，任何嘗試索求絕對權力的手段皆與歷史潮流逆向而行。在二十一世紀，個人自由、流動性及資訊取得管道皆有爆炸性的發展，粗暴地訴諸武力比過去更不能受到容忍。這就是為何現今3P獨裁者在建立權力時，嘗試佯裝成西方模式中的民主樣貌。

唯有民粹主義、兩極分化與後真相才能將不可能化為可能，3P原理能讓新獨裁者扮演人民真實意志的體現，其意志被作威作福的貪腐菁英治理者否定，被腐敗的新聞媒體隱藏。他們披上人民真實聲音的假面，同時拆解讓人民真實聲音可以被聽見的機制。

這即是3P獨裁者如何在視絕對權力為禁忌的環境中，建立其權力的合理性。3P原理讓新興玩家模仿自由共識的形式，表面上確立其合法性，同時暗中破壞舊有秩序。本書將探究此機制如何運作，目前，也許能夠看透其手法的最簡單方式，就是理解在其追求絕對權力的過程中，與二十世紀的前輩相比，現今渴望權力的獨裁者更需要扮演雙面角色。

事實上，欺瞞是使用3P原理取得權力的中心思想，如同法國回憶錄作家拉羅什福柯（La Rochefoucauld）的說法，若虛偽是罪惡對美德的讚揚，3P權力則為腐蝕民主體制的泉源[15]。

在二十一世紀，新獨裁政體通常不是藉由武力打倒民主體制而興起，而是假冒自身為民主政體。正如密西根州立大學的艾莉卡·弗蘭茨（Erica Frantz）於二〇一八年出版的《威權主義：每個人都需要知道的事情》（*Authoritarianism: What Everyone Needs to Know*，暫譯）一書中所說，當今專制體制通常由內部啃噬民主而生，如同胡蜂幼蟲從宿主蜘蛛體內啃食一般[16]。

此趨勢範圍遍及各大洲，從貧窮小國如玻利維亞到富裕大國如美國，即使是破舊的民主仿冒品，對運用3P策略維持權力之可行性也有重大影響。正如史丹佛大學的戴雅門所說：「現今的民主原則仍足以引起共鳴，影響如〔埃及獨裁者阿卜杜勒·法塔赫·〕塞西（Abdel Fattah el-Sisi）和〔俄羅斯的弗拉迪米爾·〕普丁（Vladimir Putin）這樣的領導人，認為表面上贏得勝負未定的選舉、成為人民的選擇，是有其必要的。」[17]自由共識的說法限制其行動，因此他們轉明為暗，偷偷破壞讓他們登上權力高台的體制。

二十年來，3P原理實行者開創了對獨裁主義的新看法，其手法為意識到自身的無法辯駁性。因缺乏一套說法來支持其正當性，他們不惜大費周章去偽裝假冒成決心拆解的系統典範。

「隱匿其中」為一關鍵戰略，在權力自然分散的環境中，獨裁者利用該手法集中權力。隱匿其中在3P原理中已是必要的配套手段，能實現的目標令人錯愕。在許多案例中，隱藏權力真實運作的手段成為大量累積與保存權力的中心戰略，我們可以將其理解為祕密獨裁政體（stealthocracies）。

當然並非所有使用3P策略以取得與保有權力的政治人物皆在暗中祕密操作，像菲律賓的杜特蒂或是匈牙利的奧班，對專制權力的愛好毫不掩飾，但大多數試圖以專制政權取代既定民主體制者發現，若想將獨裁政體思想帶給習於民主的民眾與國際社會，運用3P原理便可巧妙地化解問題。事實上，即使是最無恥的獨裁領導人有時也得穿上民主正當性的薄弱外衣，例如普丁每隔幾年也必須舉辦模擬選舉以維持他的統治權。

本書主要探究3P權力運作的「方法」：如何崛起、如何操作、如何侵蝕正統制度與非正統規範、某些情況下它如何淪為反政治，而某些情況下如何惡化成黑手黨國家。

然而要能深入探討這些手法必先理解「原因」，3P權力為傳統權力形式分裂與弱化的反應，決心行使無受限權力者使用此方法適應現今世界的困難挑戰，例如在位者的權力不斷受到挑戰以及任期受限。

這樣的適應改變並非技術問題，也不是道德中立的演進，3P權力為惡性形式，無法與任何自由社會中的民主價值共存，先是隱匿其中，到能明目張膽的地步後發動攻擊，等到這樣的權力揭開假面時，通常為時已晚。

在本書前半段，我們將詳細探討這些策略，深入其中，解密其運作手法以及如何對抗。3P獨裁者對自由民主社會帶來的挑戰攸關存亡，切勿自大輕敵。

# 第1部

# 民粹主義、兩極分化、後眞相的時代

第1章

# 制衡系統全球大戰

二〇一九年十二月波蘭華沙：政府於下級法院一連串困窘的敗訴後，新法律賦權予由執政黨任命的最高法院可因「參與政治活動」而撤換下級法院之法官，所謂政治活動包含質疑執行懲處單位的政治獨立性[1]。

二〇一七年六月印度新德里：印度刑事警察局以詐欺罪嫌突襲NDTV新聞頻道創始人住所，該頻道以嚴厲批評政府聞名，當時該新聞台正公開譴責企圖使其噤聲的「對NDTV及其支持者的聯合騷擾」[2]。

二〇一七年十一月玻利維亞拉巴斯：由該國總統任命成員的最高法院宣判參選權乃世界公認之人權，適用於所有公民，此項權利之普及，亦適用於兩任任期將屆之現任總統[3]。

二〇一九年四月美國華盛頓特區：白宮宣布將不予理會所有國會傳票，川普總統指示所有行政部門官員拒絕配合國會提供資訊或作證[4]。

每個事件獨立來看似乎不足掛齒。倘若於報紙標題見到，可能選擇跳過不讀。單獨看個別事件貌似無需憂心，起初也很難察覺其中共通之處。似乎沒有什麼能夠串連華盛頓的「美國優先」（America First）保守派、印度新德里的沙文主義者、波蘭華沙的舊民族主義者，及玻利維亞拉巴斯的原住民社會主義者。

但是默默地，背後的共通點將全部串連起來。每個事件均顯示領導者暗中慢慢削弱守衛民主、限制領導者選項、保障對權力公平競爭的防護機制。權力的復仇正在運作。

波蘭、印度、玻利維亞、美國——無論國家大小、貧窮富有、東方西方，權力的復仇遍布於各個地區及其領導者。然而，這些領導者能掩人耳目，採取類似的策略手段以鞏固其權力，這類手法藏於法律術語之中，但其政治意圖卻又顯而易見。時而攻擊立法機關的監督權，時而削弱新聞媒體守門員的角色，或減低法院系統的獨立性，又或是干擾反制絕對行政權的關鍵機制。

如此手段並非總是有效：追求成為獨裁霸權的美國領導者未能連任成功，玻利維亞亦是如此，但是玻國的社會主義人士找到奪回權力的方法，而美國民粹民族主義之要角也正密謀回歸。其中的共通點為這些領導者領悟到為鞏固權力，則需拆解現有的制衡系統，無論是任期的限制、檢察機關的獨立性、新聞媒體自由與抗衡，或是法院系統的獨立性。目的就是要破壞阻礙他們取得絕對霸權的所有機制。

在富裕的先進民主國家，人民早已習慣舒適自在、略微得意的感受，認為其他貧窮國家的政治角力與自己無關。但是在川普當選與英國脫歐後，如此自信已然破碎，事實上，適用於那些國家的政治角力手法，在自己國家竟也可如法炮製。

本章旨在點出世界各國的3P原理實行者使用相同套路與策略，建立共同想法，如何在反對絕對權力的當下重建霸權。儘管通常是由自稱反全球主義者實踐其策略，但權力的復仇本身卻自始至終是全球化事務。

我們將在本章探討3P獨裁者於截然不同的情境下，採用的手法有何共同特色，這些相同的策略如何於迥然相異的地區與文化，如義大利與玻利維亞、印度與匈牙利，或是北卡羅萊納州的大煙山與菲律賓民答那峨島的酷熱叢林中，屢次崛起。只需粗略探究其中，便能看出即使在差異甚大的地區，政治的共同主題與思路只為同一目的：哄騙對霸權厭惡的世界騰出空間給獨裁政體。

對覬覦絕對政治權力的領導者而言，首要任務便是使政府機關屈服於他們的意圖。其實這並非易事：現今的民主體制中，這些機關的設立目的就是使政府不易屈服於一人的意圖。要能擺脫現有體制的抗衡，又不採取舊式暴力鎮壓的權力爭奪手段，需要相當靈活又精鍊地運用3P原理的技巧。本章將探究這些技巧，並探查其在全世界觸及的範圍。

## 監管之人由誰監管？

要設立真正對人民負責的政府，所面臨最根本的問題可以追溯到拉丁語「*Quis custodiet ipsos custodes?*」，意即監管之人由誰監管？

政府需要權力來運作，但是該權力必須受限，以免權力無限擴張導致危害社會。需要有人來監管這些監管者，監管受到信任而握有權力者，以確保他們不會、也確實無法濫用權力。

現代社會以自由共識下包含的巧妙制度設計來達成這個目的：政府機構環環相扣的系統，每個機構監管其他機構，確保沒有任何一方能因一己之私而非公眾權益竊取權力。

以美國傳統來說，將其稱為制衡系統。雖是源自古老的想法，但為一良好的概念。事實上，這可能是美國對全球最成功輸出的概念之一。

因從前處在英國君王毫無受限的權力之下，於是美國的開國元老們設計一套著名的制度，不讓相同情況再度發生在自己的執政系統。一七八七年，他們耗時四個月將制衡系統鑲嵌於美國憲法之中，此後便成為世界各國憲法的藍本。時至今日，美國開國元老們的影響範圍遠遠超越美國本土。世界各地的執政系統於法律中有不同的確保機制，如任期限制、國會監督、司法審查、新聞自由、非政治執法、司法議會獨立、定期選舉，以及服從民選政府的軍事系統。

現在，渴望絕對權力的獨裁者迫切需要的是一套可靠的系統，去規避掉這些能反制其權力的方法。制衡系統遍及全世界，而推動毀謗制衡系統，試圖將其意義摧毀，也是於全球可見的現象。無論行政權力的限制到達何處，暗中破壞的手法也隨之而來。

制衡系統的核心是透過法律執行，因此，要擺脫這些限制實行專制控管，首要任務是找到顛覆法治的有效途徑。這不能明目張膽地執行，3P原理的第一條規定：始終保持合法性和憲法秩序的外在表現。身著肩章軍服明目張膽的暴君關閉法庭並對下屬發出命令，這樣的情景已是二十世紀的遺物，被歷史的洪流沖散了。二十世紀獨裁者需要武力才能達成的，二十一世紀的獨裁者則需暗中掩人耳目實行。二十世紀的前輩們以殘暴武力摧毀法治，而二十一世紀獨裁者則是藉由虛偽模仿的腐蝕力量將其破壞殆盡。

維持表面的合法性，哪怕破綻百出，卻並非此做法中膚淺的部分，事實上，這通常是核心關鍵。若要拆解自由民主共識核心的制衡系統，就必須維持民主的表面。但，要如何辦到？

## 偽法律：從內部蠶食法治

偽法律為一關鍵策略：它是法治腐敗的假冒品，更是法治本身的死敵。

偽法律之於真法律如同偽科學之於真科學，就像偽科學借用科學的外衣來扭曲它一樣，偽法律借用法治的外觀和氛圍，使法律變得毫無意義。

想想石油業如何顛覆氣候科學的努力。幾十年來，大型石油公司揮金如土地委託製作學術「研究」，其結果總是指向碳汙染的威脅言過其實，這些研究人員撰寫的論文看起來就像真正的科學論文，因為在撰寫時有意識地模仿真正的科學。但正如史蒂夫．柯爾[5]（Steve Coll）和大衛．邁克爾斯[6]（David Michaels）等作家充分記錄到，這些論文不是科學而是偽科學，旨在影響民眾對真實事物產生懷疑。類似的手法也能見於支持菸草、含糖飲料與大規模開立鴉片類處方藥物等領域：假扮為真科學的垃圾科學，一次又一次地被用來證明不合理的合理性。

不難看出強大的利益集團為何總是選擇這條路。攻擊科學本身並無效果，因為科學普遍被視為獲取自然界知識的方式。這就是為何特殊利益集團要讓主流科學看起來可疑時，通常會選擇模仿科學而不是否定主流科學。當然，最終目標是避免、延遲或弱化任何可能損害利益的政府法規。

與其正面攻擊科學，政治說客長年投入大量資源來顛覆科學，資助專家製作具科學感但非真實科學的報告，目的是製造實質上不存在的爭議之表象。基本手法都是一樣的：挪用科學的表面來掩蓋真正的科學發現。

偽法律也遵循相同模式，採用法律的表面形式破壞其本質。

那麼偽法律實際執行起來是何形式呢？偽法律看起來就像川普於二〇一七年匆忙頒布的一項行政命令，禁止來自數個穆斯林占多數的國家旅客入境，並宣稱此舉是為了國家安全。偽法律看起來就像阿根廷總統克里斯蒂娜・費南德茲・德基西納（Cristina Fernández de Kirchner）於二〇〇九年以「缺糧危機」為由，斷然禁止阿根廷牛肉出口，其背後意圖極其明顯，即為懲罰對她有所批評的牛肉業者。偽法律看起來像波蘭憲法法院的紀律分庭，召開粗糙的聽證會，在政治上溫順且遵守法庭訴訟程序協議的地方法官面前，制裁那些裁定反對政府利益的法官。

這類似於阿默斯特學院（Amherst College）的哈維爾・科拉萊斯（Javier Corrales）所謂的「專制律法主義」（autocratic legalism）。科拉萊斯指出，這種做法在美國和委內瑞拉等不同國家有驚人的共通之處：「世界各地的總統使用不同的策略來實現無受限的政府，但常見手法是削弱法律的公正性。目標始終是使用和濫用法律來保護自己與盟友，這就是專制律法主義。」[7]

可怕的是，一旦3P獨裁者開始使用偽法律來鞏固自己的權力，其對手往往發現，當自己掌權時，很難抗拒也使用自己的一套偽法律措施來壓制他們。偽法律也於泰國現蹤，二〇一三年五月泰國憲法法院命令，受人歡迎但專制的總理及其內閣全體辭職，並將權力交給軍政府。偽法律是像在巴西的國會，其中四分之三的代表在二〇一六年因貪腐接受調查，但仍然能夠彈劾總統迪爾瑪・羅塞夫（Dilma Rousseff）。偽法律是像川普於二〇一八年命令美國郵政署長提高包裹運輸成本，此舉可損害亞馬遜的收益，因亞馬遜與《華盛頓郵報》的老闆傑夫・貝佐斯（Jeff Bezos）被川普視為政治敵手。

偽合法性一直是全世界準獨裁者的福音。印度總理莫迪的民族主義者印度人民黨（Bharatiya Janata Party，簡稱BJP，印人黨）政府鞏固了其3P獨裁者地位，通過具煽動性的新「公民法」，拒絕數十年前從鄰國移民來的數百萬穆斯林保有印度公民身分（印人黨愛分派別，把「我們、他們」掛在嘴邊，而這些穆斯林就是受人厭惡的「他們」）。此舉是典型的偽法律，使用法律為工具，其特定目的是獨裁者所期望的分裂國家。大概在同一時間，以色列的班傑明・內坦亞胡（Benjamin Netanyahu）也在用非常類似的手法製造爭議，來鞏固他對3P原理的忠誠：頒布新「民族國家法」，拒絕保障以色列公民之間享有法律平等，甚至不保障以色列的民主制度，以各種方式排除阿拉伯少數族群充分參與國家事務，藉此重建政權。法律再次成為3P策略的附屬品，成為法令形式的政治楔子。

有時，偽法律扭曲的程度看起來十分可笑。二〇一七年，匈牙利通過了一項影響外國大學分校的新法令，但是該法律的編寫方式僅適用於中歐大學（CEU）。該大學於美國註冊登記，但其主校區在匈牙利運營。原因為何？匈牙利裔美國金融家和慈善家喬治・索羅斯（George Soros）捐贈了一筆錢成立這所大學，該大學長期以來為獨立學者提供穩定收入，其中許多人的理念與奧班正在萌芽的3P策略政體制度大不相同。該法條制定的範疇之狹隘，使其非但只能適用於中歐大學，而且中歐大學也不可能遵從此法規。經過長久的纏鬥，該大學校園被迫向西撤離兩百英里到維也納。對於圈外人來說，很難想像3P獨裁者對偽法律癡迷投入的程度。對奧班而言，也許直接下令警察關閉校園更為單純，不需動用這麼複雜的繁瑣手續，甚至通過極其荒謬的新偽法律。通常用來掩飾真實企圖的法律外衣根本輕薄得可笑，這樁案例也不例外。

這是3P獨裁者常見的運作模式，自稱合法，但其基礎通常建立於極其荒謬的立場，無人能夠認真嚴肅地看待它。某些情況下，這些集中權力的手法運用於政府官僚機構的深處，而且非常神祕，在實行過程中，一般大眾是看不見的。

為何要這麼做？為何不惜大費周章？到底是誰被騙了？

這些都不是核心的問題。對偽法律的投入主要並不是要騙任何人，至少不是讓他們接受謊言為真相。偽法律應視為後真相的工具，其目的是為混淆視聽，模糊某行動的合法性以繼續進行，將反對者引導到只有菁英才能參與的棘手法律辯論，創造足夠的懷疑空間好繼續詐欺，同時破壞腐化法律制度本身，使其對行政權力的制衡變得毫無意義。

要真正了解3P原理的力量，必須學會找出偽法律並掌握在其核心的虛無主義本質，這有點難度，正如偽科學論點對專業科學家來說很明顯是場騙局，在門外漢眼中卻貌似有說服力，偽法律也利用了公眾對憲法原則的薄弱理解。它從菁英分子身上引發的惱火反駁是其特色，並非錯誤，藉由激怒所謂的「貪腐菁英分子」，偽法律能讓後真相與民粹主義、兩極分化合而為一。

偽科學的論點目的不在於要贏得辯論，而是刻意創造智性僵局：製造一般民眾自認沒有能力評判對錯的爭議。長久以來，菸草業運用偽科學來讓民眾對吸菸與肺部疾病之關聯產生懷疑，目的不是為了說服大眾吸菸是安全的，而是能夠產生足夠的懷疑和困惑，以擾亂和拖延制訂吸菸的規範。畢竟，「教導爭議論點」是偽科學提倡者真實的政策目標，並期望將創造論帶入美國的課堂中。宗教擁護者以「智慧設計」策略嘗試說服民眾，他們的理論與主流科學家不同，兩者的理論應該同時呈現於科學課綱中，以示公平[8]。

新類型的有志獨裁者經常使用偽法律做為後真相的手段，荒謬的裁決與極度曲解法條之目的是製造混亂，並使民眾對什麼是合法、什麼不合法產生懷疑，進而助於推進其目標。

此類計畫帶來了巨幅的連帶損失，備受敬重的前美聯準會主席保羅・伏克爾（Paul Volcker）生前於最後一篇個人專欄說道，新獨裁者的手段為「虛無主義的力量，可望中傷民主的支柱：投票權與公正選舉、法治、新聞媒體自由、三權分立、科學理念及真相的概念」[9]。

## 任期受限

隨著二〇〇八年逐漸逼近，普丁知道他面臨一大問題，他已走上鞏固對俄國政府專制控管的道路，但總統的第二任期期限將至，且根據俄國一九九三年憲法規定無法延續總統任期，該怎麼辦呢？

任期期限的難題對於當代的新舊獨裁者是反覆出現的挑戰，全世界至少一百三十四個國家皆對正式任期或行政機關連任有所限制，因此這些有志獨裁者終有一天必須著手處理這個問題。首要任務即為維持對行政機關的掌控，但是在不同國家的政治與制度條件下，其手法相距甚遠。

俄國憲法的設計讓普丁找到潛在漏洞，在克里姆林宮的組織結構圖中，握有巨權的總統之下仍有總理一職，從書面上看，明顯是較低階職位，類似於美國系統中白宮辦公室主任的角色。即便如此，仍給普丁一個可乘之機：若總統夠聽話，總理辦公室將是可以低調掌權的好地方。憲法只對連續任期有所限制：沒有什麼可以阻止普丁於四年後的二〇一二年回歸總統大位。

而普丁確實這麼做了。在執政黨統一俄羅斯黨（United Russia，簡稱統俄黨）的大典上，普丁宣布將與常任總理德米特里．梅德韋傑夫（Dmitry Medvedev）於二〇〇八到二〇一二年任期中交換職位。在那之後，他們立刻核准憲法改革，將總統任期從四年延長到六年，然後普丁與梅德韋傑夫再度交換職位。

普梅交換職位是典型的偽法律手法：公開挑戰憲法反制累積權力的制度，同時又沒有真的違憲。任期期限的目的在於避免統治者累積過多權力，因此設計成無法長期在位。普梅交換職位一事無情嘲諷任期期限的目的，但其偽法律手法之高明，削弱法治精神卻又不違法。幾年來，普丁不斷將任期期限延長，在二〇二〇年三月，普丁把杜馬議會當作橡皮圖章，使其通過法案，賦予普丁一路連任到二〇三六年，總共在位三十七年。在杜馬議會票數計算為三百八十三票贊成，零票反對。此提案由民眾投票之結果為投票率百分之六十五，其中百分之七十八的俄國投票者贊成此提案[10]。

執政的獨裁者為了避免失敗而採取的制度扭曲已然普遍。米拉·維斯蒂格（Mila Versteeg）、提姆·霍利（Tim Horley）和孟安妮（Anne Meng）等人二〇二〇年在《哥倫比亞法學評論》（*Columbia Law Review*）上發表研究指出，自二〇〇〇年以來，逃避總統任期限制已變得「極度普遍」。研究提到：「大約三分之一的總統在任期屆滿後積極尋求超限連任，而其中三分之二連任成功。」如維斯蒂格與其他共同作者指出，三分之二欲超限連任者透過修改憲法達成目標，另外有百分之八，則是完全重寫憲法以延長任期期限，百分之十五於法院系統中挑戰任期期限的合法性，玻利維亞就是最好的例子，剩餘的案例就如同普梅交替任期一般[11]。

修訂法規的策略在非洲特別流行，自二〇一五年起，蒲隆地共和國、貝南共和國、剛果民主共和國和盧安達的領導人都表示計劃取消或延長該國家的任期限制。埃及總統暨前將軍塞西在二〇一九年初取消了任期限制的概念。烏干達憲法規定，總統年齡限制為七十五歲，威脅到七十三歲的現任總統約韋里·穆塞韋尼（Yoweri Museveni）連任的機會，因此他要求烏干達議會修改法規，而議會中皆是他的支持者。

在拉丁美洲，玻利維亞總統埃沃·莫拉萊斯（Evo Morales）打破了試圖規避任期限制的無恥紀錄。首先，他在二〇一六年舉行憲法公投，要求選民取消任期限制，結果百分之五十一點三的玻利維亞選民用選票拒絕莫拉萊斯的提案，於是二〇一七年十一月他求助於法院，讓他親自挑選的憲法法庭的法官裁定憲法本身違憲，因為任期限制侵犯了總統與生俱來的參選權。到二〇一九年，莫拉萊斯的做為似乎適得其反：他為連任而行的諸多違規引發了軍事政變，而莫拉萊斯不得不逃離玻國，一年後，他支持的候選人贏得總統大選，莫拉萊斯耀武揚威地歸國。

莫拉萊斯的布局是一個特別明顯的例子，但並非唯一案例。在委內瑞拉，查維茲選擇繼續舉行公投直到選民給出他要的正確答案。二〇〇七年大範圍的修改憲法解除任期限制的提案被選民否決後，他拒絕接受公投結果，繼續於二〇〇九年公投再次提出相同問題，而選民終於給了他想要的答案。重複提出同一個公投問題直到選民讓步並無具體的法律規範，這樣的策略並無違法，而是令法規形同虛設。

民選領導人在贏得選舉後立即終止任期限制，其中最明顯案例是斯里蘭卡總統戈塔巴亞·拉賈帕克薩（Gotabaya Rajapaksa）。二〇二〇年中，他所屬的人民陣線黨（People's Front）在議會贏得多數席位，代表總統的兄長馬欣達（Mahinda）能連任總理一職。兄弟兩人利用議會的多數席次通過了斯里蘭卡憲法第二十修正案，使其有權撤銷對總統任期的兩屆限制，並授予總統在任期間的全面法律豁免權，以及廢除總統任命受議會監督的規定。

## 角色倒轉：當政治人物挑選選民

每當我們讀到貧窮偏遠國家有其行為時，經常認為此事與自身無關，自我感覺良好地認為這樣的事不可能發生在穩固的民主政體中，但川普時代好歹帶來一個好處，那就是刺穿美國人對民粹主義蔓延的危險輕敵心態。

對川普及其推動者對美國造成損害的恐慌感，只是其中部分的問題，美國有一些向偽法律靠攏的危險趨勢，早在川普之前就存在。

當然，美國對偽法律最著名的貢獻是傑利蠑螈（gerrymandering），這是一種堪稱藝術的選區劃分法，能夠最大化某黨派的代表席次。這項做法流傳已久，是以《獨立宣言》簽署人艾布瑞基．傑利（Elbridge Gerry）命名。一八一〇至一八一二年間，麻州州長傑利為州議會特製選區地圖，劃分選區時給了他所屬之政黨候選人巨大的選舉優勢[12]。傑利蠑螈直到今日仍然存在，藉由操縱選區的劃分確保一黨擁有優勢。

這樣獵奇的做法讓代表有權選擇選民，而非選民選擇代表。這種做法一直被視為非民主、原始且不可碰觸，直到現在情況有了變化。這段不光彩的歷史可以追溯到共和政體成立時，而二十一世紀地圖繪製軟體的發展將它澈底轉化，並大幅度走向激進。歷史上的傑利蠑螈是在煙霧瀰漫的房裡，由政界大佬與執行者以紙筆手工劃分選區，現在大數據與製圖程式讓領導者對他們選擇服務的選區人口概況精細控制。傑利蠑螈的概念並非新鮮事，但由電腦輔助的傑利蠑螈遠比歷史上的案例強大許多，也成為3P原理中最強勁的武器。

利用傑利蠑螈劃分的選區，有權決定選區邊界的政黨能夠以相對充裕的差距贏得許多選區，並以極大的差距輸掉少數選區。這是利用「打包與打散」對方陣營的支持者。首先，控制重劃選區的政黨能將敵對陣營的支持者（經常是少數族群）盡可能「打包」到少數選區之中，在那些選區中有他們占絕對多數的固定支持者。這能確保敵對政黨在少數選區中「浪費」了許多選票，其選區本來就是設計要被放棄的。

而傑利蠑螈接著「打散」對方陣營剩餘的選民，將其分散到數量較多的剩餘選區中，在這些選區他們絕對沒有機會贏得勝利。打散這些選民到許多選區中，讓某一政黨在這些選區能夠以充裕而非絕對的差距持續贏得勝利。技巧性地運用「打包與打散」策略，將少數選民變成過半的當選席次。

正是出於這個關鍵原因，美國有些選區三分之二為非裔選民，如密西西比州的第二國會選區，或者百分之八十為拉丁裔選民，如德州的第十五選區。當支持民主黨的少數族群選民像這樣被集中在一起，該州的其他許多選區則較為可能是共和黨的選區，結果是偽法律被畫上了紅白藍鮮豔的色彩。

藉著運用新型製圖科技，例如，北卡羅萊納州的傑利蠑螈讓二〇一六年共和黨百分之五十三的眾議院選票占比進化成百分之七十七，在十三個席次中取得十個眾議院多數席次。而非裔選民占百分之二十二的州，國會代表團之非裔代表占比少於百分之八，更糟的是，北卡的十三個國會選區甚至沒有一個的選舉結果票數差距低於十二個百分點。當傑利蠑螈選區劃分如此激進時，在州選舉當日，國會競選的結果完全可以預測。

而北卡願意支持極端的黨派傑利蠑螈者絕非特例。二〇一六年，共和黨和民主黨選民勢均力敵的「紫色」州賓州，最終國會代表團由共和黨占百分之七十二。二〇一八年，威斯康辛州州議會的民主黨候選人獲得百分之五十三的支持率，儘管如此，民主黨最終只獲得了該州議會百分之三十六的席位[13]。

這些偏差現象清楚地說明就連在民主的先鋒國家，民主也岌岌可危，真正權力的議題浮上檯面時，政治家對民主的口頭承諾竟薄如棉紙。

大衛・傅朗（David Frum）認為：「當高度忠誠的政黨對他們無法透過民主方式實現的目標懷有堅定信念時，他們不會放棄自己的理念——他們會放棄民主。」[14]傅朗於《川普獨裁學》（*Trumpocracy*，暫譯）一書中提出上述論點，這本書於二〇一八年出版，猛烈抨擊了川普政府的腐化效應[15]。但早在川普當選前，美國民主體制已出現嚴重倒退的徵象，但於川普掌權時期更加深化。二〇二一年一月六日，在總統的影響之下，暴力叛亂闖入了實體的國會殿堂。

傑利蠑螈並非唯一流行於最為富裕或貧窮國家的3P原理詭計，更重要的問題涉及在司法機構裡塞滿可靠的政治任命官員。

## 內定裁判：當強勢一方挑選自己的法官

最令人驚訝的3P獨裁政體案例為中歐和東歐，新一代的右翼民粹主義者迅速成功地應用了3P原理，匈牙利、波蘭、捷克共和國和保加利亞，都見證了與歐洲標準有強烈反差的新興政府崛起，導致各國政府與位於布魯塞爾的歐盟機關之間反覆發生衝突。尤其是匈牙利和波蘭，領導人果斷採取行動鞏固權力，並保護其免受任何形式挑戰，3P獨裁政體的運作特別清晰可見。要能達成這個目的，必先控制法官。

例如在波蘭極右翼的法律正義黨（Law and Justice Party，簡稱 PiS，法正黨）於二〇一五年掌權，並且快速撤換礙事的法官，不讓其阻撓他們治理的計畫。偽法律將這樣的權力攫取視為捍衛民主，而法正黨也恪守其規範。

在整個二〇一〇年代，法正黨領導人認為，在一個世代前柏林圍牆倒塌後，波蘭已經歷「民主的不完全過渡期」，舊共產主義政權的祕密支持者偽裝成自由主義者，擠進了司法機構並擔任強權職位。這種因果推理的邏輯應該已為那些對3P原理架構有概念的人敲響了警報：全面且未經證實的指控是政治改革計畫的核心，這些指控「巧合地」只能透過將大量新權力交給行政機關來解決。對於波蘭的法院系統，法正黨用相同手法處理：積極推動罷免在位法官，並以加強法治之名，用忠誠的黨內親信取而代之。

波蘭的周邊鄰國可不會坐視不管，不久歐盟執行委員會與華沙就其對法治的承諾展開了漫長激烈的戰鬥，但一開始法正黨早已將歐洲的批評編寫在計畫之中：面對歐洲其他地區左翼知識分子的干涉，擺出捍衛波蘭主權的姿態，一直是該黨民粹主義與兩極分化的關鍵戰略。布魯塞爾、巴黎、柏林的震怒是他們精心設計的特點，並非計畫中的錯誤。

即使保有歐盟的成員資格也幾乎無法阻礙這些技巧的傳播。二〇一七年，由法正黨控制的波蘭最高法院設立了紀律分庭，迅速以各種不當行為為名義騷擾和威脅法官。自二〇一六年以來，至少有六十名法官面臨訴訟，其中一些法官的裁決與政府立場相反而受到三年以下有期徒刑的威脅。在某些情況下，法官僅因為徵求歐洲法院的意見而受到懲罰，這種行為現在被視為「罪行」，可能導致法官被扣薪高達百分之四十。

為鞏固新的祕密獨裁政體而像這樣爭奪司法權力，為另一反覆發生的情境。法院可以阻礙專制威權計畫的任一部分，因此確保法院支持獨裁者通常是下一個優先事項，僅次於控制國家行政機關。這就是為何用激烈手段讓法院傾向己方的政治立場，是祕密獨裁政體正在運作最有力的徵象之一。

在美國，共和黨控制的參議院決定於二〇一六年，即歐巴馬政府在位的最後一整年，讓最高法院的一個大法官席位空置，這是司法獨立受威脅的預兆，預告著基本自由民主秩序不久將面臨前所未有的壓力。以「讓選民有機會決定誰有權任命新法官」為名的典型偽法律公然損害整個法治，但具體而言又不違法。

二〇一七年最終任命的人選為保守派堅定支持者尼爾・戈蘇奇（Neil Gorsuch），此一作為令人擔憂，但卻不是川普新政府司法方針中最令人擔憂的地方。最高法院的任命是明顯可見的事務，吸引了強烈的公眾檢視，但在司法階級中較不受注目的任命，對形塑法律環境也有同等重要的功用。

在這些地方的情況更糟。二〇一七年川普上任不久後，史無前例地迅速任命並經國會通過十二名上訴法院法官。在下級法院，川普也果斷採取行動，任命了數量空前且明顯不符合職位資格的法官，其中幾位只比披上法官袍的共和黨黨工好一點。如馬修・彼得森（Mathew Petersen），他一度登上頭條，因為他在某次聽證會的影片曝光，影片中他無法回答任一法學院一年級生都能夠回答的法律程序基本問題，但他卻被提名為美國華盛頓哥倫比亞特區地方法院的法官。

川普對長久以來的執政行為規範嗤之以鼻，同樣的態度在法院中發揮相同作用。幾十年來，聯邦法官的任命主要遵循一固定程序，其中「原籍州參議員」（即法官將任職的州當選之參議員）扮演重要角色。其傳統雖因州而異，但在許多情況下，原籍州參議員被期待要向州律師協會或其他地方機構提出意見，這使他們在決策過程中有正式的地位。川普政府認為這些規範和傳統將阻礙任意任命政治親信，因此當機立斷將其拋棄。

將這種手法推向最極端的案例可見於土耳其，由世上最狠心、最有力的3P獨裁者艾爾多安掌舵。他於二〇〇三年就任總理時面臨到不同以往的困境：雖然他在競選時承諾要推動土耳其國家擺脫其政教分離的傳統，轉向更加融入伊斯蘭的民族主義和保守主義風格，但近代土耳其國父凱末爾·阿塔圖克（Kemal Ataturk）在一九二〇年代建立堅固的軍事與法律機構，正是為防止脫離政教分離主義，其政府創立了頑固的政教分離主義的統治機構，俗稱凱末爾主義（Kemalism）。凱末爾主義執著於將宗教與國家嚴格分開，做了些會使西化政策遭受爭議的努力，例如禁止婦女在國立大學裡穿戴伊斯蘭頭巾。要打破長達數十年的現狀需要極為堅決的行動，艾爾多安透過持續耐心的消耗戰，以及緊接著令人震驚的激進手段來推動並實現目標。

二〇一〇年，艾爾多安的正義與發展黨（AKP，簡稱正發黨）藉由舉行全民公投達到各種目的，其中之一是大大強化他對司法機構的控制。該提案剝奪了現任上級法官長久以來審查下級法官任命之角色，而正發黨於議會中的多數席位對負責任命法官的委員會擁有最終決定權。此委員會當然也塞滿了特地新增的席次，等著由效忠正發黨之黨員填補。這些改革承諾逐漸鬆動凱末爾主義者對司法的控制，但一些事件很快地使艾爾多安對漸進主義的耐心消失殆盡。

二〇一六年七月，因艾爾多安似乎在追求伊斯蘭主義及專制主義，軍事指揮官試圖以武力推翻其政府。政變失敗後，艾爾多安抓住機會，對軍隊和司法部門廣泛肅清。到了二〇一六年底，美國律師協會警告，超過四千名土耳其法官、檢察官和其他高級法律專業人士不僅被解僱，且入獄監禁。在國家肅清期間，他們被扣押在骯髒擁擠的監牢裡，最嚴重的時候有近二十萬人被拘留。被艾爾多安視為敵人者數量之多，土耳其根本沒有足夠牢房監禁所有人，而這場政變使國家進入緊急狀態，他能夠立即處理掉威脅，而且無需經過司法審查，畢竟，進行司法審查的法官皆已入獄。

在3P獨裁者試圖鞏固權力的地方，龐大黑暗、缺乏證據的陰謀論永遠不落人後。在成功制服凱末爾主義後，艾爾多安將砲口轉向己方伊斯蘭派陣營內的敵人。此關鍵人物是居住在美國的流亡神職人員法圖拉・葛蘭（Fethullah Gülen），據艾爾多安的說法，葛蘭帶領龐大的祕密陰謀網絡對抗他[16]。一如往常，缺乏實際的陰謀證據反而加強了艾爾多安對該理論的信念；無法找到陰謀者正好證實他們功力高強。

艾爾多安在對抗據稱隱藏在土耳其各角落的葛蘭派時，恪遵土耳其政教分離之憲法的字面意義，同時掏空其實質意義。以國家緊急狀態之名，濫權任意逮捕數十萬人，而他們沒有機會受到法官審判，艾爾多安實際上等於廢除了人身保護令，理論上卻仍合法。追求偽法律會以人權為代價，但很少見到如土耳其肅清葛蘭派如此之大的代價，其一結果為法院系統徹底肅清獨立法官，以防對艾爾多安的權力進行真正審查。

控制法院的手段不需像土耳其的案例一樣極端，例如古老的法院填塞計畫：擴大法院的席位數量容納更多政治親信。小羅斯福（Franklin D. Roosevelt）於一九三七年提出著名的法院填塞計畫雖未成功，但接下來的幾十年裡，竟被其他非民主主義者採納使用。

二〇〇四年，查維茲於委內瑞拉現有二十席位的最高法院多增加十二個席位。委內瑞拉憲法並沒有明確禁止此舉，但實際效果如你所料：原本兩邊票數勢均力敵的法院，成為親政府的永久多數，這種做法有效終結司法部門對政府權力的制約。二〇一四年，委內瑞拉法律學者團隊審查了最高法院於二〇〇四至二〇一三年間約四萬五千四百七十四項的裁決，其中無一項裁定反對政府。

此後，委內瑞拉最高法院品質低落持續了數年。二〇一七年，儘管有被謠傳謀殺罪名的犯罪記錄，法學家邁克爾．莫雷諾（Maikel Moreno）仍被任命為首席大法官。路透社調查此記錄時，發現該案的所有文件皆無端消失[17]。莫雷諾於二〇二〇年初被美國司法部起訴，罪名為大量的貪腐指控，控告他在法庭上從被告方收受賄賂。根據起訴書，莫雷諾在過去的幾年裡於私人包機上花費了高達一百萬美元，並且在佛羅里達州南部花了數倍金額買豪宅。

然而在某些情況下，法院縮編計畫也可達成相同效果。在二〇一六年的北卡羅萊納州，當共和黨主導的立法機構意識到共和黨任命的上訴法院法官將在未來幾年達退休年齡，且其繼任者將由新的民主黨州長任命時，他們通過了一項法案，減少州上訴法院的法官人數從十五人減至十二人，此舉同樣有效地確保共和黨為多數。同樣的，北卡的憲法沒有明確禁止此舉，但無人懷疑其政治效果。原始權力利用歪曲的偽法律解讀，同時保留微薄到沒有公信力的合法性，但它又足以將爭議藏匿於黨派偏見的迷霧中。以這個案例來說，偽法律、偷雞摸狗與後真相皆協同運作，而幾小時車程外，就是世界上最古老的民主國家的首都。

共和黨主導的立法機構看到州長即將由民主黨取代後，才開始對北卡上訴法院下手。因此，此舉代表一種特殊的惡作劇，描繪出「跛腳鴨會期」（lame-duck session）的危險何在。

## 先發制人的邏輯與跛腳鴨會期的危險

總體來說，獨裁者想要廢除選舉，並且在政治上可行的情況下盡快做到。因為選民善變，選舉失利不可能完全預防。但在大多數地方，權力不會在選舉後立即移交，要等幾週或幾個月後。即便選舉失利了無法連任，在這所謂的「跛腳鴨會期」，立法委員仍然可以立法，行政委員仍然可以執行政令。

若渴望權力的獨裁者碰巧選舉失利，往往會大膽攻擊先例和民主規範。近期最引人注目的案例為川普在二〇二〇年底、二〇二一年初，大膽嘗試推翻選舉結果。但這只是一個案例。例如委內瑞拉，正如我們所見，查維茲早在二〇〇五年就已填塞最高法院一次，十年後，委內瑞拉政權決定再次填塞。

二〇一五年的議會選舉中，尼古拉斯・馬杜洛（Nicolás Maduro）的政黨，在一院制國民議會愕然失去三分之二的席位，即將卸任的親馬杜洛國民議會代表迅速重填委內瑞拉最高法庭。在二〇〇四年受任命的法官，大多數為意識形態親政府的法律學者，而二〇一五年受任命的法官幾乎沒有法律背景。取而代之的是馬杜洛最極端的支持者，其中一名執政黨議員於二〇一五年競選連任失敗，並在跛腳鴨期間投票支持自己成為法官。兩年內，這組人馬推舉第一夫人的同學為其首席大法官。

馬杜洛似乎算計著，這個嚴密管控的最高法院會願意支持從前最高法院否定的裁決。對法院的管控使政府能夠完全閹割由新反對派主導的國民議會。在二〇一七年有次新法院以議會涉嫌選舉違規為由，裁定將憲法賦予國民議會的所有權力移交給自己。簡而言之，由馬杜洛迅速填塞的最高法院宣布自己為委內瑞拉議會。事實證明，如果在厚顏無恥的法院有足夠的控制權，是否贏得選舉已不是必要。

一旦這些手法於國家的政治文化中確立，就很難將其根除。反常的是，新強權的反對者有時自己也會採取祕密獨裁式行為，做為減緩專制體制攻勢的最後手段。面臨失去的權力，先發制人的邏輯因應而生，而那些受到3P獨裁者崛起威脅的人，有時終究會採用3P獨裁者的手法。

偽法律會如此危險，原因在於它的傳染力。再想想波蘭，當法正黨於二〇一五年贏得議會選舉，即將卸任的自由黨開始恐慌，出於對即將上任的法正黨司法任命前景合理的擔憂，他們決定利用跛腳鴨會期，即從選舉到新政府宣誓就職的這段時間內先發制人。為了防止法正黨在憲法法院中堆滿它的支持者，即將卸任的自由黨政府倉促地盡可能安排多位自由派大法官於法官席上。此舉雖是依法行事，但很明顯也是為了阻止新的法正黨政府執行當初承諾於當選後進行的改革。

當然，這樣先發制人的招數只會加深即將執政的法正黨認為自己受委屈的感覺，而且事實上也是，法正黨上台時對波蘭憲法法院的結構心懷合理的不滿，並提出強有力的理由宣稱其反對者是破壞民主規範的人。

當競選連任失利的政府在跛腳鴨會期間做出重大且難以逆轉的政策決定時，可以肯定的是，民主規範正承受嚴重的壓力。在波蘭，這些決定皆為合法，並且是在3P獨裁者掌權前夕做出的。

但是跛腳鴨會期的濫權不需如此極端地呈現出令人不安的專制政體傾向模式。在某些情況下，政治人物只有在選舉失利後，才會暴露出威權主義的本性。

正如我們所見，北卡羅萊納州二〇一六年的跛腳鴨會期為美國的祕密獨裁政體設下歷史高點。眾所皆知，共和黨州長帕特・麥克克羅里（Pat McCrory）以些微差距輸給其民主黨挑戰者羅伊・庫柏（Roy Cooper）。雖最初拒絕承認選舉結果，但麥克克羅里最終意識到他別無選擇，只能接受自己的失敗。然後，他著手與州議會中的共和黨多數議員合作，在跛腳鴨會期推動一系列法律，以剝奪新任州長的關鍵權力。

根據此新法，庫柏需將其內閣人選交給共和黨主導的州議會批准，同時取消了新任州長任命北卡羅萊納州大學董事會新成員的權力，剝奪他的監督選舉權，並將他能在州政府職位的任命人數減少三分之二。曠日廢時的法庭大戰接踵而至，即將上任的州長庫柏，最終在二〇一八年輸給了州最高法院的共和黨多數[18]。雖然庫柏確實成為州長，但他上任後所擁有的權力相較於前州長只是九牛一毛。即使這樣的案例不如委內瑞拉等級，但透過在當選人上任執政前挑斷他們的腳筋以顛覆民主體制的手法，簡直如出一轍。

麥克克羅里宣稱此舉是為了保護北卡羅萊納州的選舉與提高該州的教育品質，這種說法是典型的偽法律：擁有合法性的外表，但卻薄如棉紙，幾乎無法掩飾其威權之意圖。

## 非自由民主的空洞

有時3P獨裁政體的傳播是透過模仿。波蘭的法正黨能達成其政治和經濟改革計畫並非偶然。該黨魅力四射的領導人雅洛斯瓦夫・卡臣斯基（Jarosław Kaczyński）從不掩飾對奧班的欽佩，奧班是鄰國匈牙利的民選排外主義總理，可以說是歐洲最成功的3P獨裁者。

卡臣斯基於二〇一六年說道：「奧班示範了在歐洲事事皆有可能，他做出了模範，而我們從他的模範中學習。」[19]

自從二〇一〇年掌權後，奧班所屬的青年民主主義者聯盟（Fidesz，簡稱青民盟）追求近代最全面的3P獨裁政體。事實上，青民盟以全面的祕密獨裁政體起手：填塞法院、暗中肅清官僚機構，並終結國營媒體的獨立性。尤其是操弄匈牙利的選舉制度，幾乎擔保青民盟在議會中擁有永久多數席位。憑藉其根深蒂固的威權在二〇二〇年發動攻擊，暫停議會並宣布奧班將以法令統治國家來應對COVID-19之疫情。他並非世界上唯一以對抗疫情為由來集中權力與進一步限制公民自由的

3P獨裁者。盧安達總統保羅・卡加梅（Paul Kagame）、烏干達總統約韋里・穆塞韋尼及坦尚尼亞、印度、土耳其、南非、新加坡等國的領導人在COVID-19的掩護下大規模擴張行政權力。

在關於解封與振興經濟之優缺點的激烈公開討論中，川普總統聲稱擁有「絕對權力」來決定，凌駕於各州州長之上。他很快被一大群法律學者、政治評論家和立法委員打臉。在這個案例中，雖然憲法護欄占了上風，但引誘忽視憲法之非自由主義意圖也很明顯[20]。

這類權力攫取——無止盡渴望消除行政權力的障礙，並削弱對弱勢族群的保障——有時稱為「非自由民主」（illiberal Democracy）。至少奧班是這麼稱呼它的[21]，但仔細觀察他的紀錄就會發現，這個詞組本身就矛盾。匈牙利清楚地展示，在非自由主義領導人的攻擊下，民主本身如何成為幻象。

以奧班為例，他花費數年開展極其廣泛的戰役，以鞏固青民盟對國家的壓制。傑利蠑螈只是其中一個層面。青民盟將議會席位數量減半前並無徵詢任何人意見，按久經考驗的「打包與打散」原則重新劃定邊界，就像是多瑙河畔的北卡羅萊納州。但這也改變了規則，使旅居匈牙利以外的匈牙利民族，即青民盟的主要支持者，更容易投票。

奧班最終構想出分配不公的機制，令美國的傑利蠑螈相形失色。匈牙利各議會選區的人口數不必相同，而奧班也確保人口數不均，現在，傾向左翼的城市地區擁有多達九萬選民，而青民盟票倉的農村地區可能只有六萬選民。簡單來說，在野黨議員需要獲得更多匈牙利選民支持才能選上，而青民盟相對需要較少選民支持。

青民盟做的還不只這些：中左翼長期分裂成幾個相互競爭的政黨，執政黨廢除議會選舉中進行第二輪投票的傳統。此舉讓青民盟能夠在不可能贏得兩輪投票的地方，靠相對多數制贏得席位。

有民主概念的匈牙利人可能會想在法庭上挑戰這樣的結果，但法庭本身自然早是青民盟的目標。現在讀者應該已經覺得這種機制聽起來很熟悉了：二〇一二年一條新法將法官的強制退休年齡從七十歲降低到六十二歲，去除大多數反對青民盟的法官。

但不僅僅是這樣，匈牙利的制度中，新進初級法官的任命必須經過高級法官的同意。透過操縱退休年齡來剔除司法部門的高級人員，為任命一整代青民盟的親信擔任初級法官清除障礙，從根本上改造了該國的司法部門。所以沒錯，若匈牙利人對奧班開創的選舉制度不公感到震驚，他們有權提起訴訟，但該訴訟很可能由青民盟黨員受理。偽法律由偽法官管理。

於此「非自由民主」概念的空洞清晰可見：沒有自由制衡系統，便無機制來確保選舉的競爭、自由和公平。由於執政黨操縱規則以影響投票結果，但也沒有制度上的辦法可以制止，非自由民主相當於一荒謬之事。當競賽受操弄，民主已然空洞。

對於許多現今的3P獨裁者來說，隱匿其中只是中期步驟：他們先對自己鄙視的民主規範妥協，接著打算在沒有政治風險時立即將其捨棄。奧班披著民主常態薄弱的外衣，直到他不再需要掩飾。委內瑞拉的馬杜洛與俄羅斯的普丁也如出一轍，巴西的波索納洛、菲律賓的杜特蒂也十分類似。

他們會維持民主規範一段時間，伴隨著一系列反對邪惡西方自由主義的抨擊。然而這些領導人似乎總是認為，比起他們追求的目標，要描述其對抗的敵手容易得多，如好管閒事的歐盟官員、西方知識分子、政治化的非政府組織、索羅斯的管轄權、女性主義者、LGBTQ社群及擁護其權利者、進步人士、政教分離主義者、達沃斯論壇、三邊委員會、猶太復國主義者、陰謀家、聖保羅論壇等等。

當奧班試圖為「非自由民主」提出正當的理由時，他要不就重提關於國家競爭力的空話，要不就沉迷於對獨裁政權的直言讚揚，他鮮少嘗試闡述出他教義背後的原則，而在這少數時候，他到頭來採用了自由主義的語言，而他也同時聲稱要對抗那樣的自由主義。

例如，二〇一四年七月二十六日，奧班在羅馬尼亞伯伊萊圖什納德（Băile Tușnad）的夏令營對支持者發表了著名的「非自由民主」演講。這場演講被稱為最扎實地呈現他執政理念的版本，但卻含糊不清且具有防禦性，但道出了非自由民主的關鍵要素：「匈牙利選民期望領導人能夠找出、建立和制定一種新的國家組織形式，使匈牙利族群在自由國家時代和自由民主體制之後再次具有競爭力，同時仍然尊重基督教、自由和人權的價值觀。」

以某種角度來看頗為了不起，即使是歐洲最直白的自由主義敵人，籌碼變少時也會聲稱尊重基本的自由主義價值觀。即使是青民盟這樣極端的政黨，也將其意識形態隱藏在語言說法的藝術中，雖邏輯鬆散，但借鑑了傳統自由民主的語言。在被譽為終止自由民主的演講中，奧班最終說明他對制衡系統開戰的正當理由，他認為需要背離正統觀念以維護「基督教、自由和人權」。

這樣前後矛盾的說法並不稀奇，活在「歷史的終結」時代後，就是活在沒有自由民主合理替代品的世界。這個世界裡，即使是堅定的非自由主義者和反自由主義者都會發現，其實自己在擁護自由主義價值觀，證明任何背離自由主義正統觀念的行為，都是實現自由主義目標的手段。

祕密獨裁政體的時代是反自由主義者的時代，故意讓一般民眾難以確定他們是否反自由主義。因無任何其他系統來解釋其權力的正當性，目前渴望權力的獨裁者必須隱藏起來，別無選擇。

像莫拉萊斯在玻利維亞實行掌權大略，編造保護人權的說法以無限期掌權，不僅見於南美洲貧困角落、政治落後的地區，無論是富強或貧窮、新興或成熟的民主國家，同樣手法一次又一次地重現，以消弭制衡系統與強化3P獨裁者的政治霸權。這已是世界趨勢：透過偷偷模仿其蠶食的政府機構，絕對權力依然存在。有時掌權者能維持那個不上不下的狀態就已滿足，但其實他們經常將其視為通向絕對霸權的道路上的中繼站。

# 第2章 狂熱政治

權力的復仇建立於悖論上。一方面首重暗中行動，尤其是在初期，3P權力積極隱藏其非民主與權力集中的作為。因為如此，這些領導人聽起來像隱匿在遙遠宮殿中的隱士，樂於幕後統治，但與真實情況天差地別。

實際上，3P獨裁者儘管小心翼翼，以偽法律來隱藏取得和保有權力的手段，但這並不代表他們將自己隱藏起來。他們簡直可以說是明目張膽，為了實現3P原理第二要素的兩極分化，自己必須無處不在：無所不在且如影隨形。他們的形象是明星與粉絲，而非領導人與支持者。隨便問一位狂熱球迷就知道：如果沒有競爭對手可以仇視，支持自己的球隊有什麼樂趣？

3P獨裁者驚人地翻轉了二十世紀的獨裁模式，所謂的傳統模式可以在馬奎斯（Gabriel García Márquez）的《獨裁者的秋天》（*The Autumn of the Patriarch*）[1]與瑞薩德．卡普欽斯基（Ryszard Kapu ci ski）的《皇帝》（*The Emperor*）[2]等小說中看到經典描述，獨裁者會努力使自己隱形，但他無限權力的證據又無情地攤在陽光下。

金正恩的父親金正日鍾愛舊有模式的系統，他深受懼曠症（agoraphobia）纏身，多年不在公眾場所露面，但他同時嚴密監控北韓人民的生活細節。一九八一年至二〇一一年埃及統治者胡斯尼．穆巴拉克（Hosni Mubarak）也有相同風格，他只在受到嚴格控制的正式國家場合出現，以無聊單一的語調向民眾照本宣科演講，但卻始終牢牢控制埃及政府。

3P獨裁政體翻轉了這樣的公式，提高獨裁者能見度，使其無所不在，熟悉親切，同時小心翼翼掩蓋他用來積累與行使權力的機制。雖然其手下掩蓋了偽法律迷霧背後的實際權力，但3P領導者站在第一線和中心位置，與其支持者建立深厚關係，保護他免受正式法律的問責要求。隱匿其中和公開排場非但沒有互斥，還合作完成權力的復仇。

但這不僅是讓新獨裁者成為眾人矚目的焦點，遠溯至英國詩人雪萊（Shelley）筆下有神話色彩的奧茲曼迪亞斯（Ozymandias），其名句為：「功業蓋世，料天神大能者亦無可及！」（Look on my Works, ye Mighty, and despair!）自古以來的獨裁者總是享受崇拜，並深化與對手間的不和[3]。

然而，如今這種加深對立的作為不如以往，因3P獨裁者與其支持者的關係已發生轉變，且在許多情況下已完全脫離了政治領域。其支持者崇拜他們就像崇拜體育明星或偶像一般；行為不再像政治追隨者反而更像粉絲。狂熱文化已在不適合它的政治領域到處肆虐。

我們所描述的是一舊有現象的新化身。魅力領袖建立個人崇拜現象源於凱撒大帝與查理曼大帝，近代的民粹主義者如阿根廷的胡安．裴隆（Juan Perón）、左翼分子如斐代爾．卡斯楚（Fidel Castro）和法西斯主義者如貝尼托．墨索里尼（Benito Mussolini）也是如此。與從前不同之處為當今的政治邪教高度參考了現今時代的娛樂價值觀為範本。

粉絲透過對其追隨明星的原始認同來建立個人身分，但同時他們的個人身分也建立在反對與仇視「敵隊」上。以體育賽事而言，這麼做很有趣，但以政治領域而言，卻種下了兩極分化的危險種子，即為3P世界中第二個要素。

兩極分化將社會分裂，無一例外。在3P架構下，兩極分化更急速、更全球化、更容易以數位媒介輔助與傳播。社運團體的激進主義也助長極化，激進主義者認為自己受到舊有秩序的排擠與辱罵，能與對立者興致勃勃地戰鬥。兩極分化鞏固3P獨裁者對其支持者的控制，可以預知支持者將自動聽令行事的極化政體，使其領導者行使權力時，不會受到如以往一般的束縛。而且重點是，只需透過加強其中一方的說法，另一方必定強烈反對，便可以單方面加劇極化。這就是兩極分化有如此強大向心力、集中力的原因，反之，若無極化加持，力量則將減弱分散。

## 不到兩個小時就能賺五十美元

於分類廣告網站Craigslist所刊登之廣告並未告知工作細節。廣告說道：「不到兩個小時就能賺五十美元。」[4]對許多住在昂貴的紐約、努力維持生計的年輕演員來說十分誘人。但沒有人能想到，他們的演出會被記載於史冊中。

二〇一五年六月十六日下午，這些演員接到的指示十分單純：在演講進行到「重點句」時大聲歡呼，僅此而已。

他們大概都感到一絲興奮，認為可能即將見到名人。大多數可能認為他們的演出是為了宣傳噱頭：產品發表或是行銷宣傳活動。

這樣的想法也沒錯。他們到場後，按照吩咐穿上主辦單位給的上衣，上頭寫著「川普：讓美國再次偉大！」，當川普與梅蘭妮亞乘坐電扶梯現身於川普大廈大廳時，背景音樂播放尼爾楊（Neil Young）的〈在自由世界搖滾吧〉一曲，很難想像受僱炒熱氣氛的臨演是真心為了下一任美國總統歡呼。

接下來的四十七分鐘，川普以前所未見的開場震驚世界，他說：「上次你在東京看到雪佛蘭汽車是什麼時候？我們什麼時候在邊境修理過墨西哥？他們在笑我們，笑我們愚蠢，相信我，他們不是朋友，美國已淪為接收所有人麻煩事的垃圾場。」[5]這場演說台詞在遠大的政策宣言、「我們與他們」的重點句以及自我吹捧的事蹟中跳轉，確立了許多用語和譬喻，而它們將成為川普的辭令核心。

對川普而言，他似乎不在意聽到的震耳欲聾歡呼聲是用錢買的，他照單全收。當時他還不知道，身為候選人，川普不需要長時間花錢買造勢群眾。

演說幾個月後，聯邦選舉委員會宣布，儘管川普團隊違反聯邦選舉法要求，沒有公布支付給參與這次活動臨演的費用一萬兩千美元，但鑑於涉及的金額相對較小，因此不對川普競選團隊處以罰款。

這極其荒謬愚蠢的一切容易淡忘。政治專家、著名記者、學者全部都不把川普競選當一回事，認為不可能成功當選，他們認為這些荒謬的事很快會被淡忘。

例如《時代》雜誌的亞歷克斯・奧特曼（Alex Altman）和夏洛特・阿爾特（Charlotte Alter）嘲笑他粗俗地吹噓自己八十億美元身價：

大概有八十億個理由川普不會當選總統：直到最近他還是捍衛選擇權派，他支持徵收超級富人稅，提倡槍枝管制法，比起歐巴馬健保，保守派更厭惡他支持的單一付款人健保計畫。他的黨內支持度正負相減後為負三十二點，川普成了自一九八〇年以來最不受歡迎的總統候選人[6]。

他們並不是認為川普錯了，實際上更糟，他們認為川普根本荒謬。

而且不只他們這樣想。

見過世面的人知道應該把川普定位於政治還是娛樂圈，因為在他們的專業領域中，有許多人認為這兩者的分界神聖不可侵犯。這道分界建立了他們的政治觀，能維繫他們世界的完整。它是基本護欄：政治與娛樂分界、權力與排場分開，界限的意識十分牢固可靠，而且真實。

即使政治名嘴認為他很荒謬，卻也無法停止談論川普，媒體競爭日益激烈，為了點擊數和吸引目光，新聞編輯們迅速發現全面報導川普能帶來商業利益。很快，川普的所做所為都成為了頭條新聞、熱門話題、嘲諷推特文。無論是種族歧視言論、誇張的政策聲明，還是炫富，川普總是話題滿滿。

川普勢必一直都很清楚，冷言嘲諷是他最強大的助選員，當菁英分子開始意識到時早已為時已晚。川普被菁英分子鄙視時，他的支持者同樣覺得自己被鄙視，菁英分子愈是猛烈攻擊他，他就愈趨茁壯。

正如羅德里克・哈特（Roderick Hart）在《川普與我們》（*Trump and Us: What He Says and Why People Listen*，暫譯）中所說，川普利用四條強而有力的軸線道出大眾的感受[7]。他的角色與大眾的各種感覺連結，包括覺得受到忽視、受困、遭受圍攻，同時利用大眾對政治的疲態，他一次又一次以憤怒的言語刺激自己的基本盤，另一好處是嚇壞對手並激怒他們，令其陷入極化策略的陷阱裡。

他無須理論架構，川普理解表演的力量，他有強烈的預感，在名人文化和娛樂圈打滾了四十年的他已培養出敏銳的直覺，知道需要什麼才能引起注意、被報導、成為話題。

在他那個充斥娛樂價值觀的世界裡，一切取決於收視率。幾年後，在COVID-19疫情期間，他對這一主張做出壓力測試，有一段時間積極吹捧自己在二〇二〇年四月新冠病毒簡報會的收視率。他深信沒有所謂的負面宣傳，二〇一五年他在全國政壇出道時，政界人士對他嗤之以鼻，認為不可能複製娛樂圈模式到截然不同的政治領域中。

但他們錯了，川普才是對的。

我們不了解隨著權力在傳統領域的退化，它會尋找新方法，以新的形式在其他地方重組。渴望權力的獨裁者會改變策略來應對時空情境的變化。

多年來，想以名氣跨足政壇的名人，認為理當經歷漫長的形象重塑。他們新角色的公眾形象須有別以往並駕馭新的行規。雖不無可能，但有點難度。在美國，從隆納．雷根（Ronald Reagan）、阿諾．史瓦辛格（Arnold Schwarzenegger）到喜劇演員艾爾．弗蘭肯（Al Franken）再到摔角選手傑西．溫圖拉（Jesse Ventura）等人物都辦到了。幾十年來，弗蘭肯是美國最犀利的政治諷刺作家，成為參議員後，他就嚴格要求自己不開玩笑。當史瓦辛格成為加州州長時，他著重處理加州著名的公共財政難題細節。每個人都有意識地努力擺脫他們舊有輕浮的公眾形象，轉而努力建立嚴肅公共政策專家的新形象。這是進入他們新職涯的代價。

但川普不然。他的主要見解是無需事先將自己打造成「正常」政治家，就可以直接進入政治角色。名人光環不僅在政治領域也適用，其所體現的娛樂價值觀也漸漸完全壓倒傳統政治價值觀。美國的權威人士對這種逆轉毫無準備。倘若他們了解一九九〇年代中於義大利發生的事件，也許能有更多心理準備。

## 回顧：一九九四年一月二十六日，米蘭

舞台藝術是精心打造而成：政府辦公室的外觀和感覺都很逼真。實際上根本不是這麼回事，它是位於米蘭郊外，西爾維奧．貝盧斯科尼（Silvio Berlusconi）十八世紀別墅裡的私人書房，貝盧斯科尼坐在巨大而威風的辦公桌前，透過義大利的三個主要私人電視網絡（剛好是他擁有的）進行現場直播，嚴肅地對著鏡頭講話。

他說道：「義大利是我深愛的國家，這裡保有我的根、我的希望、我的眼界。」[8]

他決定成立政黨並宣布參選總理的演講十分精彩。貝盧斯科尼無恥地利用義大利人對足球狂烈的熱愛，宣布他準備好 *scesa in campo*，意指「踏上〔足球〕球場」[9]。這場演說成為他經典的「踏上球場」演講。

這可不是隨便的年長商人坐在辦公桌後講話而已，至一九九四年，貝盧斯科尼已積累了在當代義大利無人能及的財富。

貝盧斯科尼曾是位遊輪歌手，在一九七〇年代成為米蘭的房地產投資客賺了很多錢，他建立起相當於義大利商業電視台的壟斷地位，從單純的富豪躍升為億萬富翁。後來，他帶著大筆資金涉足各種行業：保險、百貨公司、報紙、金融服務、雜誌、書籍等等。但投資核心是Mediaset，龐大且利潤豐厚的電視控股公司。

Mediaset得以蓬勃發展，歸功於傳奇般的行銷與業務團隊。貝盧斯科尼的業務員遍布全國，完美說動義大利中型企業投放廣告，這些企業長期以來被視為規模太小，不值得向他們拉廣告。然而，貝盧斯科尼成功推銷給從未在電視台上出現過的公司，讓他們在地方性頻道上打廣告：小型家庭商店，販售如兒童點心、女用皮包或草皮灑水器。

廣告很有效，Mediaset將大量目標群眾提供給無法接觸到他們的公司。為什麼？因為貝盧斯科尼慧眼發掘了這個市場機會：義大利古老的國有和公共廣播電視公司RAI很無聊。

RAI官員似乎不在乎節目的可看性，而播放一連串由羅馬知識分子為強化義大利民眾素養而構想的高尚沉悶節目。義大利人不想在新聞報導中看著主播單調唸稿，或聽工會領導人討論他們如何與飛雅特汽車談判。事實上，RAI幾乎特地避免知道是否有人對他們的節目感興趣：一直到一九八○年代中後期，國家廣播電視公司尚未有任何系統能調查收視率。

貝盧斯科尼對義大利民眾有興趣的電視節目內容有更靈敏的直覺。因受現行法規的限制，無法同時在全國各地播放節目，他開始收購不同地區的小型區域廣播電視公司，並將其交織成實質上的網絡。播放粗俗、取悅大眾的節目來填滿每個頻道：義語配音的美國影集，同時播送低級的綜藝節目、南美肥皂劇，當然還有《霹靂游龍》（*Baywatch*），無限反覆播放。

多年來，教育價值不高但有趣的節目內容在其他地方已是稀鬆平常，但在義大利卻是一場媒體革命。貝盧斯科尼認為此舉能為廣告商提供大量觀眾，而這是RAI播放的紀錄片無法做到的。他最後的挑戰是建立有效的業務團隊，接觸到希望吸引消費者目光的公司，然後負責將他們搭上線。

雖然當時仍不明顯，但Mediaset的垃圾節目正慢慢毒化義大利的公共領域。幾十年後，義大利經濟學家魯本・杜蘭特（Rubén Durante）、保羅・皮諾蒂（Paolo Pinotti）和安德里亞・特塞伊（Andrea Tesei）詳細研究區域投票模式，歸納出早期即有Mediaset電視台營運的地區與後來才受貝盧斯科尼龐大網絡覆蓋地區之間的差異[10]。研究人員從大量詳細數據研究Mediaset在何時擴張到何處，以及調查義大利民眾的認知能力和政治偏好結果顯示，早期接觸垃圾電視節目之地區是貝盧斯科尼選舉的大票倉。

但最令人咋舌的是，這樣的結果是**如何**真實達成。國際成人能力評估計畫（Programme for the

International Assessment of Adult Competencies，簡稱PIAAC）為一由經濟合作暨發展組織所執行的成人讀寫與計算表現標準化測驗，調查發現收看Mediaset的觀眾，認知能力似乎大大降低[11]。特別是早期接觸過Mediaset的非常年輕和非常年長的觀眾，與後期才接觸到垃圾節目的義大利人相比，認知能力遠遠落後。早期接觸垃圾節目的義大利民眾更願意接受Mediaset的老闆及其後期政治對手五星運動（Five Star Movement）之民粹主義言論（我將於第六章詳細討論五星運動）。

杜蘭特及其同事指出：「總而言之，我們的研究結果顯示，尤其是在年輕時接觸娛樂性電視節目，將導致民眾於認知與文化上更加膚淺，最終更容易受到民粹主義言論的影響。」[12]

這膚淺的商業帝國利潤驚人，但到一九九四年，它也陷入了獨特的危險之中。貝盧斯科尼一向不太遵守法律，他以多項逃稅的罪名受到調查，同時被指控試圖賄賂法官。面對危險的法律局勢及大規模的積極反貪腐調查，他決定採用有別常規的法律策略：為了避免入獄，他將參選總理一職。

貝盧斯科尼的計畫非常大膽。幾乎在一夜之間，他將自己的商業帝國轉換為政黨：義大利力量黨（Forza Italia）。正如亞歷山大・斯蒂爾（Alexander Stille）在《羅馬之劫》（*The Sack of Rome*，暫譯）中解釋在那個時代：

> 廣告業務聯繫向貝盧斯科尼頻道買廣告的公司。任職於貝盧斯科尼金融服務公司的股票經紀人和保險業務成為競選團隊，並著手將數十萬、甚至數百萬的金融客戶轉變為選民和政黨支持者。電視廣告公司的人事部，從公司的頂尖廣告業

務員中挑選出百餘名議員候選人。候選人於電視台接受試鏡、上政治課，並接受交叉詰問，以了解他們能否承受競選活動的炮火……公司的電視節目媒體專家執行焦點團體訪談，研究怎麼修飾貝盧斯科尼的演說內容才能吸引到最多群眾[13]。

到了這時候，貝盧斯科尼本身已是一個真正的名人，這點很有幫助，他的雜誌和小報，多年來於頭版上大肆宣傳他的億萬富豪兼花花公子的生活方式。他喜歡眾人關注，享受層層疊加自己的浮華和魅力。儘管早了一個世代，但一切極為川普風範。正如斯蒂爾的研究，在一九九三年夏天，當貝盧斯科尼評估是否跨入政壇時，民意調查結果他的知名度為百分之九十七，而義大利當時的總理卡洛·阿澤利奧·齊安比（Carlo Azeglio Ciampi）則為百分之五十一。

如同行銷義式肉腸給蘇連多市的婆婆們，或販賣乾燥義大利麵給貝加莫市的足球迷，貝盧斯科尼使用與Mediaset相同的銷售手法，向同一批民眾推薦議會候選人。很方便的是，他不必招募候選人，因為他們早已是其員工。例如Mediaset托斯卡尼區的業務主管，搖身一變成為義大利力量黨該區主席，負責管理該區的議會候選人，其候選人於一週前還是他的部屬。

這些以令人不解的速度執行，他發表經典的「踏上球場」演說後兩個月內，貝盧斯科尼成為七大工業國組織（G7）其中一國的總理，證實冷戰後圈外人新浪潮的概念。義大利力量黨的策略借鑑於Mediaset商業成功的祕訣，其核心是讓事情簡單、具體且易於理解。貝盧斯科尼告誡業務經理出身的政治打手：「記住，你們的工作不是吸引班上最聰明的學生，而是一般普羅大眾。」

事實證明，單純易懂的訊息傳遞有壓倒性的潛力。當其中間偏左派的對手試圖解釋深奧的財政細節而作繭自縛時，貝盧斯科尼以任何人都能理解的方式說話。在經典的電視廣告中，他直視鏡頭，承諾要「捍衛義大利的身體力行派對抗紙上談兵派，從事生產者對抗浪費資源者，攢積儲蓄派對抗掠奪偷竊派，一般百姓對抗舊黨派，以爭取義大利新奇蹟。」[14]

這種發自內心、直截了當、簡單明瞭的說法，是幾十年來義大利未曾有過的政治吸引力。即使他因非法交易、道德瑕疵和個人德性墮落而臭名遠播，貝盧斯科尼仍確立其二十年來在世界最大工業強國之一的主要政治地位。他的鴻圖大業已成，其擔任總理的時間，儘管於一九九四年至二〇一一年分為三個時期，仍比二戰以來歷任領導人執政時間都長。

其策略之所以奏效，是因為與川普一樣，不需要多加解釋，貝盧斯科尼的娛樂價值就明擺在眼前。他深知如何以簡單的廣告台詞贏得大眾的青睞。他不需要顧問協助，他本人即是該領域的翹楚。他見證經測試有效的銷售技巧一次次發揮魔力，並見證了他的銀行帳戶金額同步增長。

傳統政壇人士試著跟這位政治新秀共處，讓人看了都難受。他們受的是羅馬共和制度的議會傳統教育，顯然與他們要領導的人民脫節。在辯論會中，貝盧斯科尼以完美沉著的態度，說出一句又一句由焦點團體測試過的台詞，表現遠比傳統政治家亮眼，無人能及。

在美國，競選專業團隊早就明白，說服人民投票給你的方法，與讓消費者購買特定品牌的鮪魚罐頭有異曲同工之妙。但貝盧斯科尼不止於競選活動中使用這些技巧：他運用這些技巧，建立了一個全新的政治品牌。貝盧斯科尼改革了義大利電視體系，使其得以賺取豐厚的商業利潤，而他對國家的政治體系也如法炮製。

就二十一世紀各種版本的3P領導者而言，貝盧斯科尼是一過渡性人物，而不是完全成熟的代表性人物。但他確實為先鋒。貝盧斯科尼無情地嘲笑義大利的法官，將其形象扭曲為針對殷實商人的左翼陰謀；他嚴厲指責國家的缺陷，聲稱這些缺陷是貪腐平庸歷任領導人的遺毒；他操弄國家的選舉制度；藉由他的電視網絡和報紙大肆讚揚自己，同時嘲弄競爭對手。

貝盧斯科尼為一先驅，證明如何拆除政治與娛樂之間的高牆。貝盧斯科尼體現了政治領袖與其支持者之間的新關係，他們不只是支持者，而是**狂熱粉絲**。

## 從個人魅力到政治狂熱現象

當然，貝盧斯科尼並不是第一位與其支持者建立看似親近的深厚情感的政治人物，這種感情連結跟政治一樣古老，亞里斯多德就曾詳細描述過。十九世紀末，著名的德國社會學家馬克斯・韋伯（Max Weber）指出個人魅力為人類歷史的主要推動力[15][16]。

但貝盧斯科尼不只是極具個人魅力的政治人物而已，他的形象更加複雜，而了解川普或貝盧斯科尼的吸引力與韋伯所述之個人魅力概念有何不同，這一點十分重要，因為有助於了解哪些是3P獨裁者的新手法。

韋伯一開始並非記錄獨具個人魅力的領導人，而是群眾對他們的反應，以及該反應如何以獨特的方式讓這些群眾在政治上聯合起來。當面對特定類型的領導者時，群眾會迅速把他們歸類為擁有幾乎超自然的特質，因為這些領導者在群眾眼中深具磁性、魔力，甚至神性。民眾會追隨他們踏上冒險，換作其他人根本不可能。他將魅力領袖與其支持者間的情感連結稱為「個人魅力」，同時指出以個人魅力為基礎的政治威權，是發生快速歷史變革的關鍵原因。

當然，川普和貝盧斯科尼與其支持者所建立的情感連結，某方面包含韋伯說的個人魅力。對其支持者，他們兩位皆超群不凡，但以韋伯的理論無法完全解釋該現象。韋伯認為，個人魅力源於對具說服力之人格特質的直接感受，但這兩位並非直接透過其強大的人格特質建立其神話，而是藉由龐大複雜的媒體與行銷機器來運作。

川普與貝盧斯科尼對其觀眾的吸引力，與其說是建立於韋伯的磁力理論，更偏向立基於精心培育的公關宣傳之上，無論是以電視節目《誰是接班人》（*Celebrity Apprentice*）或《紐約郵報》（*New York Post*）的宣傳，或者以貝盧斯科尼商業帝國背後的龐大行銷團隊的運作。當今的民粹主義領導人利用名人文化能夠自我強化的特質，以知名度與荒誕離譜的行徑挑起民眾的好奇心，為之著迷，最終轉化為政治忠誠度。

貝盧斯科尼和川普為了心理及商業利益而追求正面和負面的知名度，最終建立起支持其政治野心的基地。一旦他們家喻戶曉，讓一般大眾更能辨識知道其個人「品牌」的工作，便可以自動重複了。他們知道民眾無法把目光移開，他們也無法忍受民眾想要離開的想法。他們個個都彷彿用武力向國家的意識強迫推銷自己，正如川普的名言：「民眾願意讓明星恣意妄為。」[17]

當然，自古以來，魅力型當權者不斷地迅速改造社會。但川普與貝盧斯科尼的魅力連結並非以傳統方式製造出來的。從名人文化中汲取靈感，他們的魅力與傳統大不相同，比較低下且毫無實質的政治內容反而是由對娛樂的渴望所推動，與其他文化相同。

這種把對政治的渴望僅僅視為另一種娛樂的現象，有很多根深蒂固的原因。但最明顯的是一個科技原因稱為「媒體匯流」（media convergence）：政治與娛樂、要事與瑣事之間的傳統界線變得模糊。媒體融合本身就是媒體選擇暴增的產物。

只有三台時分界線還易於巡視，可是等到有九百台有線電視頻道再加上數以百萬的網路媒體，所謂的分界線早已是過時的概念。媒體飽和與多樣娛樂選擇縮短了大眾集中注意力的時間，明顯降低了觀眾對無聊的容忍度。

面對這種模糊界限，對領導者構成了新的要求。要能贏得觀眾青睞，必須與廣泛無界的其他領域競爭，沒有娛樂性質的政客很快就會被淘汰。那些長相不如艾曼紐·馬克宏（Emmanuel Macron）與賈斯汀·杜魯道（Justin Trudeau）的人，發現他們可以用傳統的娛樂技巧來彌補：變化莫測、虛張聲勢、活力熱誠、幽默風趣或強健體魄。

而觀眾對這些領導者的反應，與對他們支持的明星如出一轍，這些領導者對此直覺敏銳：他們知道需要有娛樂性質，要能煽動情緒，而將對手妖魔化即可簡單達成目的。政治娛樂化無情地導向3P原理中的第二個P：兩極分化。

當新技巧證實有效，接著就會被複製，政治娛樂化藉由仿效而擴散，在世界各地、任何脈絡之下，掌握這個趨勢的表演者迅速地獲得光明的政治前途。成功案例使人效仿：新入門者嘗試新的變項，而多樣的傳播管道，讓世界各地的政治新秀都能輕易取得這類工具。

在世界各地，誇張荒誕的公眾形象成為新常態。在巴西，聯邦國會得票數最多者為蒂里里卡（Tiririca），職業小丑和喜劇演員，沒有明顯的意識形態，二〇一〇年首次當選時可能大字不識幾個。在瓜地馬拉，低俗的電視喜劇演員吉米．莫拉萊斯（Jimmy Morales）二〇一五年以百分之六十七的壓倒性勝利贏得總統職位。在菲律賓，前市長羅德里戈．杜特蒂讓該國的政治局勢愈演愈烈，不但一再公然爆粗口，還不斷公開揚言要成立暗殺隊打擊毒販。在俄羅斯，總統赤裸上身在西伯利亞的荒野中釣魚和騎馬的日曆出版後引發狂潮，為該凍原帶來觀光人潮。在英國，奈傑．法拉吉（Nigel Farage）把誇大言辭捧成了意識形態，同時將國家議程的焦點導向曾經被視為邊緣觀點的事務上，如推動長期以來被視為不切實際的英國脫歐行動。甚至英國首相鮑里斯．強生（Boris Johnson）也曾在BBC主持過政治諷刺節目。

在這個世界上，政策辯論總讓人昏昏欲睡，政策與娛樂之間的牆便倒塌了。當政治演變為純粹的作秀，人民開始與他們的政治領導人建立感情，就像與其最喜歡的藝人或體育明星一樣。他們以粉絲的身分為政治領袖加油，而非以公民或政治監督者的身分與其互動。人民不再問「政績有哪些？」，而是問：「誰贏了？」

英國哈德斯菲爾德大學媒體與新聞學教授康奈爾．桑德沃斯（Cornel Sandvoss）的研究指出，現今的「『政治迷』思考模式與體育迷或音樂迷類似」[18]。桑德沃斯認為，就像搖滾明星創造了粉絲身分一樣，在狂熱政治時代，政治家的角色為身分意義的儲存庫，承載那些正找尋自己身分認同的粉絲。就像碧昂絲的粉絲去看演唱會時，四周環繞如自己一般熱情的人，看見他們彷彿看見自己。政治迷去造勢活動是為了沉浸在與自己有相同理念的人群中，找到歸屬。就像達拉斯牛仔隊從氣味相投的球迷那贏得了熱情一樣，政治領導的藝術也愈來愈著重在創造一個空間，讓志同道合的支持者可以陶醉於此，像與親人為伴一樣。

這些手法已行之有年：美國前總統甘迺迪有他的粉絲，英國前總理哈羅德．威爾遜（Harold Wilson）、法國前總統弗朗索瓦．密特朗（François Mitterrand）、加拿大前總理皮耶．杜魯道（Pierre Trudeau）與柴契爾夫人（Margaret Thatcher）也是如此。創新的部分在於人民看待政治首重「排場」的程度，將其視為名人爭奪霸權的對立競爭中相互對峙的戰鬥。在權力和排場之間的界線完全消失的地方，自由無法長存。

根據《紐約時報》二〇一七年的報導：「在上任之前，川普告訴其幕僚，在就職期間每天都想像成在做電視節目，而他每一集都戰勝對手。」[19]身為首位由實境秀出身的國家領導人，川普比大多數人還要清楚，在營造對領導人產生基本認同感的條件時，對立的故事情節絕對是首要任務。他當然不會用這些話將此想法陳述出來，但就像每個成功的煽動者一樣，他對此有與生俱來的直覺，他不用思考，而是靠感覺。

川普利用先前存在的趨勢，亦即對待自己的政黨如同自己的球隊一般。從這個意義上說，兩極分化較與議題和政策無關，而與發自內心的身分認同有關。很久以前，大眾將這些身分認同與社會階級、宗教、社群或民族串在一起。現在，是跟投給誰綁在一塊。民眾不再將票投給支持的價值觀，更不是為爭取自己的利益而投票。而是投給自己的身分認同。

愈來愈多的學術研究都呈現出，近幾十年來，美國的政治兩極分化在加深。任何球迷都清楚，球賽的樂趣不僅是看到自己的球隊獲勝，還有看到對方輸球。在體育賽事中，競爭結果的風險較低。但是，當狂熱球迷的邏輯滲入政治領域時，風險立刻急劇上升。不同陣營愈來愈厭惡對方。在政治領域中，狂熱政治意指兩極分化。

在某些情況下，兩極分化的表現形式為一種新而激進的黨派支持法。帕特里克・米勒（Patrick R. Miller）和帕梅拉・強斯頓・康諾弗（Pamela Johnston Conover）二〇一五年的研究發現，在美國，最強烈的投票動機是黨派認同，而非意識形態或議題偏好。對反對黨的敵意，最終成為民眾投票的更強動力[20]。

二〇一五年另一份由尚托・艾揚格（Shanto Iyengar）和尚恩・韋斯特伍德（Sean J. Westwood）的研究顯示，現今在美國，黨派關係比種族更能預測敵意。當需要從類似的履歷中挑選時，一般大眾可能寧願選擇種族不同的人選，也不要選支持對手黨派的人[21]。

福山同意：「當前美國政治體系的功能失調和衰敗，與不斷加深且極端的兩極分化有關，使常規治理措施成為邊緣政策。」[22]福山引用湯瑪士・曼恩（Thomas Mann）和諾曼・奧恩斯坦（Norman Ornstein）的研究[23]，指出此過程並不對稱，右派更往右靠攏的速度，比左派更往左快得多[24]。渾身都吸飽娛樂價值觀的極右派領導人當選總統，無疑加速了這種趨勢。

將川普風的狂熱政治種子種在長期存在多黨派之爭的土地裡，為美國帶來了新產物，其規模大到美國根本不適應的政治部落主義，有些人擔心這與其憲法傳統不相容。如同安德魯·蘇利文（Andrew Sullivan）所說：

> 美國的民主制度一向岌岌可危，要超越部落身分認同生活，建構以個人為基礎的社會，人民視自己為共和體制的公民，禁止宗教，甚至最近幾年來擁抱多元種族與後宗教社會。從一開始，民主就寄託於十八世紀式的希望，期待妥協的文化可以跨越分歧的鴻溝，並希望理性可以戰勝情緒。但在西方民主國家近代以來最殘酷的內戰中澈底失敗了。現在我們身處於如同部落時期的年代，製造分裂的總統打亂了華盛頓的政治陣營，而我們即將見證，是否能阻止民主制度再次失敗[25]。

此趨勢帶來了危險，其中一徵兆為俄羅斯已經開始行動。二〇一六年大選前夕，俄羅斯網軍和假帳號大量散布假新聞，其中有源源不斷的假粉絲迷因素材：塗滿鮮豔色彩的給桑德斯粉（Sanderistas）的「肌肉猛男伯尼」（Buff Bernie）著色本，與其他吹捧川普的迷因。二〇二〇年大選也是如此。

結論是，爆炸性的媒體增長及匯流已經壓倒了政治和娛樂之間的傳統界線。在娛樂時代的各種選擇之間——YouTube、九百個有線電視頻道、推特和臉書上的大量刺激——資訊時代的個人魅力被當代的娛樂價值觀貶低。

一旦娛樂價值和名人文化成為國家政治的中心，就很難被撼動。如果不及早遏制，政治娛樂化會像癌細胞轉移，擴散到從未受過政治影響的身體部位。而要看其機制發揮作用，我們要回到義大利，一個世代之後。

## 義大利的新民粹主義者

若你想向韋伯展示二十一世紀魅力型當權者所經歷的奇怪轉變，最好的方式莫過於讓他坐上時光機，送他到一百一十六年後的羅馬大禮堂，畢普．葛里洛（Beppe Grillo）二〇〇七年在此上演煽動群眾的大戲[26]。在那韋伯會看到一位高大健談的男人，大把鬍鬚，滿頭灰髮，從一開場就向觀眾慷慨激昂地高談闊論。

葛里洛有瘋狂的台上魅力，或者應該說，他有台「下」魅力，他幾乎沒浪費任何時間待在人家為他準備的實體舞台上。這兩個半小時他像是被附身一樣，在禮堂觀眾席之間來回走動，整個排場像是單口相聲喜劇、造勢大會跟宗教復興布道會的融合。

他以狂熱的連珠炮演說對觀眾進行疲勞轟炸，說他鄙視義大利的政治菁英，不屑西方文化過度消費的狂熱，把消費者當肥羊，抱怨左翼的無能、右翼的貪腐，一面高談闊論一面隨機抓住觀眾的領子（有時這不是象徵性說法而已），彷彿要把義大利從沉睡中搖醒。

葛里洛雖未拿到會計師學位，但他在這種狂熱的政治喜劇中找到他的天命：他察覺義大利人一致鄙視某個政治階級，因此他要對這個階級發出原始的怒吼，再加上對黨派分裂發自內心的唾棄。葛里洛受到挑戰「要麼你上，要麼閉嘴」，他決意要上場，具體來說，他成立了一個政黨稱為五星運動（在義大利簡稱為M5S或Cinque Stelle），接著參加競選。

在二〇一三年初登場即獲得高於任何其他政黨的席次，在分裂的戰場中得到百分之二十五點六的選票。然而，因為他們拒絕跟任何受人批評的傳統政黨結盟，該黨在義大利議會的眾議院六百三十個席位中僅贏得了一百零九個席位。

名嘴嘲諷M5S只是個人秀，葛里洛不可能將它轉變成政黨，為證明名嘴是錯的，他新增黨規禁止M5S提名任何有刑事犯罪紀錄的人。但此舉排除葛里洛本人受提名的可能性，他早在一九八〇年代就因車禍導致兩名乘客喪生，被判過失殺人罪。葛里洛似乎下定決心要證明，即使沒有他出面，五星運動也能應付得來。果然，他的舉動讓懷疑者不知所措。

二〇一六年，五星運動的威力擴及羅馬市政府，讓維吉妮雅・拉吉（Virginia Raggi）當選為這座「永恆之城」的首位女市長，並在市議會中占據多數席位。緊接著，他們差點就拿下西西里島。即便如此，某些義大利名嘴仍對葛里洛的政黨一笑置之，認為那只是他荒謬的詭計，純粹娛樂。明眼人都看得出來，難道不是嗎？

事實證明，他們真的看不出來。

儘管川普與葛里洛之間有許多差異，但他們造勢大會的氛圍卻十分相似。民眾參加造勢大會的原因相同：除了對菁英的厭惡，但還有更多對戲劇性、不可預測的事物，以及娛樂的渴望。

葛里洛的政治運動會繼續成長。他的支持者，小葛里洛（grillini），遵循著一種令人困惑的意識形態錯配，部分是極端環保主義，部分本土主義，部分異端經濟學，部分激進反疫苗團體。若無法完全融合成連貫的整體也沒有關係，他們不是為了連貫性而參加，是為了點擊率。

Buzzfeed News與義大利日報La Stampa發表一項驚人發現，五星運動開啟全面的線上業務，控制了大量擁有數百萬粉絲的熱門部落格、網站和臉書粉專[27]。這些網站經常將俄羅斯政治宣傳媒體如衛星通訊社（Sputnik）所製造的文章廣為流傳，因而將五星運動與莫斯科串連在一起，與俄羅斯式的假新聞傳播更是息息相關。在駭人聽聞的頭條新聞下刊登聳動的報導，如廣受歡迎的TzeTze等五星運動部落格建立了陰謀論訊息的生態系統，其中「他們」意指菁英、羅馬財閥、布魯塞爾的全球主義者，總想對付「你」，一般努力工作的義大利人。

事實證明這手法之有效，二〇一八年三月，小葛里洛一躍進入政府。五星運動的選票成長到百分之三十三，仍是最大的單一政黨，到了這時候，他們對與其他政黨合作的顧慮已經減弱。在困難的聯盟談判之後，M5S與另一個反建制主義政黨聯盟黨（La Lega）一同執政，儘管該政黨為極右派。聯盟黨和M5S成為近代史上最奇怪的聯合政府，混合了極右派的意識形態和葛里洛極端的丑角風格。

但有一個問題，因為葛里洛已將自己排除在執政者之外，小葛里洛不是由他帶領了，而是由政黨推舉的三十二歲激進分子，路易吉・迪馬尤（Luigi Di Maio）沒有葛里洛的魅力，作為副總理，顯然很難對抗聯盟黨精明的領導人。

結盟政權上台後，聯盟黨的本土民粹主義很快就超過了小葛里洛反傳統的滑稽作為，他們自己也有一個電視明星領袖——馬泰奧・薩爾維尼（Matteo Salvini）也加入此戰，在義大利民眾面前扮演硬漢和圈外人，因其深知民眾會買單。

我們將在第六章討論更多關於薩爾維尼的內容，包括席捲全球的反政治情緒之本質和後果。事實上，接踵而來的民粹主義者似乎讓義大利陷入了不可挽回的反政治漩渦。就目前而言，足以說薩爾維尼崛起成為義大利政治中的主導人物，很可能會像往常一樣，確立該國的政治將導向滅絕。在上一代，義大利政治是世界上最乏味、最沉悶的，左翼和右翼的政治家皆毫無色彩，其中絕大多數人貪腐，在沒人關心的選舉中爭奪權力。

貝盧斯科尼於一九九四年帶領的趨勢，永遠改變了義大利的公共生活。一旦義大利選民對與娛樂圈具有相同特質的政治產生了興趣，就沒有回頭路了。無論是像葛里洛這樣坦承不諱的丑角，還是像薩爾維尼這樣的戲劇硬漢，極端的立場和為鏡頭而生的滑稽行為，成為選民所期望的政治要素。

## 查維茲所建立之部落

娛樂價值觀不僅在已開發國家的政治領域開疆闢土。另一位政治娛樂化最成功的實踐者為委內瑞拉的烏戈・查維茲。查維茲將狂熱政治納入完整的3P策略中來鞏固其權力，他利用自己的政治名聲，發起以兩極分化與後真相為基礎的民粹主義政治運動。

目標在於獲得終身的權力。事實上，他確實成功地達到了這個目的，即使沒有完成什麼別的成就，而且就這件事而言，也純粹是符合字面上的定義。

但查維茲通常受人討論的角度並非如此，的確，若要把查維茲奉為先驅而非歷史遺毒的話，那麼修正一點歷史是有必要的。查維茲的意識形態根源可追溯到一九六〇年代的古巴，因此在他掌權的期間，全世界都將委內瑞拉視為政治倒退的時代。他的言辭常常聽起來像是來自另一個政治時空。

但查維茲不是效仿卡斯楚，而是貝盧斯科尼。查維茲從這位義大利大亨兼政治家的範本了解到，名人地位比意識形態更為重要，透過電視可以創造以風格為本的世界。

身為鄉下學校教師之子，查維茲從軍中嶄露頭角，很快被招募到一極左翼的激進組織。儘管他自稱革命者，但他的傳記作者後來發現，當他還是年輕士兵時，第一次上台對著麥克風講話，竟是為了主持委內瑞拉軍隊主辦的選美比賽。這件事有貝盧斯科尼的影子，他職涯開始時有當遊輪歌手的黑歷史，明確地顯示不管他是什麼身分，成為注目焦點的心理需要總是首要需求。

若米蘭為先例，卡拉卡斯市（Caracas）則為融合領袖魅力、名人表演及獨裁野心的真實實驗場。這遠比其他實驗來得危險：貝盧斯科尼似乎滿足於填滿荷包並免於入獄之災，查維茲則渴望永久控制委內瑞拉。他打算利用在劇場演出的訣竅，讓委內瑞拉人的痛苦被聽見。這項創舉現在才剛在已開發國家中發揮作用。

以查維茲著名的長青電視節目《你好，總統》（*Aló Presidente*）為例。在節目中，總統談論的範圍很廣，在講故事、政治誹謗、唱歌與猛烈抨擊真實和想像中的敵人之間來回穿梭。但其核心主題始終相同：同理心。每集他都會與他的支持者一對一地聊天，詢問他們的生活、未來展望和所面臨的問題，並且感同身受他們的痛苦。如果說川普喜歡在電視上扮演大亨，貝盧斯科尼將自己打造成萬人迷，那麼查維茲則是喜歡扮演歐普拉。

他的表演扣人心弦，他會嚴厲批評雞肉價格上漲，然後擁抱一個沒錢給孩子買學校用品淚流滿面的女人，他會坐下來仔細聆聽每個人所面臨的問題，記得他們的名字，並詢問更多細節來了解他們的情況。

他正是以這種歐普拉式的訪談，而非以意識形態的長篇大論，與其支持者建立情感，查維茲將忠誠的基礎從政治層面轉移到原始認同的層面。正是在這樣的時刻，支持者變成了粉絲，而粉絲最終合併成一個政治部落：民眾從他們對領導者的共同熱愛中塑造了一個身分。

民眾對偶像的奉承是查維茲用來轉換為權力的原料，他用權力來破壞委內瑞拉憲法核心的制衡。

我在委內瑞拉長大，親眼目睹查維茲將名氣轉化為權力，再將權力轉化為名氣，讓我印象深刻。這就是為什麼，對我來說川普的崛起讓我摸不著頭緒，我看見二〇一六年席捲美國政治界的鬧劇，充滿了似曾相識的恐怖。矯揉造作的表演，簡單的答案，菁英分子意識到危險時的憤怒譴責，但為時已晚，我看過這樣的情節，只是在非英語的情境。

一九九八年，我看到我們自己會噴火的圈外人崛起。我聽過令人振奮的演講。我看過他宣布參選總統，但被嗤之以鼻，以為是笑話一則，只是不可能當選的政治人物所使用的不可行手法。接著我看到他的民調不斷上升，我看到在那些本該讓他陷入泥沼的爭議中，他存活下來，在任何人都不可能存活的情況下戰勝了逆境。

因此，當川普在二〇一六年的競選活動中吹噓他的「手」的尺寸時[28]，我的腦海裡突然回想起在國家電視台和所有被迫播放查維茲節目的頻道上，他突然改變話題並開始對他正在看節目的妻子喊話，那天是情人節，總統向她保證，那天晚上他回到家時，她會「得到她應得的」[29]。當川普發誓要在墨西哥邊界上建造一堵不切實際的一千九百五十四英里的牆，我回想起查維茲承諾修建一條穿過安地斯山脈的天然氣管道，直達南部三千一百六十三英里處的布宜諾斯艾利斯（他從未做到過）[30]。

有時這些故事在我的記憶中混在一起，很難記得是誰說了什麼。是川普還是查維茲將媒體和各大電視台稱為「末日四騎士」？（是查維茲。）[31]是誰曾經講述引誘朋友的妻子上床的故事來取悅觀眾？（川普。）[32]哪個在電視現場直播鏡頭前拉肚子？（查維茲。）[33]是查維茲還是川普指責記者故意撒謊，是「人民公敵」？（陷阱題：兩者皆是。）[34]查維茲與川普有許多不同之處，但細心觀察的委內瑞拉人絕對能察覺相似之處。

在川普大廈宣布參選後那幾個月，隨著川普的主宰力量愈來愈大，我看到美國東西兩岸的菁英分子從翻白眼的惱怒到困惑，再到警覺，最終是恐慌，這種心路歷程從未退流行。這就像從鏡子裡看到十八年前的委內瑞拉。這種心路歷程不僅熟悉，而是我的親身經歷。

我也曾將查維茲視為民粹主義煽動者，一個無能的丑角，不可能造成任何真正的傷害。在委內瑞拉，菁英分子也認為可以像對歷史上其他總統一樣，可以拉攏、俘虜和控制他。我沒能理解這趟旅程的真正本質：表演者查維茲大量吸引到的粉絲，不是傳統政治意義上的支持者，這些粉絲在過程中先塑造自己的身分認同，後來才把他視為政治領袖。這種基於個人魅力的政治狂熱，為推動兩極分化的部落主義邏輯奠定了基礎。回頭來看，一切清晰可見。

這一切都始於一位魅力超凡的領導者，但若是就此下了結論，對接下來上演的事就不公平了。我見證過整個過程，我知道一切如何開始，悲哀的是，我也知道委內瑞拉的結局。美洲最長民主歷史的國家變成了殘酷的獨裁政權，世界上最富有的國家變成了一貧窮的國家。

查維茲澈底改變了觀眾對權力的想法，領導者再也不沉悶、遙遠，而是他們可以認同的人。他傳奇性的平易近人鞏固了數百萬委內瑞拉人的狂熱崇拜，民眾深切地感受到他們認識查維茲本人。以電視節目展示與其支持者的情感，是他電視策略的核心。但這麼做是有意義的，因為於該國所有電視台和廣播電台被迫轉播長達數小時的演講中，查維茲將其編織成一個連貫的故事。在融合部分宗教復興特會、部分歷史課和部分革命演說中，查維茲拼湊出一個包羅萬象的故事，讓聽眾了解國家命脈，了解自己在其中的位置。

查維茲的崛起以令人眼花的速度踢走了舊的認同系統。在從政黨到個人的轉變過程中，委內瑞拉人的政治認同基礎變成單一的二元問題：「你支持查維茲，還是反查維茲？」隨著支持者的政治狂熱，帶來愈來愈多的死忠粉絲，批評家開始將查維茲塔（chavista）運動視為國家的生存危機。結果委內瑞拉政治產生極端的兩極分化。很快地，支持者和反對者失去了對一個國家的共同歸屬感，並將彼此視為敵人。對查維茲塔來說，總統支持的立場即為真實。對反查維茲塔來說正好相反。兩極分化和部落主義是同一現象的不同面向。

魅力型領導包含強烈反彈的種子：不願將領導人視為超人或接近神人者，自然會防備其他願意崇拜領導人者。這種動態占據主導地位沒有中間地帶可言：兩極分化強迫你選邊站。

說查維茲被支持者神化可能聽起來有些誇張，但事實確實如此。二〇一三年癌症去世後，查維茲的形象旋即進入聖得利亞教（Santería）的萬神殿，此為數百萬委內瑞拉人暗中信奉的非洲加勒比融合之宗教，儘管他們表面上自稱天主教徒。查維茲小雕像開始出現在聖得利亞儀式中，與原住民祖靈如瑪麗亞·里昂扎（Maria Lionza）或歷史人物轉化成的半神如佩德羅·卡梅霍（Pedro Camejo，又稱 Negro Primero）一起出現，這位奴隸出身的槍騎兵憑藉傳奇性的大膽勇敢，成為在西蒙·玻利瓦（Simón Bolívar）共和軍隊中唯一的黑人軍官。像他們一樣，查維茲也介於平凡與神聖之間，一真正虔誠的宗教形象。

當我們從韋伯的社會學角度審視這些故事，更能看出端倪。他知道「魅力」一詞源於希臘語 χάρισμα，意思是「神授的禮物」，眾神賜予的天賦[35]。魅力型領導人的地位隱約高於芸芸眾生，因而打亂了政治常規：他們的支持者或該說粉絲不講道理，而批評者無法容忍他們。在當代通訊技術的推波助瀾下，這些領導人拆除了政治與娛樂之間的高牆。

## 去中介化政治

狂熱政治以及政治與娛樂間正在消失的界限，對政治人物如何於現在與未來爭奪權力有莫大的影響。政治競爭的本質正在劇變。舊有的政治美德已過時，取而代之的能力，將決定領導者普遍的風格。

新時代貶低了對政策細節掌握、領域專業知識、商討談判能力以及於混亂中務實妥協的能力，這些皆是在憲法共和體制的範圍內，實際治理所需的技能。但這些技能與當前的新任務幾乎沒有關係：在一個民粹主義、兩極分化和後真相 3P 原理猖獗的政治體系中，重要的是建立和維繫忠誠的粉絲群，無論什麼情況下皆支持其決策。效忠當道。

委內瑞拉與義大利民眾在二十年前學到的，而美國民眾最近才開始理解的是，面對民粹主義、兩極分化與後真相所帶來的威脅，維持民主所需的技能、做法和制度的反應能力都十分脆弱。如果民主要生存下去，辯論、忍耐、妥協、寬容和願意接受對手爭取權力的正當性，都是在政治文化中需要廣泛提倡的本能。但在一政治娛樂化的時代，這些價值觀不斷地式微，而其對立面則愈發囂張：謾罵、妖魔化對手、極繁主義（maximalism）和不容異己。

政黨很快就會被排除在外。儘管政黨對民主至關重要，但是當忠誠度被個人化並專注於單一領導人時，政黨開始看起來像麻煩的東西。政黨的核心功能在於為公眾利益發聲、用單一平台拉近多元族群間的距離，但這一切看來早已過時，現在的世界，支持者是因對領導者的原始認同而追隨擁護。政黨可能以其他形式存在，像無法飛行的鳥類身上退化的翅膀一樣。但它們擔任的角色愈來愈像領導者的附屬品，並無法重新取得其在治理中的核心角色。在取得和維持權力上，都不需要藉助政黨，因此它成為可有可無。其他中介機構如非政府組織、專業團體、工會、志工協會等也將不得不做些制度方面的複雜變動，以維持其政治地位。

畢竟，大明星不需要靠這些機構來充場面，不是嗎？

可以說，媒體匯流為民主政治帶來的浩劫，只是資訊時代最新一場以科技為基礎的動亂，在民眾理解到嚴重性之前，這只是科技變化瓦解舊有制度的另一座競技場。正如馬歇爾・麥克魯漢（Marshall McLuhan）的名言，若媒介就是訊息本身，那麼從傳統媒體轉換到資訊時代的資訊爆炸，自然會產出新的政治模式[36]。以行話來說，科技正將政治體制「去中介化」（disintermediate）。

當你可以直接在推特上傳訊息給領導人，何需政黨區域主任、州參議員或國家行政委員會扮演溝通橋梁呢？在網路世代，這些機構已顯得多餘，像在智慧型手機世代擁有隨身聽一樣。

我們只是站在這趨勢的起點而已。自電視時代以來，亮麗外表和親切的螢幕形象一直是重要的政治資產，也是民眾對領導人所期望傳統形象的大加分。但是，要是我們正步入一個新時代，那些資產已不是加分題而是最核心的價值，該怎麼辦？

我們還沒走到那個地步。但是，新的競爭模式正逐漸占據主導地位，貶低傳統的政治價值，轉而支持媒體名人。無法保證未來的魅力型領導者，會如何在粉絲吸引力與傳統政治能力之間取得平衡。要是他們無法取得平衡，會怎麼樣呢？

## 泛光燈下的3P原理

讓我們回到一開始的悖論：新復興的政治權力形式皆暗中進行，將權力運作隱藏在偽法律的假象迷霧之中。但受益於這些策略的領導者絕非隱形。他們十分在意自己的形象，不斷將自己投射到支持者的意識中，其角色成為支持者身分認同的核心。

這些絲絲縷縷的元素乍看似乎相互矛盾，但實際上，於3P原理架構中，它們深深地交織在一起。挖空曾經在民眾和執政者之間調解的舊有法律、媒體和社會制度，透過拆除領導人與權力工具之間及領導人與其粉絲之間的障礙，執行新的方法。若無政治領域的去中介化，3P原理便無法有效發揮作用。

以前政治和娛樂之間的界線有一道護欄：官方機構（如法律、立法機構和法院）和非官方規範（得體、「執政者的尊嚴」等）是約束權力的有效方式。當政治人物只是公務員時，政治制度更容易限制其行為。3P獨裁者的名人地位鬆綁了這些限制。他們的粉絲在領導人身上投入了太多自己的身分認同，以至於絕不能忍受他們失敗。

傳統政治家違反重要規範時，其支持者會表達不滿，其政治地位便會受到影響。但明星領導人違反重要規範時，其粉絲並不會對其表達不滿，而是對規範感到不滿。事實上，他們團結支持該領導人，至少在他們眼中，領導人的地位不降反升。

原因在於，過去的政治支持者與當今的政治粉絲在關鍵面向有所不同。就像球迷或樂迷一樣，政治粉絲主要透過認同其最喜愛的明星來建立身分認同感。粉絲認為，攻擊管理其身分認同的明星，就是攻擊他們。他們保護明星是為了保護自己。

用來描述自己的語言清楚暗示了這種想法。葛里洛的支持者為「小葛里洛」，而查維茲的支持者自稱「查維茲塔」。川普的支持者並沒有像這樣套用他的名字，但他們完全認同其口號，甚至把「MAGA」由縮寫轉變為一集合名詞。薩爾維尼的粉絲尊稱他為隊長（Il Capitano），而貝盧斯科尼的粉絲稱他為騎士（Il Cavaliere），查維茲的支持者稱他為司令（El Comandante）。

使用這些頭銜在在顯示，是將渴望權力的獨裁者神聖化。在某些案例中，如查維茲，其神聖化可謂名副其實，因為支持者在他死後將他奉為半神。但即使沒有到查維茲的程度，很明顯名人政客所擁有的那種權威是非常個人化的。轉移的難度就是證明。在本章我們探討的兩個案例中，處於民粹主義運動中心的名人必須主動退場，查維茲是在二〇一三年去世，葛里洛則刻意選擇不積極參與政治，試圖將其政治活動去除個人色彩。這兩個案例的繼任領導人都缺乏創始人在電視鏡頭前的收放自如，結果成了一場災難。查維茲的繼任者馬杜洛成為世界上最令人討厭的領導人，在他無能的帶領下，加速委內瑞拉陷入查維茲引發的災難性經濟漩渦。葛里洛的繼任者、五星運動領袖迪馬尤，很快發現自己陷入了一連串失誤，導致其政黨的支持者大量流失，倒向與其結盟的極右派聯盟黨。毫不意外的，聯盟黨剛好由富有魅力並擁有熱情支持者的圈外人薩爾維尼接任。

薩爾維尼似乎掌握了迪馬尤未曾辦到的事：政治支持者對領導人提出要求，而政治粉絲則提供無條件的支持，使其自由地為了私利追求權力。模糊政治與娛樂之間的界線並非這些領導人隨興而為之。他們這樣做是為了能做一些惡行而不受罰，在從前政治和娛樂明顯分開的舊世界中，他們那些傳統的競爭對手做夢也想不到可以耍這種手段。

名人光環和隱匿其中是3P獨裁者的陰陽兩面。隨著政治與娛樂間的舊界限模糊，領導者發現名人光環使其能夠試著奪取權力，若無光環則不可能受到容忍。名人光環打破了問責機制的常規運作，打破了對正確執政方式的期望，增加了偽法律的力量。

或者，簡而言之：即使在檯面下運作，權力仍透過作秀排場來復仇。

# 第3章 權力工具

民粹主義、兩極分化與後真相皆為策略，但是，要讓這種獲取權力的新方法發揮作用，則需要比組織原則和宏大策略更具體的東西。為此，當代的獨裁者需要工具：特定的心理、溝通、科技、法律、選舉、金融和組織技巧，以確立其權力並保護自己免受限制。

我們稱這些技巧為「權力工具」，為3P獨裁者獲得、行使與保有權力的手段。在此，我們深入探究權力如何應對漸漸開始分散它和削弱它的離心力。其中一些是新工具，而另一些則是每個煽動者的軍火庫中皆存在的可靠武器，但為更新版本；由於人民政治辯論的破碎化、全球性對公部門的不信任、最新數位科技將其工具增大強化，一切都變得加倍有效。

## 金錢的力量

「金錢為權，權力是金。」這句話完美適用於今日。舊式的統治者不受法律或制度約束，動用國家的金庫，透過禮品、津貼、補貼和獲得商業交易的優惠條件（或者直接透過貪汙），能使自己和家人朋友累積深不可測的財富。我們都看過他們的宮殿、飛機、遊艇和汽車的照片。而我們也看到，他們如何利用金錢為工具，來加強對權力的控制：讓軍隊保持愉悅和忠誠，收買地區首長，資助鎮壓反對派的龐大警察國家與國安機構，以及確保記者筆鋒溫順的報導內容。獨裁者也利用其財富，將權力投射到國家之外。他們資助盟友，拉攏外國政客和具影響力者，收購外媒和體育俱樂部，同時建立國際金融網絡，擴大當權家族及受它控制的國家利益。

3P獨裁者也需要錢來充實自己及其親信。像傳統的獨裁者一樣，他們需要財力來保有、鞏固和擴大權力。但與完全不負責任的獨裁者不同，3P獨裁者的賺錢之道、分贓之法與如何以金錢鞏固政權之方，皆須小心處理。他們仍做這些事，只是轉明為暗，同時更留意自己必須表現出民主人士、清廉政府官員與打擊貪汙者的形象。

受普丁統治的俄羅斯是以金錢為權力工具的例證。一九九九年普丁當選總統時，俄羅斯正被一大群狂暴黑道般的寡頭箝制，他們侵占了舊蘇聯大部分的工業、礦產和能源財富。一九九〇年代的莫斯科充斥著可怕又無法無天的世代，業界大亨像自訂法律一般，光天化日之下殺害對手之事屢見不鮮。葉爾欽時代的混亂對克里姆林宮沒有戰略意義，普丁很快意識到，建立對國家長久控制的第一步，即是讓商業大老屈服。

在《俄羅斯的裙帶資本主義：從市場經濟到盜賊統治的道路》（*Russia's Crony Capitalism: The Path from Market Economy to Kleptocracy*，暫譯）一書中，安德斯・艾斯倫德（Anders Aslund）解釋了前蘇聯情報組織（KGB）特務出身的普丁，如何靠他的間諜和特務團隊來做到這一點[1]。自二〇〇〇到二〇〇三年，普丁煞費苦心安排新的階級順序：富人可以維持富裕，也可變得更加富裕，但前提是要搞清楚自己的政治優先事務。此訊息傳達得毫不含蓄：普丁在上任後的幾個月內對弗拉基米爾・古辛斯基（Vladimir Gusinsky）發起了重大攻擊，因為古辛斯基的電視台NTV不僅批評總統，還犯下**嘲笑**普丁的大罪。拋窗事件接二連三而來，那些挑戰普丁的人多在特殊情況下死亡，令人震驚，其餘的人很快明白該怎麼做。

普丁以強大、階層式、外表民主的專制制度取代葉爾欽時代的親歐美路線，確保俄羅斯的寡頭以他為重。其中道理很容易理解：只要激起克里姆林宮的不滿，不僅財富會以可怕的速度消失，還冒著「被消失」的風險，指的不是當今常見的文化性消失，而是以殘酷且決絕的方式消失。從此，商業大佬只能暫時保有財富，而且前提是要符合總統的利益。媒體可能賺取驚人的利潤，但前提是積極支持克里姆林宮的全面方針。他們被期待一接到通知立刻將自己的商業帝國奉獻給國家，而其私人所有權還要充當政府官員合理推諉的工具。

也許最明顯的例子是「普丁的廚師」葉夫根尼・普里戈津（Yevgeny Prigozhin），這位莫斯科餐館與餐飲服務老闆因與普丁關係密切，而成為龐大企業的負責人。普里戈津最為人所知的事蹟，是據說身為位於聖彼得堡、惡名昭彰的網路研究機構（Internet Research Agency）的擁有者，該機構實際上是克里姆林宮的資產，旨在破壞全球政治穩定並穩固普丁的地緣政治利益。普里戈津的例子可能是最顯眼的，但絕非獨一無二。像普里戈津一樣的人物，一邊涉足合法經濟，一邊涉足組織犯罪，似乎在3P獨裁者鞏固權力的地方蓬勃發展。

在委內瑞拉，哥倫比亞貨運大亨亞歷克斯・沙柏（Alex Saab）利用於卡拉卡斯市的政治人脈累積巨額財富，先是超收數十億美元的進口食品費矇騙委內瑞拉政府，接著用這筆錢來支持馬杜洛政權。在菲律賓，中菲混血小鎮商人之子黃書賢（Dennis Uy）累積財富之迅速且範圍之廣，從賭場到法拉利經銷商再到自來水公司，毫不意外，黃書賢與杜特蒂是二十年的老友。在匈牙利，與奧班同鄉的二十年好友洛林茲・梅薩羅斯（Lőrinc Mészáros）在短短五年內從建築工人搖身一變成為億萬富翁等級的商業大亨，並獲得了豐厚的政府合約。在安哥拉，金錢的力量留在長期獨裁者休塞・愛德華多・桑托斯（José Eduardo dos Santos）的家族中，其女伊莎貝爾・桑托斯（Isabel dos Santos）憑藉「家族人脈、空殼公司和內線交易」成為億萬富翁和非洲最富有的女性[2]。

巴西在勞工黨（Workers Party）執政之下，該國最大的工程公司奧德布雷赫特（Odebrecht）成了賄賂的渠道，控制國內外的政治家，盜賊統治（kleptocracy）成為巴西外交政策的工具。

以上所有案例中，獨裁者皆努力授權與控制該國財富的主要持有者，且毫不避諱地轉而利用這些財富來支持和維持自己的權力。同樣的，這些政權也很快地懲罰了不願屈服於領導人的企業。

這些看似主要是弱小或某區域那些貪腐國家的煩惱，西方民主大國也無法倖免。在義大利，貝盧斯科尼公然利用私人財富以維持其政權長達數十年。在美國，最高法院藉由其惡名昭彰的二〇一〇年「聯合公民訴聯邦選舉委員會案」裁決，建立了向政治家支付合法報酬的奇特制度，該裁決催生了著名的政治行動委員會（political action commitees，簡稱 PACs），並為私人政治活動開啟大量不受監管的資金。它也藉由合法化大多數國家視為刑事犯罪的事項，來「解決」貪腐問題，其一結果是，美國總統競選的正常成本飆破十億美元大關。

在當今世界，金錢仍一如往常是通往影響力的大道，現在被運用於民粹主義、兩極分化與後真相策略中。

## 打破常規的力量

冷漠和與世俗脫節的菁英造就了民粹主義。與人民脫節且支持度日益減少的高階族群，開創了民粹主義者利用的機會。他們盡可能分化政治領域的兩極，無所顧忌地使用各種真相或謊言來激發、組織及動員支持者。對民粹主義者來說很幸運的是，將菁英分子描繪成冷漠和脫節的模樣簡直易如反掌。冷漠和脫節是構成菁英分子的基本要素，因此，新一代的民粹主義者可以在任何地方找到可用的素材。

自由民主體制奠基於法律以及議會與法院等常設機構。較不明顯但同樣重要的是，自由民主體制也仰賴常規：不成文但普遍被接受的界限界定了做事的準則。常規是歷史緩慢而微妙地發展下來的結果，它會隨著時間滲入制度的DNA之中。常規是每個人都懂的規則，無需明確指出。

正如迪昂（E. J. Dionne）、奧恩斯坦和曼恩之解釋[3]：

> 政治規範的定義為「一種標準或模式，尤指群體的典型或受期望的社會行

為」。某人在特定社會環境中應該展現的行為模式，就是政治規範。平常我們不會充分體會到規範的力量，直到有人經常違反它。違反規範往往會引起連鎖效應：當某人打破傳統和期望時，以前被認為不適當的行為會被正常化、被有樣學樣。

隨著時間的推移，規範網絡將政治中何謂適當與何謂不適當一些心照不宣又強而有力的共識，都串連在一起，共同構成了政治學家史蒂文．李維茲基（Steven Levitsky）和丹尼爾．齊布拉特（Daniel Ziblatt）所謂的「民主的軟護欄」，一種「應該如何做」之隱含性共同概念，將一種民主政治文化維繫成形[4]。

新一代民粹主義者認為民主規範是特別誘人的目標，正是因為規範是不成文的，似乎可以挑戰。要如何檢舉某人違反了一項從未明確書寫的規定？即使是指出某項規範被打破的過程也會削弱規範本身，因其將曾經心照不宣的事務攤在檯面上，而能夠成為辯論和攻擊的題材。

這即是規範的悖論。潛規則對民主國家的健全至關重要，但是因其不成文的特性，規範是不明確的，卻也因此而脆弱。規範很重要但也很薄弱，而3P獨裁者知道要去猛烈抨擊對他們權力單薄的約束。但更棒的做法是，無視規範的話可成為另一種領導者，而且可以破壞權力的限制，一氣呵成。

川普打從一開始就證明他天生是這種風格的大師，可能是因為他本來就從未真正理解這些潛規則，因此未能理解他做錯了什麼。川普的違法行為及他願意無所不用其極地完成目標，決定了他獲取權力的手段。川普就職期間，華盛頓成了政府機構的聖牛屠宰場。他沉醉於一次次做無人做過的事情，從任命業界親信管理其代表的產業（極端例子如任命支持燃煤的政治說客為環保署長），越過他的情報部門逕自公開支持美國的獨裁對手，袒護揮舞火炬的新納粹抗議者在二〇一七年夏律第鎮的「團結右翼」集會，無視國會傳票，拒絕承諾接受二〇二〇總統大選的結果，似乎沒有任何一項規則能免於總統的侵犯。這一連串的不法行為打醒了華盛頓的政治評論家，喬治・派克（George Packer）擲地有聲地寫出他們的心聲[5]：

> 這些自覺精明的人看不見川普的特殊政治才能，亦即對每個對手弱點的直覺，對自己的狂熱奉獻，如何將其意志強加在他人身上以及持久力。他們也沒有意識到共和黨的嚴重衰敗，到二〇一六年，在共和黨不擇手段追求權力的虛無主義中，已一去不復返。他們沒有理解多數美國人願意接受、甚至欣賞川普對民主規範和舉止得體的蔑視。直到這樣的領導人到來，才理解到有多少看似堅如磐石的事情，原來都建立在那些脆弱的規範上，而這些規範又大幅度仰賴公眾輿論。規範的消失暴露了總統的真正權力。法律先例可以一鍵刪除；執法部門未必獨立於白宮之外；三權分立只是君子之約；透明的謊言比確鑿的事實更加有效。直到川普成為總統之前，政治階層對此一無所知。

史奈德於他的《暴政》（*On Tyranny*）完美說明其看法，正是在川普執政期間對民主的軟護欄發動這一連串攻擊，俄羅斯的影響力才會如此嚴重地在美國暗中發酵[6]。史奈德在二〇一九年對採訪者說：「我們的民主正在惡化，俄羅斯是最好的先例。這不僅僅是俄羅斯幫助川普先生當選，而且俄羅斯的某種政治模式已廣泛傳播。」[7]

其他3P獨裁者喜歡更加漸進的方法，隨著時間的推移，慢慢地淡化打破規範的衝擊。此為打破常規版的溫水煮青蛙，若把青蛙丟進沸水中，牠會直接跳出來，但若放在溫水中逐漸加熱到沸騰，青蛙發現時為時已晚。雖然動物學家可能不同意這樣的舊觀念，但愈來愈多的經驗證據顯示，溫水煮青蛙的古老格言確實有心理學的基礎。正如艾普邦姆引用二〇〇九年《實驗心理學期刊》（*Journal of Experimental Psychology*）上的研究，當違反規範的行為逐漸發生時，大眾更有可能接受：「之所以會這樣，部分是因為大多數人預設自己是道德誠實的，而這種自我形象抗拒改變。一旦某些行為變得『正常』，便不再認為那是錯誤的。」[8,9]

溫水煮青蛙本身即為隱匿其中的手法：漸進做法會使對手筋疲力盡，他們反對濫權的呼聲成為常規的存在，因此很容易可以充耳不聞。玻利維亞和匈牙利是最好的例子。莫拉萊斯與奧班早期的吸引力很大一部分建立在無視政治禮儀規範上，對於現有的菁英分子來說，禮儀規範是神聖不可侵犯，但對其他人來說已毫無意義。在委內瑞拉，查維茲直覺地認為，打破這類專業知識型的規範對他來說是雙贏局面。不只是無視限制權力的規範能更加壯大獨裁者，這一點不言可喻；而是他們可以利用違反規範引發菁英分子反彈，以鞏固圈外人的信譽。如我們所討論過的，這正是一九九〇年代貝盧斯科尼與二十一世紀初期川普的手法。

但並非所有違反規範的行為都是漸進式，某些3P獨裁者似乎採取了不同的策略，稱之為打破規範的「震撼與威懾」法，也許菲律賓為最極端的例子。

馬尼拉，悶熱且廣闊的菲律賓首都，當你聽到「菁英」一詞時，也許你不會立刻聯想到馬尼拉，但對於在少數古老富裕家族經營的國家中長大的菲律賓人來說，馬尼拉於政治上十分重要，像布魯塞爾在比利時或華盛頓在美國的地位一樣。沒有什麼地方比菲律賓南部貧困的民答那峨島更憎恨不知民間疾苦的馬尼拉菁英分子。菲律賓最貧困的二十個省分中，有十一個都在民答那峨島，這個島在宗教和文化上與首都也有很大不同，以致於感受到本國菁英幾乎是異國政權。對魅力型的圈外人來說，民答那峨島是能夠團結人民、反對貪腐菁英的完美溫床，而這件事也成真了，結果就是任職七屆納卯市（Davao）市長的杜特蒂。

杜特蒂聲稱自己是圈外人，其實是精心虛構的謊言。身為省長的兒子，杜特蒂從小在權力中長大。他在一九八〇年代當選為納卯市副市長，當時民答那峨島因漫布該島的暴力左翼動亂而被稱為「小尼加拉瓜」。除了馬克思主義者之外，犯罪集團、綁架劫持隊和騙子小偷也很猖獗，讓納卯市民隨時處於低度恐懼狀態。

無論新舊民粹主義者，他們的核心技能都是找出人民常識與菁英常識的衝突領域。杜特蒂知道，馬尼拉西化的菁英分子沉浸在人權文化中，對法外處決的概念感到震驚。但在納卯市，因小規模毒品交易而不斷上升的暴力和犯罪浪潮，令他的選民深受其擾。在民答那峨島沒人會太介意警察直接殺了毒販，事實上，選民大聲疾呼採取這樣的行動。對杜特蒂來說，這絕對會引起馬尼拉菁英分子的憤怒，因此他更應該去做而非避免。

市長意識到，他可以透過支持暗殺隊來建立政治形象，這不但是解決犯罪問題最簡單的方案，而且額外的好處是可以清楚表明他與可恨的菁英分子不同。打破規範成為兩極分化的工具，這是3P原理中的第二大要素。也許杜特蒂不像貝盧斯科尼擁有電視台，也不像川普擁有房地產帝國，但他仍找到成為名人的道路，將自己標榜為敢使用其他政客不敢使用的解決方法的人。

杜特蒂毫不掩飾地贊助納卯暗殺隊（Davao Death Squad，簡稱DDS），建立了自己身為納卯市長的聲譽。DDS是由退役士兵和退職警察拼湊而成的暗殺小組，被授予全權處理不受社會歡迎的人：街頭混混、小型毒販，以及市長眼中對公共秩序構成威脅的任何人。保守估計，從一九九八年至二〇一四年間，DDS奪走至少一千四百二十四條生命[10]。DDS開門見山的殘暴體現出激烈拒絕西化菁英奉行的正當法律程序。對於想要占領杜特蒂所覬覦的關鍵領土的政客來說，要這麼做根本不用多加考慮。

奇怪的是，杜特蒂堅稱他與納卯暗殺隊毫無關係[11]。雖然廣泛讚揚暴力（如他承諾馬尼拉灣的魚會因浮屍而養肥），但他小心翼翼以免被發現下達與特定殺戮相關的命令。這是一種典型的民粹主義、兩極分化的雙面說詞：杜特蒂承諾暴力，但卻與任何具體的殺戮保持距離。這很無恥，卻能奏效。

二〇一六年，杜特蒂明確承諾，將把納卯市的殘暴做法擴大到整個菲律賓。杜特蒂讚揚戒嚴法並誓言在必要時實施，他確保沒有人可以搶先攔阻他嚴厲打擊犯罪的做法。二〇一六年杜特蒂當選總統以來，菲律賓已成一場人權災難，但杜特蒂卻是受歡迎的英雄。在屍體數不斷增加的情況下，他獲得高支持率，他也沒有浪費任何機會來譴責那些與世俗脫節的菁英，因為他們反對他採取強硬態度打擊毒品犯罪。

藉由這種方式，打破規範也可以成為民粹主義的工具。杜特蒂將關心人權者描繪成貪腐菁英的矯揉造作，從而為殘酷的政策建立了支持。菲律賓老百姓的一般想法很簡單：如果毒品是個問題，那麼殺死所有毒販和吸毒者是最淺顯易懂的解決方案。菁英分子想說「不，沒這麼簡單」的衝動只會踏入民粹主義者的陷阱，把他們塑造成只關心世界性的抽象概念，而非市井小民簡單明瞭之利益。

因此，在菲律賓，無視反對法外處決的規範成為了兩極分化和民粹主義的工具。杜特蒂挑戰菁英分子的膽量，讓他們站出來維護可恨毒販的人權，誘他們踏入陷阱，即可將他們描繪成全民公敵。這種有效的方法已行之有年。

當然，菲律賓是極端的例子。但納卯暗殺隊指出另一條民主成為3P獨裁體制下的犧牲品之途徑。訣竅在於，任何菁英分子的共識皆可被醜化為腐敗。在民粹主義者及其支持者的眼中，菁英分子所共有的信念、規範或慣例，本身都是可疑的，因此為攻擊的主要目標。

## 復仇的力量

民粹主義者一直以來利用一般民眾對菁英分子的蔑視，也利用了他們所遭受到無論真實或想像的苦痛怨恨。他們的超能力是煽動蔑視和激起怨恨的第六感。訣竅是先於他人察覺到哪些怨恨的根源已經醞釀成熟，可以加以利用。對菁英分子特權的怨恨是民粹主義者注定要開採利用的先決條件，刁鑽的部分在於看準時機及方法。

但怨恨只是被壓抑的渴望，渴望一種更難以承認的事物：復仇的渴望。若要滿足支持者的胃口，那些播下怨恨種子的民粹主義者，必須做好提供復仇計畫的準備。

這個事實太過於殘酷，無法直接面對，因此在正常的政治討論中經常被忽略。我們更喜歡委婉的說法：討論保守復古主義、政治迫害或經濟焦慮。但檯面下是更醜陋和更發自內心的東西，發自內心到讓人不自在，卻又符合人性到令人無法忽視。

「怨恨」正是此類委婉說法之一：這個文雅的字眼代表你渴望傷害你認定對不起你的人。怨恨的政治就是復仇的政治。

復仇可以是對身體上的傷害，但也可不必，陷害對手入獄跟沒收其資產都是復仇的形式，但也可用更加巧妙且象徵性的手法，從表面看起來可能很溫和，但在特定的脈絡下可能產生巨大的效應。

復仇可以是各種形式，對土耳其的艾爾多安來說，更重要的是，對其大批追隨者而言，允許女性在土耳其的公立大學戴伊斯蘭頭巾是一種報復行為。這是對近代土耳其國父凱末爾幾十年來嚴格推行的政教分離主義做出象徵性的譴責。艾爾多安的舉動向凱末爾長期培育的政教分離主義，發動直接的人身攻擊。對莫拉萊斯來說，將玻利維亞的官方名稱改為玻利維亞多民族國（Plurinational State of Bolivia），是對數百年來白人統治原住民的象徵性報復。

民粹主義者知道，滿足粉絲對象徵性復仇的渴望可以獲得豐厚的政治利益。這不是什麼新鮮事，自古以來，煽動者就知道總有一群選民渴望令其敵人受苦。毫無疑問，羅馬將軍下令將迦太基夷為平地，在戰後廢墟上撒鹽，並非為了戰略上的益處，而是為了滿足士兵復仇的需求。

但二十一世紀的獨裁者都有種本能直覺，知道如何將大眾的復仇慾望轉化為對抗權力限制的武器。這解釋了一些原本難以理解的事情：唯一目的似乎是傷害所謂的菁英分子而下的決策，即使這些決策對獨裁者的支持者沒有任何好處，甚至令其支持者受到損害。

長期以來，拉丁美洲的左派蓬勃發展，因其幾世紀以來一直受壓迫，而這種壓迫引發了復仇的渴望。諸如愛德華多・加萊亞諾（Eduardo Galeano）的《拉丁美洲：被切開的血管》（*The Open Veins of Latin America*，查維茲曾在總統高峰會走廊上將此書贈與給巧遇的歐巴馬）等書籍，用普及的方式極度簡化地講述歐洲帝國的征服與掠奪，大聲疾呼透過復仇來獲得救贖[12]。儘管在此書出版幾十年後，加萊亞諾本人譴責他年輕時出版的轟動之作中提出的做法，但損害已經造成。像莫拉萊斯與查維茲這樣的3P獨裁者，找到了願意接受這種政治路線的聽眾，將拉丁美洲整個歷史視為百姓受到貪婪的白人菁英殘酷迫害的故事……接著將自己包裝成替受害者報仇的形象。

二〇一〇年卡拉卡斯市某個晴朗的下午，查維茲著手野心勃勃的復仇計畫。查維茲帶著拍攝單位，在卡拉卡斯殖民時代的中央廣場走著，並以誇張的口吻問助理，議會對面的建築物做何用途。一名助手恭敬地說：「報告司令，那棟樓現在為私人財產，為某珠寶企業經營者所有。」

「徵收！」查維茲大聲說道，「徵收這棟大樓！」

在短暫的散步結束前，查維茲一遍又一遍喊出了同樣的命令「徵收！」，對廣場上看得到的每棟私人建築重複說這句話，並從此巨幅改變委內瑞拉的財產所有權制度。接下來幾個月，委內瑞拉境內大中小型企業都被國有化，從擁有數萬名員工的先進電力和通訊公司，到相對較小、有幾十名員工的食品加工廠以及各種規模的農場，全部包括在內。查維茲沒有浪費這個機會，他將徵收一舉的目的，描繪為要好好修理一直在剝削人民的根深蒂固的舊時代寡頭政治。這是復仇的政治，置於整個統治計畫的中心，該計畫的目標是按照復仇主義路線改造社會，多令人振奮，同時，這也是極其可怕的決策，摧毀了委內瑞拉的經濟和民主，並將在一世代裡，讓查維茲狂熱的粉絲陷入拉丁美洲有史以來最嚴重的人道主義災難。

對於查維茲來說，政策的具體影響不如其象徵性影響重要，對他而言，目標是將自己銘刻在歷史中，成為受壓迫者的大英雄。其模範為玻利瓦，這位傳奇的獨立戰爭英雄將西班牙人趕出六個拉丁美洲國家，並且（引用其說法）領導了一場反對菁英分子的人民革命。查維茲喜歡引用智利諾貝爾獎得主巴勃羅．聶魯達（Pablo Neruda）之名言：「玻利瓦百年覺醒一次，因為人民覺醒了。」[13]從未明確說出但亦未曾隱藏的說法很清晰：查維茲為非典型的政治領袖。他是極具傳奇色彩的歷史人物，被派去報復數百年積怨的十字軍。

## 身分認同的力量

3P獨裁者處理的不滿具有特殊性質。不是舊時代左翼政治眼中受壓迫階級那種廣泛的不滿，也不是保守右翼長期以來對過度膨脹、自負政府所發洩的那種不滿。那些舊有怨言，致力於以共同緣由將社會的各大族群「團結」起來：領薪勞工的經濟改善或公民日益漸增的自由。它們促成普遍性身分認同的渴望，當然，這些願望從未實現。

3P獨裁者利用的不滿與其有別。並非以廣泛包容性身分認同為基礎，而是把部落組合在一起，一群群極其忠誠的追隨者在狂熱政治的邏輯下組隊。這些不滿組裝的並不是廣泛包容的差異，而是狹隘的身分認同，以增強兩極分化的邏輯。畢竟，分化關鍵在於我們與他們，在「我們」和「他們」之間劃清界限，是任何兩極分化策略的關鍵步驟。

早在貝盧斯科尼的「踏上球場」演講中，即可看到這種以身分認同達成極化戰略的開端，他在這兩個義大利之間劃出了清晰的界線：「身體力行派對上紙上談兵派，從事生產者對抗浪費資源者，攢積儲蓄派對抗掠奪偷竊派」等等[14]。從一開始，這位3P原理的先驅就意識到，沿著充滿感情的路線從中分裂他的國家，即可助他掌權。

隨著3P策略發展得更成熟，用身分認同來塑造政治角力和界定底線要劃在哪裡，已經充分展現其威力。從普丁將俄羅斯東正教教會置於其「美善俄羅斯人本質」的形象中心，到查維茲創造了新激進「玻利瓦」身分認同，3P獨裁者知道，要強而有力地分化政治領域，關鍵在於把對他們的政治支持，置於他們的支持者自我認同的核心。

當政治分歧演變成以身分認同為基礎時，政治辯論即從思想的討論，轉為對美好生活矛盾概念間的衝突。如果我的族群體現了所有正義、高尚和善良，而你的族群代表了所有錯誤、卑鄙和邪惡，那麼我們之間幾乎沒有理性討論的空間。我不再需要學著在彼此存在分歧的情況下與你和平相處；相反的，我的目的變成打敗你，一勞永逸地把你趕出政治舞台。

身分認同是3P獨裁者工具箱中一種特殊力量，因為它是把雙面刃。它不僅重新定義了獨裁支持者的自我理解，也重新定義了獨裁反對者的自我理解。在委內瑞拉，反查維茲塔成為政權反對者身分的基石，就像身為查維茲塔對於對立陣營的人也有同樣意義。在土耳其，只要知道某人對艾爾多安的立場，就足以推斷出關於他們的各種資訊。在美國，無論是支持或反對川普，自我認同都掩蓋了所有其他的政治考慮。對許多人來說，在疫情期間不戴口罩，是向其他人表明自己政治身分的信號。

要澄清一點，在川普登台之前，美國人身分認同中政治觀點的明顯程度早已攀升好幾十年了。在一九六〇年僅有百分之五的選民表示，若他們的孩子與支持對立政黨的人結婚會感到不快；到了二〇一〇年，大約百分之五十的共和黨員和百分之三十的民主黨員表示對這樣的婚事感到生氣[15]。然而，到二〇一七年，百分之七十的民主黨員於民意調查中表示無法與川普支持者交往[16]。到二〇二〇年，百分之八十三對川普持非常負面看法的人，拒絕與其支持者交往[17]。

有趣的是，這種觀點在美國已經取代了曾經被視為核心的舊分界線。一九五八年只有百分之四的美國人贊成跨種族通婚。到了二〇二〇年，其比例為百分之八十六[18]。這顯示對「身分認同政治」的解釋與通常大肆宣傳的截然不同。愈來愈多美國人根據對種族的「政治態度」將自己歸類，而非以種族這類典型的身分標誌劃分，認同川普種族態度的人自成一族群，反對這種態度者自成另一派。雙方人馬之間強烈的敵意，警示著美國將進入持續政治不穩定的時代。

3P獨裁者透過體現支持者的幻想，將身分認同轉化為權力。川普的任務是體現川普主義，亦即實現支持者渴望的無限財富和權力的夢想。正如福山所說，領導者塑造了一種身分，以實踐支持者所期望的生活方式來證實支持者受傷的尊嚴。這種認同總是正面的（對領導者）和負面的（對領導者所定義的敵人）兼具。這就是為什麼身分認同政治是兩極分化的女僕[19]。很多時候，渴望權力的獨裁者若是有天分，將身分認同用做兩極分化工具，就能夠成功地瓦解民主國家。

## 懷疑的力量

3P獨裁者使用的工具深具適應力。它們可以運用於社會主義革命或菲律賓暗殺隊一樣極端的情境。但其多樣性的真正標誌是，其實它們無需附著於任何意識形態的政治理念之上。

這就是近年來3P原理最成功的兩個案例所教導的教訓：英國脫歐和美國川普當選。這些案例演示了新方法如何推向極限：與地球上兩個最古老、最成熟的民主國家對立。更重要的是，它們證明自己有效的方式，不是支持某個政治理念，而是反對所有政治理念。

事實證明，3P原理的工具可以運用於虛無主義政治。在某些民粹主義者手中，與其說是用它來推動某特定計畫，不如說是用來推動對任何計畫的反對。

想想英國脫歐的創傷經驗。這是特殊的案例，因為在英國，從民粹主義、兩極分化和後真相提供的選項中挑選出來的工具，實際上是由委員會使用的，沒有任何明顯可辨的領導者站在前線負責。這是種無需領導者的分散式新力量，使這個G7國家的大眾站出來反對整個國家菁英的組織原則，因其深受菁英分子喜愛。

英國脫歐公投的重要時刻，是當最高級別的內閣祕書麥可．戈夫（Michael Gove）面對一長串反對英國脫歐的權威組織，簡單的回答震驚了天空新聞台的記者，他說：「這個國家的人民已經受夠了專家說。」[20]

戈夫的官方頭銜可是堂堂的英國大法官，以菁英分子的潛在敵人而言，這樣的稱號似乎有點違和。他曾擔任過入會極為困難的牛津大學辯論社社長，他譴責菁英主義和嘲諷專業知識。但儘管承受來自菁英階層的所有輕蔑批評，戈夫完美地捕捉到席捲全英國選民深刻的虛無主義情緒。

在二〇一六年的公投中，百分之五十二的選民投票支持離開歐盟，公投結束後，民意調查發現，對專家的態度是英國人在英國脫歐公投中最佳的預測指標[21]。那些認為過分依賴所謂的專家是錯誤的，最好依賴普通人者，支持英國脫歐的可能性是不同意者的三倍。那些同意專業人士的意見比依賴普通人更好者，反對脫歐的可能性是不同意者的五倍[22]。

戈夫抓住一個重要觀念，我在其他地方稱之為「信任悖論」。在職涯中煞費苦心地研究特定主題的專家提出之見解，近來愈來愈不受民眾信任。戈夫利用的這種懷疑態度伴隨著一種新現象，亦即信任江湖郎中，因其能對複雜問題給出簡單的答案。在公共領域中，真正專家的見解分量愈來愈輕，而江湖郎中的話語在社交媒體上以前所未有的速度傳播。為什麼？因為我們無法抗拒地被證實和奉承我們固有偏見的訊息所吸引。民粹主義者對真理漠不關心，樂於利用信任悖論以達到兩極分化的目的，在他們手中，懷疑主義成了具有毀滅性效力的工具。

英國脫歐派對於菁英政府機構、觀點與習慣深表懷疑的情緒，在大西洋的另一邊受到廣泛記錄。丹尼爾·德雷茲納（Daniel Drezner）在他的著作《話語權的世紀角力》（*The Ideas Industry*）中說明，在超過一個世代的時間裡，民眾逐漸不願聽從專家意見，讓整個西方國家陷入低谷[23]。在美國，一位大膽的政治家充分把握這一時刻全部的潛力。夠多的選民與菁英分子疏遠，反智主義可能成為毀滅性的意識形態武器。

在這方面，川普的缺點成了他最大的資產。以氣候科學為例，許多老練的共和黨員願意假裝不了解氣候變遷。密西根州的眾議員弗雷德·阿普頓（Fred Upton）在二〇〇九年支持綠能法案[24]，但在二〇一一年，因希望閃避右翼的主要挑戰，他拒絕承認氣候變遷是人為造成[25]。或者是紐特·金瑞契（Newt Gingrich），十年前他在三十秒的電視廣告中說明兩黨應對氣候變遷的必要性[26]，現在他完全否認氣候變遷正在發生[27]。

然而，阿普頓或金瑞契假裝為無知的樣子並不令人信服，因為這顯然是假的。需要一個**真正無法**理解氣候變遷的政治人物，才能獲得選民的信賴。真正的無知者可以在政治上做到一些假裝者做不到的事情。

川普拒絕聽從專家知識有一絲真實的感覺，根植於他無盡的無知。這是一種強大的工具，因為在民粹主義者的心中，疑竇會依附於抽象、理論以及複雜性，一般而言，對於聲稱代表人民利益的民粹主義者來說，這些都十分陌生。

對菁英分子的不信任，會導致對其用來維持權力的工具產生懷疑。很快的，敵意延伸到任何形式的智力領域及其制度支柱：大學、學術出版品、研究機構、智囊團，以及證明專業知識的整個學術資格認證系統。3P獨裁者說：「全部燒掉，這全是陷阱，對你和你的家人不利。」

早在一九五八年，麥可・楊恩（Michael Young）便在其具先見之明的社會學諷刺文學作品《菁英制度的興起》（*The Rise of the Meritocracy*，暫譯）中預想到這些趨勢[28]。楊恩想像一反烏托邦社會，人民的社會地位完全由功績決定，認知型菁英（cognitive elite）位於分層精密的社會系統上位，但沒什麼功績者則認為該系統完全壓迫他們。在這本書中，菁英階層和他們所鄙視的群眾之間的不信任氛圍，逐漸形成了一場推翻整個制度的大規模反抗。該書將此事件設定於二〇三三年發生。

但在反烏托邦小說的領域外，當一個國家果斷反對將功績做為社會組織原則時，實際上會發生什麼事呢？重組當今高度複雜的後工業社會，有系統地擺脫對專業知識的依賴，會產生什麼後果呢？是否有人真的嘗試過呢？結果如何？

查維茲再次指點迷津。查維茲透過蔑視技術官僚聲稱具備的專業，以鞏固其民粹主義身分。專家使用的專業術語及冷靜分析，在他眼裡就像一切都是一場騙局的證明。以二〇〇二年十二月摘自其著名的週日脫口秀其中一段：

> 董事會、會議、複審，他們真的知道如何藉著這些事讓你眼花撩亂。有一次我在PDVSA（國家石油公司）召開董事會，結果我頭昏眼花。我說：「我需要休息一下。」因為他們帶各種東西來找我：幻燈片，投影片，這個，那個，還有其他的，最後我整個頭暈目眩。我不得不躺下來，我頭都暈了，連續睡了大約十二個小時。我說：「不，我受不了了。」我要一份報告，讓我可以先看過一次，然後我再打電話給你們，一次一個人解釋，可能財務主管先，再來另一個人，然後再另一個。但根本沒用，你給他們命令卻沒有人照做……委內瑞拉的政府裡有另一個政府……像一個黑盒子，打開它會有毒蛇跑出來[29]。

查維茲沉迷於打破技術官僚對PDVSA的控制，他決心不惜一切代價實現目標。總統決定，PDVSA已經受夠專家了。二〇二〇年，這種領導風格興起尚不滿二十年，PDVSA的石油產量已下降了百分之九十，全國各地的加油站都排起了長長的隊伍，這是世界上最大、最古老的石油國難以想像的結果。

若這些災難能讓3P獨裁者鞏固其民粹主義的信譽，就是值得的。因此他們總是難以抗拒侮辱技術官僚菁英的誘惑。再舉一個例子，當川普在二〇一七年以總統身分任命前德州州長瑞克．裴利（Rick Perry）擔任能源部部長，我們很難相信他其實並非故意侮辱裴利。四年前一場辯論中，當裴利被問及提議取消哪些內閣辦公室時，能源部是其中一個，但他卻想不起來，這件事人盡皆知。這個失誤讓他的總統競選失敗，現在他被要求領導自己曾如此輕蔑的部門，輕蔑到甚至記不得自己想裁撤它。

但鮮少有人像雷克斯．提勒森（Rex Tillerson）二〇一七至二〇一八年短暫擔任美國國務卿期間，如此公然將懷疑論視為輕蔑。提勒森是石油巨頭埃克森美孚（Exxon-Mobil）的前執行長，他根本沒有從政經驗，並且公開藐視他應該要領導的外交人員的專業知識。他接著發動一種制度性破壞，可能需要數年甚至數十年才能復原。提勒森無視各內閣首長均會努力捍衛部門預算的傳統，興高采烈地削減預算，他可藉此掩護肅清外交部的行動，將美國政府最精銳的部門之一，累積數十年的寶貴專業人才都裁掉。由於外交部暫停招聘，數十個高級職位空缺，且面臨嚴峻的預算削減，美國與世界的接口因人力資本減少而癱瘓。再加上在政府跛腳鴨會期的深處，削弱了保護聯邦機構負責人免受政治報復的措施，執政團隊似乎打算擺脫政府裡最老練的專家。

「美國受夠了專家」似乎是川普政府青睞的座右銘。由於對總統的政治忠誠，掩蓋了所有其他考慮因素，不僅讓國務院，而且讓國家本身變得更弱、能力更加不足。總統令華盛頓震驚，他嘲笑美國情報界，一度將情報洩露與納粹德國的做法相提並論。重要的是要認清其本質：一個明確無誤的預警信號表示3P獨裁體制正在運作，並且與更古老的暴政形式相互呼應。漢娜・鄂蘭（Hannah Arendt）早在一九五一年指出：「掌握權力的極權主義總是以缺乏智慧和創造力的瘋子傻瓜取代一流的人才，不管他們的政治傾向如何，因為缺乏智慧和創造力仍是忠誠的最佳保證。」[30]

她沒說錯，只是說中的範圍比她想的更廣。

## 控制媒體的力量

媒體是箝制自命不凡的潛在獨裁者最強大的力量之一，因此馴服媒體為重中之重。對於依靠民粹主義、兩極分化和後真相執政的領導人而言，自由媒體不僅非常惱人，並對其權力控制構成危險的威脅。自由媒體阻礙了領導人將他們的說法確立為真相的能力。因此與媒體之間暴躁、對立、最終敵對的關係，即是獨裁統治正在進逼最明顯的徵兆。

當然，獨裁者總想讓批評他們的人閉嘴。一兩個世代之前，控制訊息意指思想審查：政府官員在新聞編輯室裡揮舞著紅筆，而政治警察則隨時準備監禁與該政權為敵的出版商、編輯和記者。那些二十世紀的老式媒體控制機制並沒有完全消失。二〇一九年，《紐約時報》發行人阿瑟・格雷格・蘇茲伯格（A. G. Sulzberger）警告說，他看到世界各地的記者被封口、壓制和入獄的上升率為之驚人。蘇茲伯格寫道：「為阻止記者揭露令人不安的真相並向當權者究責，愈來愈多的政府公開、有時甚至是暴力抹黑新聞媒體的工作，並恐嚇記者要其保持沉默。」[31]但舊有媒體控制機制不足以控制自由媒體在資訊時代所帶來的威脅。

舊審查制度繼續在舊式獨裁國家存在；中國是一明顯的例子，但古巴、俄羅斯、衣索比亞、盧安達、白俄羅斯、伊朗、委內瑞拉和許多其他專制政權國家也是如此。例如，艾爾多安的土耳其是世界上受監禁記者人數最多的國家。在較不那麼專制的政權中，網路使審查制度和媒體壓制愈來愈無效。有太多新方法可以躲避國家的審查制度。

在二十一世紀，新控制方法更加巧妙，更難被發現。它們運用更多壓力、遊說與合作技巧，而非蠻力。如今，執行審查制度有許多招數，隱蔽的、間接的或兩者兼具[32]。政府賄賂記者、編輯或媒體所有人，阻擋或過濾搜尋結果，對記者及其消息來源採嚴密的電子監控，並悄悄地向編輯施壓，要求他們解僱最有問題的記者。他們控制進口，無論是新聞用紙或是設備與零件（例如攝影機零件），將持不同政見的媒體排除在外，而親政府的競爭對手可獲得政府的經濟補貼。稅務員經常被派去稽查不配合的媒體公司，外媒的運營受到限制或完全禁止，編輯和記者收到暗示關於哪些事情最好不要報導。網路安全部門駭入線上新聞媒體以擾亂或關閉它們，買斷不服從政府路線的媒體，創建隱蔽或虛假的新聞來源，並架設抹黑吹哨者聲譽的仿冒網站。

這些可用的工具無窮無盡、巧妙又難以辨識，卻又極其有效。他們營造一種自我審查的氛圍，反過來又在自由與強制之間開創了灰色地帶。

這是如何實行的呢？波蘭是最好的例子。二〇二〇年在選舉中以微弱優勢獲勝的法律正義黨，其領導人卡臣斯基宣布，該黨將尋求「重新波蘭化」和「分散」所有私營媒體。此後不久，波蘭高級官員證實，國有石油公司（是的，一家石油公司）正在談判收購該國二十四家地區性報紙中的二十家。對於那些不願意出售的報社，卡臣斯基（《華盛頓郵報》稱之為「反對移民和同性戀權利的民族民粹主義者」）頒布懲罰性的法規[33]。

還有很多其他的例子，指標性案例是兩家電視廣播公司：二〇〇七年委內瑞拉的RCTV和二〇二〇年菲律賓的ABS-CBN，兩者都是老字號。RCTV是委內瑞拉年代最久的商業電視廣播公司，而ABS-CBN則是整個東南亞運營時間最長者。兩者都是關注大眾興趣的電視廣播公司，專注於娛樂節目，兩者皆有小型活躍的新聞政論節目，會向政府究責，並經常以強烈的措辭對政府機關進行攻擊。它們甚至在相同頻道，有相同的暱稱：委內瑞拉人將RCTV稱為「第二台」，而菲律賓人也將ABS-CBN稱為第二台。

兩者皆因各自的政府監管機構拒絕更新其經營許可證而遭到關閉，正是它們的大眾吸引力，使它們無法被卡拉卡斯和馬尼拉的3P獨裁者接受。若是小眾的中產階級有線新聞台批評政府，那是一回事。像在俄羅斯走全美公共廣播電台（NPR）風格的莫斯科迴聲（Ekho Moskvy）電台，會吸引小眾、受過高等教育、喜愛NPR風格的聽眾，其通常受到追捕和騷擾，而不是澈底關閉。但是，當廣受關注的電視廣播公司向廣大觀眾播放批評性內容，範圍覆蓋全國大街小巷時，情況就完全不同了。然而，這些公司並沒有被坦克和士兵壓制，而是因律師和行政法律細節被迫關閉。事實上，政府堅決拒絕承認電視廣播公司已被關閉，政府只是拒絕換發新的許可證給它們，這是一種偽法律的特點，實際上根本是一樣的意思。兩者都透過衛星和網路勉強繼續營運，但其觀眾只是過去的極小部分。在3P獨裁者管理的國家，這兩家媒體都被拔掉犬齒，不再能有效發揮制衡力量。

或以奧班治下的匈牙利為例，二〇一六年十月八日早上，匈牙利主流報紙《人民自由報》（*Népszabadság*）員工即將迎來意外的驚喜。大樓和新聞編輯室的電子鑰匙突然無法運作，連工作用的手機和電子郵件也是，他們迅速意識到報社遭到關閉。《人民自由報》成為總理奧班反對獨立媒體運動中最引人注目的受害者。像所有優秀的隱密獨裁者一樣，奧班確保自己可以合理推諉。就官方說法，該報社是因為財務困難而由其奧地利業主決定關閉。匈牙利民眾接收到的說法是，《人民自由報》揭露一系列直指奧班核心成員的貪腐事蹟幾天後，業主旋即做出這個決定，純屬巧合。

奧班政府槓上一代表性品牌及它最明顯的對手，做得太過分，製造出轟動的大事件而引發國際反應。很快的，國際組織發布行動警報，警告一歐盟成員國的言論自由已然崩解。

國際社會為《人民自由報》的強烈抗議，模糊了更廣泛、更有系統的意圖，亦即3P獨裁者想要控制匈牙利所有媒體。二〇一〇年當選後，奧班旋即積極採取行動，將匈牙利的國家廣播公司轉變為其執政黨青民盟的宣傳利器。從那時起，他大動作壓制全國的批判性報紙、廣播電台和電視廣播公司[34]。首先，奧班出招打擊其收入，從批判性媒體中撤出國家廣告，並動用匈牙利的媒體監管機構媒體委員會，對持不同意見的媒體處以重罰。接著，他要求與政權友好的商人收購多事的報社，藉此完全撤換關鍵人員。

二〇一七年八月，奧班的盟友收購了匈牙利僅剩的獨立地區性報社，因此三名與政權有關係的商人控制了全國所有地區性報社。前幾年，奧班的業界友人收購了獨立廣播和電視廣播公司，以及受歡迎的線上新聞網站。奧班上任七年後，成功澈底掃蕩所有匈牙利的獨立地區媒體[35]。

值得注意的是，來自意識形態光譜看似對立兩端的民粹主義者，卻以相同的機制控制媒體。以前終極的審查制是以祕密警察在半夜敲門的形式出現，那已是二十世紀的舊聞。在二十一世紀，其形式為稽查稅務、依晦澀的法規開罰、政府廣告預算撤回，以及神祕的「私人投資者」私募股權的請求。

這是3P獨裁者誇大版的權力工具故事。渴望不受限的權力，但需保有最低限度的民主信譽，在截然不同的背景下，即使是支持相反意識形態的領導人，面對為遏制權力集中的機構也會採取相同做法，重新確立他們的權力。也許在意識形態上毫無共同點，但他們都直覺地認為，意識形態與當今權力的要求幾乎沒有關係。這就是為何他們總是一再採用同樣那幾項權力工具。

## 緊急事態的力量

3P領導人的另一個強大工具奠基於一個古老論點，即面對國家災難，需賦予政府權力應變緊急狀態。世界許多地方的國家法律都包含緊急條款，允許行政部門省略過於繁瑣緩慢的常規立法程序，採取果斷行動；最近被列為緊急狀態的事件，包含內亂、外國入侵、經濟崩盤、大規模抗議、政變發動，當然還有大規模流行傳染病。

正如我們所見，新一代獨裁者永遠在尋找躲避制衡系統的方法。因此，各種獨裁者無可自拔地被國家緊急措施吸引並不足為奇。這是已存在的偽法律，本來就置於一個理想的位置，可以在（嚴格說來）不違反任何特定法律的情況下，濫用到黑白不分的地步。

這種技巧並無特別新穎之處。濫用緊急法令解除行政部門的束縛，是自古以來專制政權就有的支柱。法西斯法律學者卡爾・施密特（Carl Schmitt）在一九三〇年代指出，在任何法律體系中，終極權力在於能宣布破例通融。施密特解釋，每個法律體系皆必須為緊急狀態下的行動騰出空間。因為立法者不可能預見每種潛在的可能，所以每種法律制度皆會留下模糊的空間：那些不太符合立法者的遠見但必須做出決定的情況。系統中的某些執行者，無論出於權利還是力量，必須被賦予權力做出決定和破例。對施密特來說，這就是權力的終極源泉，這個漏洞能將所有決策合法化[36]。

如施密特這樣的納粹辯護者手中，此破例原則成為一九三三年的德國《授權法》（Ermächtigungsgesetz）之依據，該授權法賦予希特勒無需德國國會批准即可立法的權力。根據《授權法》，破例成為常態。緊急狀態成為永久並最終發展成領袖原則（Führerprinzip），即元首口述的法律地位不僅高於政府政策、條例與慣例，甚至還高於正式法規。

破例統治也在戰後成為威權政府的支柱，最著名的例子是埃及，該國根據「緊急法」，從一九六七年到二〇一一年間或多或少地連續暫時終止基本的公民自由權（包括言論自由和人身保護法）。但冷戰期間，阿根廷、希臘、印度、巴基斯坦、獅子山共和國、西班牙和泰國等差異性很大的國家，都在緊急狀態法下度過相當漫長的時間。

二〇〇八年，貝盧斯科尼率先使用緊急權力以民粹主義鎮壓移民，批准了一嚴厲法令，允許政府對該國所有羅姆人建立指紋檔案。此舉被廣泛批評為對社會邊緣族群的明顯種族歧視。羅姆人（以前稱為吉普賽人）長期以來為義大利犯罪案件揹黑鍋，貝盧斯科尼的緊急措施規避了原本保證不做種族歸納（racial profiling）的承諾，將他們特別挑選出來額外審查。

既然假的緊急狀態對獨裁者來說都是不可抗拒的誘惑，想像一下真正的緊急狀態會有多強大。二〇二〇年，當真正的緊急狀態躍上世界舞台的前線，全世界上了緊急狀態專制用法的速成班。新冠病毒疫情給了擴大國家權力的充分理由，即使是最成熟的民主國家也大幅限制了平時的自由，以減緩病毒傳播。在俄羅斯以追蹤接觸者為藉口，政府藉此絕佳機會，以前所未有的規模推出影像監控，為全國各地的監視器加裝臉部辨識軟體。在以色列以疫情為藉口，允許政府利用大量手機定位數據，以令人恐懼的精確度查明以色列人和巴勒斯坦人確切的下落。

其他國家則是利用新冠疫情緊急狀態謀取專制權力，而做出更過分的事。匈牙利的奧班取消議會選舉，並宣布了通過以法令統治的計畫，發布了模糊且無法強制執行的承諾，說一旦疫情消退，便會撤回這些措施。而中國，新冠病毒的發源地，單方面結束了香港在「一國兩制」的特殊地位，將北京安全法的影響範圍擴大到香港，而此時國際社會把心思放在全球健康危機上，以致於無法提供任何真正的反制。

在第十章，我們將更詳細描述新冠病毒疫情對權力使用與濫用的影響，以及病毒如何同時削弱世界各國政府及其領導人的權力。

## 3P獨裁者的工具箱

賦予3P原理效力的並非任何一種工具，而是所有工具的同時性。這些強大的工具把整個寶庫的真知灼見都編碼，寫進了民粹主義、兩極分化和後真相的本質中。使用這些工具的3P獨裁者知道，受委屈的群眾會把權力給予提供報復、而不只是補償的人。這些獨裁者意識到，最渴望給予他們權力的人是最受委屈的：在自己的社會中因其身分而感到受害的人。渴望權力的獨裁者已經重新領悟了一古老的見解，即沒有什麼能像直接訴諸受委屈的深層感受，更能與支持者建立發自內心的連結。而且他們使用二十一世紀的通訊工具來做到這一點，這是他們的前人無法做到的。

渴望權力的獨裁者已將懷疑的力量變成政治計畫的關鍵推手，挖掘出對菁英專家深深的蔑視，以保護自己免受詳細審查，將專業知識幾乎變成了恥辱的象徵。

他們也利用媒體控制的力量，透過直接與人民對談來規避傳統新聞機構，首先是藉由造勢大會，接著在電視和網路上產生了毀滅性的影響。當然，一旦掌權，3P獨裁者往往想挑戰極限，轉向愈發複雜的方法來控制人民可以取得的資訊。

會運用這些工具是因為他們明白，限制其行動範圍最有效的制衡並沒有寫入法律裡，而是在更模糊、短暫、普遍的東西：對何謂正常事物的感覺。這些「民主的軟護欄」無法編纂，但如果獨裁者要實現其最終目標，就必須澈底消滅它們。3P獨裁者知道，要贏得勝利，必須重新定義民主制度中的常態，不斷地刺激它、日復一日地挑戰它，直到分崩離析。直到這種情況發生後，他們才能永遠確保自己對權力的控制。通往專制的道路上，需要對正常的定義發動戰爭。沒錯，就是戰爭。

無論他們是開闢新的道路，還是重塑傳統的道路，新一代獨裁者已開發出一套獨特的技術和工具，在努力獲得和保有權力的過程中躲避制衡。透過打破規範來證明自己做為圈外人的真實度，並透過滿足追隨者對復仇的渴望，學會動員人民對菁英的憤怒，做為權力的工具。這代表利用人民對專家的懷疑，同時切斷他們取得批判自己的報導之管道。而且，當所有其他方法都失敗時，即以備用的緊急權力規避對其權力的正式檢核。

以上每種技巧就其本身而言，都會對自由民主的健全構成威脅。但共同運用，便創造了充足的機會以假民主取代真民主，假民主具有舊民主的所有表象，但在遏制國家首席行政官的權力方面卻毫無效果。

第4章

# 找出罪魁禍首

民粹主義者許下的承諾似乎不乏狂熱的信徒。在某些方面，更有趣的問題並非為何他們會這麼做，而是為何追隨者依然如此熱中於相信他們。

在某層面上，答案十分明顯：因為民粹主義者會說出追隨者想聽的話。包括討喜但卻很快被忽略的承諾，或者若真要實施，結果要麼短暫，要麼無法達到預期的（或該說承諾的）效果。但在更深層、更令人不安的層面上，問題出在，即使有大量證據證實其承諾是空洞的，政策是失敗的，治理方式對民主不利，追隨者為何仍繼續支持民粹主義者？為什麼要支持不惜一切代價、盡可能長時間掌權，及決心要犧牲追隨者福祉來集中權力的政客？

這才是真正的謎題：與其說為何獨裁者願意做任何事情來取得及保有權力，不如說為何煽動者和江湖郎中如此容易獲得追隨者。這問題的背後有一絲可怕的疑竇：難道3P獨裁者之所以受歡迎，正是因為威權主義嗎？

對獨裁領導的慾望正緩緩上升，不僅僅是一種看法。根據羅伯特．斯特凡．福俄（Roberto Stefan Foa）和蒙克二〇一六年的研究，從一九九〇年代後期開始的二十年間，美國希望看到「一位不必用議會和選舉的強大領導者」的人數增加了十個百分點，在西班牙和南韓則增加了近二十個百分點，在俄羅斯和南非則增加二十五個百分點[1]。更糟糕的是，這種轉變主要是由於年輕一代的態度變化。

是什麼激起全世界對3P領導和政策感興趣，但其最終傷害了支持民粹主義者的人？是什麼導致了這種隱蔽的威權主義趨勢？

巴西、玻利維亞、印度、以色列、義大利、匈牙利、波蘭、菲律賓、俄羅斯、土耳其、美國和委內瑞拉等不同國家的共同經驗，是否為其人民做好3P領導的心理準備？那些是什麼經驗？經濟層面？社會層面？心理層面？科技層面？還是以上皆是？還是這種新型祕密獨裁政體是擴散傳播的，由於渴望權力的獨裁者從彼此的成功經驗中汲取教訓，遠超越了地理位置的界限？

我們將了解，政治學家、社會學家與社會心理學家已經開始針對人民對更專制的政府容忍度提升，做出一系列的解釋。在這種觀點中，經濟混亂的共同經驗產出一種觀念，即社會正在以民眾認為具有威脅性的方式快速變化。雖然這樣的想法通常處於休眠狀態，但卻開啟了廣泛民眾一致對威權主義的心理傾向及偏好。

今天，由於科技超連結性（hyperconnectivity）的影響，這種獨裁傾向更加活躍。超連結性讓快速大規模的社會變革所隱含的威脅變得更加強大。它賦予威脅政治深度，助長對自由社會基石的廣泛攻擊，那個基石就是自由民主的制衡系統。

民族國家權力的分裂和弱化，是人民認為社會環境受到威脅的主因之一。為什麼？因為傳統權力中心愈發受限。特別是，兩世紀以來為國際秩序奠定基石的主體民族國家，正在失去促進其社會經濟財富的能力，使其人民渴望以更激進的方式，解決傳統政治人物似乎不願處理或無法解決的問題。這種被壓抑的不滿，渴望權力的獨裁者清楚明白如何加以煽動和利用。

民族國家逐漸無力保護人民，抵禦這充滿變數的世界日益漸增的威脅，人民對其之反應驅動他們在二十一世紀要求有個專制政府。

## 不平權與期望破滅的腐蝕力

社會不會因一時興起即放棄民主原則，而是在經歷生活品質持續錯位、失望和惡化後，或是當關鍵多數的民眾推斷個人進步的夢想不可能實現時，才會這麼做。一旦達到這個境界，自然而然認為社會是陌生、不公正、道德崩解與具有威脅性。

這就解釋了為什麼渴望權力的3P獨裁者不是在貧民中，而是在失望的人民身上找到理想的舞台：這一群人開始期待某種程度的物質福利與公共服務，但卻突然發現自己無法觸及。

不需要身在貧窮的狀態也會對生活感到失望。這甚至不是經濟上的不平等，儘管其確實會助長讓人民憤怒的不公不義感。對於基本需求（食物、遮風避雨之處、固定收入、醫療保健、安全）獲得滿足的人來說，主要問題是社經地位的認知失調：當民眾認定其經濟和社會進展受阻時，於是他們受困在比自己期望的社經地位更低的階級中，挫敗感便不斷累積。這種地位認知失調的感覺被放大，是因自己離預想的社會地位愈來愈遠，而非愈來愈近。

即使在差異甚遠的情境脈絡下，這種感受將獨裁者的支持民眾牢牢地綁在一起。每況愈下的菲律賓學校教師、密西根州遭裁撤的車廠作業員、莫斯科失業的年輕大學畢業生、匈牙利辛苦的建築工人，他們可能沒有太多共同的生活經歷，但每個人都感受到對生活深切的失望，他們的生活與預期中自己和家人的未來迥異。到目前為止，二十一世紀的故事是講述失望的人民如何猛烈抨擊政治體系，製造一系列危機，而自由政治體制卻沒有能力公平處理和及時有效應對。

你可將這視為政治不穩定的「期望破滅」模式，這已存在至少兩個世紀。擅寫美國生活的法裔編年史學家阿勒克西・德・托克維爾（Alexis de Tocqueville）早在十九世紀初期就已指出，期望破滅及其引發的地位認知失調可謂革命的潛力[2]。

已故哈佛教授塞繆爾・杭廷頓（Samuel Huntington）在一九六八年的經典著作《變動社會的政治秩序》（*Political Order in Changing Societies*）中，充分體現了這種期望破滅推動人類歷史的變化[3]。在他的時代普遍認為，國家因現代化更加繁榮的同時，絕對會更加穩定和民主，但杭廷頓持相反意見，以極具說服力的論據主張現代化本身往往是政治不穩定的驅動因素，而非解決辦法。

在二十世紀中葉，杭廷頓仍堅持現代化早已為人民提供強大的政治發言權，而發展中國家的經濟尚未能以物質支柱維持其穩定。杭廷頓蒐集來自全球各地的證據，證明傳統農業社會和資本主義興盛的經濟體通常都很穩定，但「正在現代化」的國家（即從農業社會過渡到資本主義社會的國家），正規律地成為政變、叛亂、內鬥的犧牲品。

對於杭廷頓來說，問題是在與他的時代現代化相關的新技術（如工會、報紙和政黨等機構）賦予人民提出傳統政治制度無法滿足的政治要求之權利。他認為，現代化在大規模產生地位認知失調方面非常有效，這也同時帶來動盪不安的政治風波。

時間快轉五十年，現在，能夠政治動員群眾的新資訊科技，如廣播訪談節目、平價旅遊、行動電話、推特、WhatsApp群組，看來與杭廷頓的想像大不相同。他從未預想以他提出的模型來解釋工業發達的經濟體其政治體制為何崩潰，他寫的是孟加拉和印尼，而不是義大利、英國或美國。然而，他所提出的機制與二十一世紀先進國家的經驗有強烈共鳴。

今天，新的身分族群圍繞著強烈的不滿情緒而形成，經濟困窘、文化上不受尊重、居住在愈來愈陌生且充滿威脅的社會中，這些真實經歷將他們聚集在一起。在地位認知失調的推動下，正是這些族群在全球政治體系中造就了前所未有的政治動盪。

此與杭廷頓研究的二十世紀中葉的狀況存在廣泛的差異。在他的年代，世界經歷快速的去殖民化，蘇聯與美國爭奪全球霸主地位。政治不穩定往往屬於革命性質：長期邊緣化的族群第一次來到談判桌前，要求分享他們未曾想像過的繁榮。今天，政治不穩定在高收入國家往往是防禦性質：不得不為微量的財務安全而戰之族群，發現其地位受到威脅或侵蝕，因此要求防禦。他們的目標是擊退外來的變革浪潮，而不是準備邁向世俗的烏托邦。

儘管存有這些差異，基本觀點仍然存在：當社會中的關鍵多數感到生活的期望破滅時，背景條件很快就會形成危機。而在當今世界，期望落空的人能夠相互聯繫，並以從前在技術上不可能實現的方式，建立有意義的社群。

## 科技賦權時代的經濟去權

二〇一八年四月二十三日，名叫亞列克．米納西安（Alek Minassian）的年輕人開著租來的雪佛蘭廂型車到多倫多市中心，直接衝撞路人，造成九人不幸喪生。攻擊發生後，米納西安向警方說明自己是「非自願獨身主義者」（involuntarily celibate，簡稱 incels）的網路社群成員，並坦承其行為是為了報復多年來拒絕他追求的女性。這並非首例自稱 incels 成員的謀殺攻擊。二〇一六年，名叫艾略特．羅傑（Elliot Rodger）的年輕人在加州的伊斯拉維斯塔市（Isla Vista），槍殺六名婦女後飲彈自盡。

二〇一九年三月十五日，布倫頓．塔蘭特（Brenton Tarrant）在車內帶上幾支槍和炸藥，攻擊紐西蘭基督城內小型的努爾清真寺（Al Noor Mosque），造成五十人死亡。塔蘭特以頭戴式相機網路直播其攻擊行動，並留下了一份冗長雜亂無章的極右翼宣言給仇視伊斯蘭教的白人民族主義網路社群成員。

重要的是了解這些事之中有什麼具體的新東西。絕不是年輕男人的性挫折，也不是對信奉陌生宗教的移民所產生的敵意。那些都歷史悠久。

未曾見過的是，現在的科技能讓像米納西安、羅傑和塔蘭特這樣的人透過網路社群打造全新身分，他們的經歷受到肯定，逐漸為最好戰的成員創造一條通往激進化的道路。假如只有二十世紀的科技，米納西安或羅傑雖很可能會因交不到女友而感到絕望，而塔蘭特可能會迷失在對伊斯蘭教徒的憎恨中，但他們不會覺得自己是某一團體中的成員，一個擁有共同喜好和怨恨的社群，能夠滋養其中最不穩定的年輕成員，壯大復仇的幻想。

私人仇恨和網路仇恨社群間碰撞的火花，已證明足以致命。在多倫多、伊斯拉維斯塔和基督城喪失了許多無辜生命，而接下來肯定還會更多。

隨著激進的賦權新科技問世，如incels與白人民族主義的邊緣社群，正在經歷期望破滅的深度去權；這些新科技，當然，網路是一個，但也包括資訊社會更廣泛的發展以及國際貿易爆炸性的增長，數百萬的新產品進入每個市場，並且有更便宜的機票使更多人員流動（至少在疫情大爆發之前）。我們生活在富足的時代，什麼東西都有更多：更多人、城市、國家、想法、產品、電腦、公司、藥品、非政府組織、宗教、恐怖組織、犯罪集團，還有更多的虛擬社群可以尋求肯定，新的社群可以用僅僅二十年前尚不可能的方式建立起來。

經濟、科技與心態的變革促進虛擬社群的創建，而這些人在一個世代前可能未曾想過，自身經歷能使他們成為任何社群的成員。當年杭廷頓在寫政治秩序與期望落差時，加拿大一名年輕人的性挫折或紐西蘭一名年輕人對穆斯林的仇恨並非政治上主要的事件，因為這些年輕人沒有以自身經歷或觀點創造出一集體身分認同。

因與他人建立聯繫的成本已大幅降低，而「更多革命」既賦予邊緣觀點權力，又使其支持者陷入拒絕自發服從當權者的社群網中。加上地理流動性大幅增加，這些趨勢促成最初導致權力衰退的轉變。

昔日的孤獨者正在變成可能極具破壞性、甚至危險的群體成員。新科技首次讓數百萬人輕鬆接觸極端觀點，同時降低贊同該觀點的人相互協調行動的障礙，效果一觸即發。

戰後共識建立於針對可接受之政治論述界線的一系列心照不宣的理解之上。公開的種族歧視或專制觀點並非透過國家審查而被壓制，而是因為新聞編輯普遍認為該觀點並不得體。監管這些界線只需要一群有相似教育背景的編輯，共有相似的價值觀與世界觀，將相似的編輯標準套用於少數幾家媒體。

這系統允許探討爭議性新想法相當大的空間，但不是毫無限度。在二十世紀後期，新納粹分子、優生主義者和族群民族主義者通常沒有辦法在六點新聞或著名報紙社論中博得版面。可能有好幾百萬人想了解他們的觀點，但不會列入媒體的考量。

二十一世紀的通訊基礎建設的運作方式恰好相反。強大演算法的開發，能夠辨識與迎合受歡迎但低俗的觀點。演算法為能夠製作此類內容的人帶來豐厚的報酬，帶來大量的廣告收入。二十一世紀的通訊基礎建設，系統性地拓寬了可觸及觀點的範圍，而非限縮。

在美國，建立了一輸送帶以從網路社群中送出極端觀點，並將其傳播給愈來愈廣泛的群眾。在狂熱沼澤般的網路上（不受監管的留言板，如4chan和8chan，或監管不嚴的論壇，如Reddit和YouTube）開始出現的極端主義觀點，會稍微淡化之後透過福斯新聞（Fox News）和一個美國新聞網（One America News Network）等媒體餵給廣大觀眾。一旦發生這種情況，傳統媒體就會跟著炒這個話題，曾經被視為過於極端、不該大規模傳播的觀點，就此完全正常化。

類似行為也在許多地方開始出現。在以色列，極右翼的第二十頻道為極端宗教和民族主義觀點提供充足的播出時間，其觀點往往與做為巴勒斯坦議題解決方案的消滅主義（eliminationist）主題相互呼應。第二十頻道經常在以色列極右翼的網路媒體生態系統中尋找新的貢獻者，例如極右翼的親定居者News 0404網站，並為更廣泛的觀眾淡化其觀點。

這種模式已證實具有跨文化的吸引力。在印度，總統莫迪的印度教民族主義印人黨政府與共和國電視台（Republic TV）緊密合作，該新聞頻道為印度最知名的媒體人物阿納布・戈斯瓦米（Arnab Goswami）所主持。共和國電視台於二〇一七年成立，追隨福斯新聞及第二十頻道的模式：張揚、傲慢、毫不掩飾的黨派色彩，在印度龐大的社群媒體平台中搜尋並報導穆斯林犯下的暴行。共和國電視台不斷地迎合粗野的印度教民族主義，建立大批追隨者，而煽動者不斷恐嚇該政權的批評者，並用「反國家」（anti-national）一詞抨擊他們。在共和國電視台上，「國家」等同「印度教」，而「印度教」等同莫迪的政策。因此，批評政府政策的任何層面，即是「反國家」。

在這些趨勢之下，渴望權力的獨裁者發現，與想法曾被視為驚世駭俗之群眾建立聯繫特別容易。一旦種族歧視和仇外訴求廣泛流傳，愈來愈多社群開始對其產生共鳴，渴望權力的獨裁者更容易出面擁護某一項打著大旗的作為。

然而，有時無需成熟的媒體系統來放大他們的主張，這種新媒體生態系統便可以引發群眾運動。例如二〇一八年末在法國開始的黃背心（Gilet Jaune）抗議運動，發起人似乎是一名不滿燃油稅上漲的汽車駕駛在網路上發聲。一週接一週，連續幾個月後，黃背心成員透過臉書社團聚集起來，穿著引人注目的黃色背心，並與保安部隊發生衝突，因為他們的要求於政府組織裡無法找到支持者。法國的政府與社會已被一訊息震撼核心，在早期的科技時代，這種訊息只會淹沒在讀者投書堆成的廢稿堆裡。

黃背心運動者是對新獨裁制度的呼求中最戲劇性的表現之一，但他們巧妙地融入悠久歷史，表達先前對無領導人狀態的不滿。這一趨勢遍及全球，從西班牙的反緊縮運動（Indignados movement）和美國的占領華爾街運動（以及廣義的占領運動）到香港偏離中心的民主運動（又稱雨傘運動），以及二〇一九年末震撼智利、厄瓜多和許多其他拉丁美洲國家的無領導抗議活動，以及二〇二〇年五月喬治・弗洛伊德（George Floyd）在明尼亞波里斯市遭警方謀殺後，對警察暴力的憤怒一發不可收拾。以上每個皆是藉由網路支持自發群體進程的結果，繞過傳統的政治參與機構，每個都讓政治菁英感到困惑與威脅。

從義大利的五星運動和英國的脫歐派，到西班牙的極左翼我們可以黨（Podemos）及極右翼的民聲黨（Vox）運動和德國另類選擇黨（Alternative für Deutschland），捍衛昔日罪大惡極觀點的群體已成為整個歐洲的主要權力競逐者。那些厭惡菁英觀點的人一次又一次聯合發起強大的運動，讓人不關注也難。

但疑問仍存在。為什麼在一片各種無受限意見想法的新世界海洋中，勝出者往往是威權主義觀點？為什麼不是，譬如說，超驗主義（transcendentalism）或是極端的素食主義？為什麼新媒體生態系統會挑選出3P獨裁者的訊息為贏家？是什麼讓這種說法在資訊時代如此要命地有效？換句話說，為什麼這麼多人願意忽視這些渴望權力的領導角色中，顯而易見的威權主義跡象？

這個問題倒因為果了。3P獨裁者之所以受歡迎正是因為威權主義，而非儘管是威權主義仍受歡迎。

## 深入威權思想

要回答這些問題需要研究。幸好在頂尖大學中，威權主義是熱門話題。雖長期以來處於沉睡狀態，但威權主義的學術研究近期激增。原因很明顯：本書所記錄的趨勢，尤其是美國幾世代以來最公開支持威權主義的總統當選，引發了許多研究、博士論文、實驗、問卷調查和期刊論文爆炸式成長。

心理學家、社會學家和政治學家在研究中探討幾項早期的見解。首先，大量的民眾樂於接受威權主義的訊息。愈發完善的社會科學研究指出，大量民眾傾向於專制政治，這與天生專制說完全不是同一回事，所謂的傾向很可能保持休眠狀態，除非或直到與特定環境結合才會啟動。大量的古代狩獵採集者可能容易有肥胖問題，但若無易於獲取富含脂肪和糖之食物的管道，很少會受肥胖所苦。同樣，除非自身環境促使他們朝那個方向發展，傾向支持獨裁者的人才會這樣做。

誘發因素為何？

研究人員已得出答案：能夠啟動威權傾向最重要的觸發因素是認為受到「威脅」。

在這個脈絡下，威脅不能僅理解為人身威脅，儘管人身威脅絕對是其中一部分。社會學家通常更廣泛解釋這個概念，包括對道德秩序的威脅。

早在一九九七年，石溪大學（Stony Brook University）的史丹利・費爾德曼（Stanley Feldman）的實驗研究發現：「重視社會一致性者傾向不寬容，但若無必要威脅，可能傾向於寬容；無論是特定族群的威脅，還是認為社會秩序處於危險之中的概括性認知。」[4]

認為周圍的世界正在以無法預測或控制的方式發生變化的感知，對任何一國數量可觀的部分人口來說，都是一種嚴重的威脅。正如杜克大學（Duke University）研究員克里斯多福・強斯頓（Christopher Johnston）及其團隊發現，民族變化恰以此方式分化民眾，那些傾向討厭不確定性的人，採用愈發尖銳的反圈外人觀點回應此變化[5]。當與不穩定或惡化的經濟環境相結合時，將變化與威脅畫上等號的傾向變得更加強勢。

研究結果一如既往地好壞參半，但由美國國家科學基金會的蜜雪兒・蓋爾凡（Michele Gelfand）領導的團隊在二〇二〇年美國大選前進行的研究，使威脅感知與威權投票模式之間的關係更加清晰[6]。研究發現，選民愈擔心外部威脅，就愈不能容忍相異性，也就愈支持川普參選。美國選民對威脅的專注，與他們支持強化國家監控被汙名化的少數族群此一政策密切相關，例如監控清真寺、將穆斯林美國人建檔登記和遣返非法移民。

這絕不是美國獨有的現象。由德國慕尼黑大學（Ludwig-Maximilians University of Munich）的戴安娜・里格（Diana Rieger）領導的研究小組指出，若學生先前已受到指示要專注於威脅，那麼在實驗環境中，他們更有可能受到極右翼宣傳的影響[7]。刻意讓學生感到威脅，也加強了他們對德國的認同。當然，這並不代表外國人是「真正」的威脅，只是他們被視為威脅時，這種看法會產生政治後果。無論是在德國、美國還是其他任何地方，激發人民受到威脅的認知，皆以令人不安的規律釋放其威權傾向。

正如馬克・海瑟林頓（Marc Hetherington）和強納森・偉勒（Jonathan Weiler）在其著作《美國政治中的威權主義和兩極分化》（*Authoritarianism and Polarization in American Politics*，暫譯）中所說，專業政治家和評論他們的政治階層（political class）已經被分化很久了[8]。幾十年來，美國選民都對菁英間的兩極分化漠不關心。正如密西根大學的菲利普・康弗斯（Philip Converse）在一九六四年關於大眾信念體系本質的開創性研究中闡述，一九六〇年代初期，大多數美國人對「保守主義」或「自由主義」的涵意只有模糊的認識，並且毫不關心讓政治階層充滿動力的那些意識形態[9]。接下來幾十年，其研究結果一再被複製。直到最近幾十年，許多一般美國人才有了完整的意識形態認同感。從民意調查中，不贊成自己的孩子與支持敵對政黨的人結婚之人數突然增加，可以清楚地看出這種轉變。

研究人員得出的結論是，經濟停滯正在驅使愈來愈多的美國人將其環境視為威脅。中產階級停滯不前的工資、日益漸增的不平等，以及所謂的絕望死亡人數增加（與成癮相關的過量服藥和自殺等原因），引發人民集體表達對威權的傾向並歡迎威權領導。

二戰後漫長的半個世紀裡，大多數美國人的收入不斷增長，中產階級的生計穩定時，威權主義傾向始終處於休眠狀態，對威權主義者的那一套花招需求有限。但這些潛伏的傾向被啟動時，民眾開始四處尋找罪魁禍首，要其為自己的問題負責。他們開始投給會緊咬住那些罪魁禍首不放的領導人。

正如蒙克於《人民與民主之爭》（*The People vs. Democracy*，暫譯）一書中指出，菁英分子往往是理想的罪魁禍首，就像在許多情況下一樣，移民和少數民族族群也是[10]。各種各樣的外來者皆被視為具有威脅性：在土耳其，外來者是庫德族；在匈牙利，是敘利亞難民；在一九三〇年代的德國，是猶太人；今天在美國，是墨西哥人和穆斯林。

我們的出發點是冷靜審視那些渴望專制者所面臨的實際物質條件，但是值得一提的是，這並非我們的目的地；地位認知失調的根源往往是實際的經濟轉變。在大部分的已開發國家，各個階級一直在被拉開距離，富人愈過愈好，超級富有的人過得超級超級好，而其他人則停滯不前或落後。在成為3P專制犧牲品的發展中國家，實際數據通常比較稀少，但類似的動態是可見的。

長期艱困的紓困措施沒有一定標準，不同的組織和研究人員用的是不同的定義。美國慈善機構聯合勸募協會（United Way）提出一個方法，著重於ALICE（資產有限、收入受限、受僱）家庭。這裡談論的不是社會上最貧窮的人；根據定義，ALICE家庭包括就業群眾，涵蓋了廣泛的勞工與中下階層：托兒服務者、服務業員工、客服中心接線員以及數百萬個日常工作者[11]。

聯合勸募協會將ALICE家庭定義為無力以薪資支付基本開銷者（住房、育兒、糧食、交通、醫療保健以及稅金）。在二〇一七年，低於此標準的美國勞工人數令人吃驚：康乃狄克州百分之三十八的家庭，俄亥俄州百分之四十一，紐約州百分之四十四。整體而言，研究納入的十五個州裡，有百分之四十一的工作家庭不得不在基本開銷上東扣西扣。二〇一六年的研究指出，全國有三千四百七十萬戶的家庭生活於這種處境下，這數字是美國官方貧窮率的兩倍[12]。

另一明顯的焦慮跡象是，現在有大量美國人表示無法以現金支付四百美元的意外開銷。美國聯準會於二〇一六年進行的家庭經濟和決策調查顯示，五分之二的美國成人需借錢或出售有價物品來支付這筆費用[13]。二〇一八年的追蹤調查證實此結果。五分之三的就業年齡成人表示沒有準備足夠的退休金，四分之一表示完全沒有退休儲蓄。這些數據還是在二〇二〇年新冠病毒引起的災難性經濟衰退「之前」蒐集的。

這些家庭的收入停滯不前，使得民眾的生活出現巨幅改變，甚至愈來愈多人選擇結束生命。在美國，最誇張的跡象是本世紀因絕望而死亡的人數快速增長。儘管有時在民眾的心目中，這樣的死亡等同於食鴉片類藥物過量致死，但絕望的死亡含納了更廣泛的原因，包括酗酒、其他藥物成癮和自殺。如普林斯頓大學安・凱思（Anne Case）和安格斯・迪頓（Angus Deaton）所示，一九九八至二〇一五年間，這類原因造成的死亡率呈現指數增長，而整體較常發生於教育程度較低的族群，尤其是白人。這十七年間，這族群因絕望而死的男性人數增加了兩倍多，而女性則幾乎增加了五倍。凱思與迪頓總結說：「最終，我們將自己的報導主題視為高中教育程度的白人勞工階級，在一九七〇年代初鼎盛時期之後的崩潰，以及伴隨著這種衰落而來的病變。」[14]

自殺在增加死亡率方面受低估了，美國的自殺率在一九九九至二〇一七年間成長了整整三分之一，達每年四萬七千多人死亡。用藥過量導致的死亡人數也逐漸上升，直到二〇一五年，在一年內飆升了百分之十六，令人咋舌。但導致因絕望而死的人數激增，最大因素是酗酒。一九九九至二〇一四年間，與酗酒相關的死亡人數增加約三分之一。二〇一七年，總共約有八萬八千名美國人死於與酗酒相關的原因，甚至超過了七萬名死於鴉片類用藥過量者。

英國、澳洲、加拿大也進行了相似的研究。這些不是幻想，經濟困難是所有已開發國家廣大的中下階級所面對的現實。即使生產力提高，中產階級的收入也停滯不前，雖然稅金政策和所得移轉減輕了此影響，但它們無法抵銷其衝擊。各已開發國家的勞工與中下階級，已沒有自信能夠像經歷戰後繁榮鼎盛時期的父母一樣過著美好生活。由於他們在經濟秩序中的地位受到威脅，所以他們感到自己在道德秩序的地位也是如此。

這也不僅是富裕的西方世界才有的現象。無論3P權力在何處扎根，先替它打頭陣的經濟和社會錯位模式都是相似的。在俄羅斯，蘇聯解體引發全社會動盪後，普丁聲名崛起；當時物價快速上漲，生活品質直線下降，人民普遍認為俄羅斯社群的「道德經濟」正受到攻擊。在匈牙利、波蘭、捷克共和國，生活水準並無崩潰，但對陌生外來族群湧入的恐慌，與對失去「香腸社會主義」（sausage socialism，民眾可能沒有自由的生活，但晚餐肯定吃得到香腸）時代的濃厚懷舊情緒融合在一起，成為一種強烈的感覺，亦即過去的確定性不再靠得住。

委內瑞拉從一九二〇到一九七〇年代，有五十年創紀錄的經濟成長與中產階級的經濟成長，卻交棒給一九八〇與一九九〇年代的二十年經濟停滯，導致社會流動停止，造成民眾普遍感到統治者與被統治者之間的社會契約遭受破壞。在菲律賓和巴西，收入成長放緩及對犯罪浪潮失控的看法，引起對可預測性的強烈渴望，具體表現在他們選出了當今世界上最公開支持專制的領導人。

然而，威權主義政治的興起與網路賦予的各種邊緣族群運動，不僅僅是經濟焦慮的無意識副產物，其中的重要元素是擔心社會的道德秩序受到威脅。由於對新的經驗相對開放者將自己歸為中間偏左派，而厭惡威脅者主要認同右翼，這種經濟不安全感的上升轉化為對威權主義的支持，在右翼比中間偏左更加來得明顯可見。這種情況下，對福利國家緩衝經濟轉型衝擊能力的冷嘲熱諷，成為一種政治虛無主義，許多人似乎認為：「既然國家無法幫助我，那就讓它也無法幫助任何人。」

## 塞繆爾·杭廷頓的勝利者繞場

對於杭廷頓的眾多仰慕者來說，空氣中瀰漫著似曾相識的氣息。他從托克維爾的想法那裡，提出期望破滅的革命潛力一論點，在今日跟一世代前同樣重要。對獨裁制度的需求來自於快速去工業化的西方國家所存在的脆弱與威脅感，以及南方國家對生活水準上升緩慢（某些情況下甚至下降）的挫敗感。這兩種現象屬於同一問題：地位認知失調已成為全球現象。

與此同時，新穎科技和媒體環境為那些感到威脅的群眾，創造了建立社群的機會，傳播上一世代不會公開講明的想法。隨著通訊管道的爆炸性成長，網民新聞變得普遍，其意見可與數百萬人分享，過去禮貌意見的守門人不再有能力阻止威權觀點的傳播。在這勇敢的新世界裡，威權主義的資訊很容易找到樂於接受的聽眾。願意透過屠殺昔日意識形態聖牛以闡明自己與眾不同的領導人，獲得選舉的獎勵。這個循環是封閉的，因為穩定供應的專制領導人可以滿足不斷增長的需求。

3P領導者在這種經濟混亂與科技賦權的特定組合中，找到理想的狩獵場，其背景是一股四處遍及的威脅感。杭廷頓論點中的所有成分都到齊了，只不過是脫胎換骨，成為他一九六〇年代的觀點難以想像的現代版本。

事實證明，在不斷變化的社會中，政治秩序真的很難維持。這一點在今天和五十年前一樣真實，不同的是，現今的變化速度快得無法比擬。

# 第5章 企業權力：永久抑或短暫？

在生活中鮮少有什麼領域，分散權力的力量與集中權力的力量之間的拉鋸戰像在企業界一樣清晰可辨。巨大的新競爭壓力，伴隨著權力的迅速集中而存在。但兩者要如何同時存在呢？

正如法國經濟學家托馬．菲利蓬（Thomas Philippon）所記錄，由少數幾家頂尖公司日益占據市場主導地位，已成為橫跨製造業、服務業甚至農業等眾多產業的一項特質[1]。強大的企業與財富集中度，在收入分配的頂端齊頭並進。新冠疫情只加深了這些趨勢。根據彭博經濟（Bloomberg Economics），二〇二〇年全球市值排名前五十公司的股票市值增加了驚人的四兆五千萬美元，其總價值占全球國內生產總值的百分之二十八左右。三十年前，還不到百分之五[2]。

然而矛盾的是，這些集中化趨勢與許多市場上更高的可競爭性並存。在一個又一個產業中，資訊科技革命似乎都大大降低了許多高度集中行業的進入門檻。畢竟，網路不就是該用來解決企業和政治權力集中的問題嗎？這難道不是一九九〇年代與近代的阿拉伯之春所渴望的夢想嗎？這種最可怕的離心力是如何被其他更隱密的向心力壓倒？另外，市場集中度提高，如何與政治領域中加速3P專制的趨勢相互吻合？

## 傑克森霍爾經濟研討會對上科技巨頭

二十一世紀的前二十年，最大的科技巨頭臉書、蘋果、亞馬遜、微軟和谷歌不斷發展壯大，在其主導的市場中權力倍增。幾十年來，收購熱潮使它們控制了初期和初中期的新創企業，迅速進入新的業務領域，或於潛在競爭對手成為重要競爭者前消滅它們。這些公司產出巨大的收入和利潤，其創始人與高階主管成為世界上最富有的人。

大型科技公司的規模與資金、迷人品牌、獨家科技以及炙手可熱的產品和服務，為新的競爭對手設下極高的進入門檻。這五家公司在各自領域中所擁有的權力、對創新的偏好，以及金錢購買的政治影響力，讓民眾輕易認為其主導地位將永久不變。大錯特錯。這種觀點與過去三十年中我們所目睹的歷史教訓、競爭動態以及權力轉移並不一致。

現實要更加複雜，的確，今日科技巨頭已累積了難以置信的大規模與新形式的企業權力。另一方面，隨著政府開始試圖控制大型科技公司，這種權力不太可能以極端的現狀持續下去。我們將於本章仔細檢視這兩種現實狀況，調查科技巨頭的龐大規模和力量，並解釋這股力量難以維持的原因。

當陰謀論者四處尋找灰暗的謬論，從中決定世界的未來，卻從未停下腳步想一想傑克森霍爾經濟研討會（Jackson Hole Economic Symposium）有什麼問題，這是這個時代永恆的諷刺。也許那些偏執狂沒把這個研討會當作目標，是因為它一點都不神祕，甚至還留有記錄。更有可能是因為傑克森霍爾經濟研討會的主題乍看似乎十分深奧和學術專業，以至於普通的陰謀論者很難理解。但請不要誤會：如果你想找某個地方，每年都有特定族群的全球菁英聚首以塑造人類的未來，那麼傑克森霍爾經濟研討會絕對是首選。在懷俄明州令人嘆為觀止的大提頓山（Grand Teton）影子下，全球最有權勢的央行行長和頂尖經濟學家齊聚一堂，討論攸關數十億人生活的想法和提案。

傑克森霍爾經濟研討會是由堪薩斯市的美國聯邦儲備銀行主辦，讓極少數的總體經濟學家和財政部長等菁英分子交流，與全世界主要貨幣的監護人親切交流，思考影響借貸成本的政策，貨幣、股票和債券市場的匯率，以及其他關鍵價格和制度。若你和大多數人一樣，那麼你肯定從未聽過該研討會任一與會者的名字。然而，幾乎可以確定的是，傑克森霍爾經濟研討會的討論已經影響了你的收入、貸款和信用卡帳單、出國度假的費用、退休計畫、日用品開銷及其他許多層面。

傑克森霍爾經濟研討會主題單一，不僅是經濟學，更準確地說，是**總體**經濟學。總體經濟學研究的是大規模的經濟力量：成長率、通貨膨脹、失業率、預算赤字、貨幣供應、國際貿易和資金流動，以及央行官員擔心的其他關鍵經濟變項。傳統上，這門學科是與著重公司和個人如何做出決策的**個體**經濟學分開研究的。

自一九三六年約翰・梅納德・凱因斯（John Maynard Keynes）發表其開創性的《就業、利息和貨幣通論》（*The General Theory of Employment, Interest and Money*）以來，一道無形的學術牆隔開經濟學的這兩門專業領域[3]。而許多央行官員和財政部長主要是關心比個體經濟更高層次的目標。當然，某間公司的所做所為可能值得該公司本身關心，但不會影響整體經濟，還是……有可能會嗎？

二〇一八年，一場低調的技術官僚地震撼動傑克森霍爾經濟研討會單純的世界，總體與個體間的高牆受到兩波攻擊。第一波是一篇投稿論文，認為亞馬遜等公司的規模已如此龐大和強大，其決策將對總體經濟產生重大影響。若大一經濟系學生在學期論文中寫到這種異端意見，通常會拿到很難看的分數，原因很簡單：大家都知道單一公司不會出現在總體經濟的辯論中。然而，在傑克森霍爾經濟研討會竟討論這種異端意見。

這篇論文的具體論點十分側重技術細節而看似晦澀難解，不過在該研討會這樣極度專業化的環境中這是司空見慣。該論文由哈佛商學院的阿爾貝托・卡瓦洛（Alberto Cavallo）撰寫，首先引用日漸普遍的說法，即在先進經濟體的物價上漲速度，低於標準總體經濟模型所預測的速度。雖然資料限制使其難以證明，但卡瓦洛說他仍然可以展示他所謂「亞馬遜效應」的另一種形式[4]。該論文隨後提出的研究指出，亞馬遜主導的電子商務**確實**正在改變各公司的定價決策。例如，亞馬遜的技術使它能因應無法控制的因素，在一天內調整數百萬種產品的價格；這些因素包括供應、需求、貨幣價格等的變化。而現在亞馬遜的力量如此巨大，競爭對手必須同步跟上這家科技巨頭的定價決策。根據卡瓦洛的數據，為因應這些變化，網路與實體商店的價格均開始更加頻繁波動。他也堅定認為，在實體世界中，在不同地點價格愈發趨同，也就是說，無論在哪裡交易，價格往往大致相似。若競爭對手被迫跟上亞馬遜的定價策略，這正是預料中的變化。

物價對突然的經濟衝擊十分敏感是新穎概念，例如，外匯匯率每日的變化，以前所未見的方式反映在物價上。但如卡瓦洛所說，這不再僅是理論或可能，這已成為有憑有據的現實。亞馬遜的定價策略及其市場力量加劇了物價的波動。

因此，不僅總體經濟學和個體經濟學間的高牆被打破，且更重要的是，亞馬遜單一公司的行為被引用來解釋整個經濟體所受到的影響。在堂堂的傑克森霍爾經濟研討會的論壇上，有人向世界上最具權勢的經濟政策制定者提出證據，證明亞馬遜的商業行為現在對總體經濟有所影響。

卡瓦洛二〇一八年的論文，是專家們近期針對科技巨頭龐大實力對政策的影響所展開激烈辯論中最新的一發炮火。其他研究員已著手記錄亞馬遜的做法，可能如何壓縮其他零售商的利潤、壓低製造與物流工資及限制各種市場的競爭。

接著在二〇一八年八月二十四日，在風景優美的傑克遜湖旅館舉行的研討會中，總體與個體間的高牆**再次**被打破。這次是普林斯頓大學的亞倫．克魯格（Alan B. Krueger），他曾在二〇一一至二〇一三年間擔任白宮經濟顧問委員會主席，是受人尊敬且經驗豐富的專業人士，並擔任行政部門的高階經濟學家。午餐時，克魯格表示，與經濟學家標準模型所預測的結果相比，美國的年度工資成長每年落後了百分之一到一點五。克魯格認為，原因在於勞工市場不如以往競爭激烈，因為大型知名公司愈來愈有權力主導任何特定市場的招聘條件[5]。

這項指控的對象遠遠不止於科技巨頭：我們將看見，明顯的證據指出，許多產業的集中度愈來愈高，尤其是美國。克魯格認為，在任何市場中少數強勢雇主之間的勾結，可以解釋為什麼工資成長比預期要慢。他指出，反競爭的僱傭行為在大公司中已然普遍。例如，在美國許多的勞工市場，競業條款已從罕見成為主流，即使是快餐連鎖店Jimmy John's領取最低工資的三明治製作員，現在也需簽署競業條款，離職後兩年間不得為競爭對手工作。

那一年關於傑克森霍爾經濟研討會的頭條，主要著重在單一公司的行為可能會為總體經濟帶來後果，而不僅是關於競爭、工資或工作條件。經濟理論學家現在不得不調整傳統假設面對一項事實，即少數公司規模已經如此龐大，導致可能僅是**宣布**它們計畫進入某市場即會震撼該市場。例如，二〇一七年亞馬遜宣布打算以一百三十七億美元收購小眾食品雜貨商全食超市（Whole Foods），進軍食品零售業，當天美國其他食品零售企業的總市值下降了三百二十億美元[6]。不僅是實際與潛在的競爭對手，廣大的政策制訂者、勞工和各行各業的分析師也深深擔憂亞馬遜的主導地位。

然而，亞馬遜並非哄抬物價的兇手。儘管亞馬遜擁有巨大的規模和力量，但很難指責亞馬遜向消費者收取過高的費用。事實上，正好相反。根據歷史記錄，該公司一直積極為顧客尋求更低的價格。正如我們所見，某些經濟學家認為其定價策略正在抑制通貨膨脹。亞馬遜與供應商和商家激烈殺價，似乎很樂意在其許多零售銷售中收取微薄利潤甚至沒有利潤。它所賺取的少許利潤大部分都再投資到公司身上，用於擴展現有業務、收購其他公司，並開發從機器人科學到人工智慧各個領域，研發計畫充滿雄心壯志。無論亞馬遜犯了什麼罪，但絕非哄抬物價欺騙消費者。

事實證明，這種立場有重要的法律後果。對於整個世代專注於如何遏制公司反競爭行為的法律思想家來說，在評估理應互相競爭的公司是否勾結串通，或在設置門檻阻擋新競爭者進入時，「價格」一直都是關鍵變項。這就是為什麼在一九七九年羅伯特・博克（Robert Bork）頗具影響力的

《反托拉斯悖論》（*The Antitrust Paradox*，暫譯）出版之後，美國執行反托拉斯法（又稱反壟斷法，在台灣稱為公平交易法）的重點愈來愈放在價格問題上，隨後在世界大部分地區也是如此[7]。

博克依循自由主義芝加哥經濟學派的說法，認為若允許壟斷者將價格抬高到超出正常標準，才是壟斷行為能夠危害社會的唯一方式。他認為，在正常情況下這是不可能發生的，因為競爭對手會立即介入，以削價競爭的方式對抗壟斷者。因此，反托拉斯法通常不必要。只有在競爭對手不能或不願挑戰特定市場主導公司的（極少數）情況下，聯邦政府才應介入。若政府律師能夠嚴格證明壟斷者正濫用其市場力量，對消費者哄抬價格，那麼（而且唯有在這個情境）法院才有理由介入並採取補救措施。

在一九八〇與一九九〇年代自由市場改革的柴契爾與雷根時代，博克的詮釋成為主要的反托拉斯學說。說巧不巧，博克的預想是正確的，監管機關很難達到他所設定的標準。隨著反托拉斯案件愈來愈著重於艱深的經濟模型，試圖確立某間公司對特定市場價格的影響，政府律師經常無法達到博克學說設定的高標準。更少併購案受阻，法院下令的反托拉斯罰款和行動變得更加罕見，美國企業合併和集中，曾轟動一時由法院勒令的企業拆解僅在史書中才看得到了。與此同時，權力從消費者、勞工和工會轉向企業。

當然，許多公司樂於接受博克一九七九年反托拉斯學說的詮釋。如果將壟斷權力的問題簡化為哄抬物價，那麼以積極削減成本聞名的數位公司永不會有錯。它們在所經營的新舊市場中日益占據主導地位，可能會在文化或審美層面激怒批評家，但從法律上講，它們是清白的。事實上，一位評論者甚至假設「（亞馬遜創始人傑夫・）貝佐斯先繪製了反托拉斯法地圖，接著順利繞道而行，奠定公司的成長」[8]。確保公司的定價不會與博克學說相互牴觸，對網路公司來說是易於施行的策略要求，其對待定價的方式與過去的壟斷者截然不同。

此外，科技巨頭對競爭行為毫無顧忌，所以最初它們似乎並沒有過度擔憂民眾對其行為和商業模式的情緒變化。例如，它們似乎忽略了民眾對於用戶隱私權的態度正在轉變，而這種轉變必定產生對監管和政府控制的政治要求。它們很快就會發現，若商業行為遠遠超出社會可以容忍的範圍，那麼就算恪守法律條文也是沒有用。

「臉書大到容不下民主」是二〇二〇年美國大選前幾個月《紐約時報》的副標題[9]。到某個時間點，若科技巨頭的做法被視為過度濫用，社會將採取措施限制它們。要求最低限度的社會合法性，是商業世界中最強大的離心力。

在許多情況下，科技公司累積的巨大市場力量，或許能解釋的最重要一件事就是：價格不再是商業交易中的主要決定因素。臉書、谷歌、推特、Instagram和其他公司為客戶提供了一種數位易貨交易（digital barter），其中交易的價格已不復存在。「你讓我了解你，我就會讓你免費使用服務」，這是科技公司用商品和服務來換取客戶個人資訊的潛台詞。另一個經常用來描述賣家和買家間新型關係的格言是，「若你沒花錢取得產品，**你**就是產品。」

當然，價格並沒有真正消失，交易並非免費。取而代之的是價格不再以可辨識、可見的數字形式貨幣單位表示。現在，價格是不透明、不可見，甚至是不可知的大量資訊，如用戶個人特徵和行為，包括他們世界中其他人的資料，如家人、朋友、朋友的朋友、同事、社群以及所有與他們互動的人。這些資料經過整理和濃縮，接著由蒐集資料的公司出售給廣告商。這種數位易貨交易極度不對稱，臉書、Instagram和其他賣家明白從用戶那蒐集的個人資料之轉售價值（如對廣告商而言），而用戶卻不知道交易的真正價值。這種不平衡的交易造就了一些有史以來最大、最賺錢的公司。

換句話說，科技巨頭力量的源泉仍保持不透明，隱藏在一份無人閱讀的使用條款深奧措辭之中，但其允許它們把精細的顧客洞見聚集起來，轉化為數百萬的顧客網路活動。這其中有種隱密的力量正在運作，且即使不涉及政治也同樣真實。

雖然集中企業權力的力量在運作，但分散企業權力的力量也同樣活躍。正如我們所知，依賴這種數位易貨交易的商業模式愈來愈受到質疑。可以肯定的是，早期商業網路的無法無天、不受監管、不透明、在某些情況下濫用和反競爭的方式，可能不會再存活太久了。

如我們所見，人工智慧、社群媒體和其他資訊科技的負面影響，正扭曲民主國家的政治進程。但也已引起民眾對此問題的認識，並要求遏制現存普遍的過度行為。雖然更新、更嚴格的法規仍處於推動的初期階段，但已經上了軌道。截至二〇二〇年，歐盟正在考慮制定法規，允許它將大型科技公司完全排除在歐洲單一市場之外[10]。此外，布魯塞爾正在評估一評分系統，能讓民眾評估這些公司是否依法繳稅或刪除違法內容的速度。歐洲官員甚至探究是否可能透過立法，迫使想繼續在歐洲境內運營的大型科技公司將某些業務分割出來。美國司法部根據它認為谷歌在網路檢索服務方面所握有的市場力量而控告谷歌；我們都知道，谷歌的網路檢索服務對用戶來說並不是真正免費的。

迄今對科技巨頭最強勁的權力分散打擊，可能源於二〇二〇年十月美國眾議院反托拉斯委員會發布的報告[11]。這份四百四十九頁的報告針對大型科技公司的商業作為進行十六個月的調查，並毫不掩飾地描述其發現：

> 簡而言之，那些曾經鬥志昂揚、挑戰現狀的弱勢新創公司已成為自石油和鐵路大亨時代以來已許久未見的那種壟斷企業。儘管這些公司為社會帶來的益處有目共睹，但亞馬遜、蘋果、臉書和谷歌的主導地位是有代價的。通常這些公司在經營市場的同時，也在其中競爭，使其能夠為他人制定一套規則，但自己則使用另一套規則，或套用只適用於自己的私人「類」規範。

該委員會提出三項廣泛的建議：第一，賦權和分配更多資源給負責執行現有反托拉斯法的人員；其次，改革現有法律，為聯邦政府提供更多工具來辨別和打擊反競爭行為；第三，全面檢修整個反托拉斯法架構，以適應數位時代的新世界。

谷歌、亞馬遜、蘋果、臉書和微軟強烈反對，並分配了大量資源來阻止意圖遏制其權力的措施。幫助稀釋公司權力與推動集中公司權力這兩種趨勢之間的衝突，將伴隨我們數十年。雖然這場衝突的最終結果尚不確定，但可以肯定的是，大型科技公司自成立以來所享有肆無忌憚的權力，在未來將受到更多限制。

在新聞報導中，那份美國眾議院委員會報告的功勞自然歸功於負責正式發表報告的政壇人士。但在科技反托拉斯的小世界裡，與該報告相關的主要人物並非政治家，而是與委員會合作的一位極其年輕的律師。這已不是她第一次顛覆科技反托拉斯領域，而是第二次。

## 麗娜汗，令人驚豔的反壟斷學者

對於認識她的人來說，麗娜汗（Lina Khan）不太可能是革命者，這位瘦小、謙遜、好學的律師出生於倫敦，父母是巴基斯坦人，十一歲時隨家人移民到美國，她旋即展現學術天分。二〇一七年，二十七歲的她以法學院學生身分在《耶魯法學期刊》（*Yale Law Journal*）上發表一篇顛覆性的文章，質疑博克的反壟斷學說的實用性，因此轟動學術界。她將這篇文章命名為〈亞馬遜的反托拉斯悖論〉，致敬博克一九七九年的經典著作[12]。

麗娜汗說明自己一直對大公司在美國社會中行使權力的方式深感著迷。在二〇〇八年金融危機期間，她對企業權力的興趣與日俱增。上兆美元的銀行紓困，以及大量受強制驅離的低收屋主眼見自己微薄的資產被金融危機摧毀，使她更加關注、更加緊迫地研究手頭的題目。然而，麗娜汗大部分的分析火力不是要用在銀行家身上，而是在她看來，比任何其他公司都不遺餘力在累積權力的一間公司：亞馬遜。

〈亞馬遜的反托拉斯悖論〉是對反托拉斯法支柱一波論證清晰的攻擊，將這個領域從長達數十年的博克學說和政治麻木中喚醒，並將其變成美國法律中最具活力的領域。在論文中，她提出執行反托拉斯法的新理由，將這一古老的學說帶入網路時代。她認為，博克反托拉斯框架的學說機制未能捕捉到市場力量在網路時代的行使方式。在舊框架中，政府律師先定義單一特定市場的輪廓，接著使用複雜的統計技術量化主導者對該市場價格的影響。但亞馬遜並不在單一市場上運營，其產品和服務已涵蓋各類範圍。而且，其低價服務通常反映出該公司從用戶那獲得有價值、可交易的資料，以獲取其他無形的利益。在電子商務的領域，價格概念比實體市場更難定義。

麗娜汗堅定認為，亞馬遜截然不同的營運方式使得博克學說框架雖稱不上錯誤，但無實際意義：

除了做為零售商之外，〔亞馬遜〕也是行銷平台、貨運物流網絡、支付服務、信貸機構、拍賣行、大型書籍出版商、電視電影製作人、時裝設計師、硬體製造商，頂尖雲端服務空間〔及運算能力〕提供者……在大多數情況下，亞馬遜透過收購現有公司擴張到該領域。參與多個相關業務線代表在許多情況下，亞馬遜的競爭對手也是其客戶。例如，與其競爭銷售商品的零售商也可能使用亞馬遜貨運服務，與其競爭製造或行銷內容的媒體公司也可能使用其平台或雲端服務。在基本層面上，這可能產生利益衝突，因為亞馬遜占據有利位置，可以偏袒自己的產品而不是競爭對手的產品。

根據麗娜汗的說法，亞馬遜無處不在，因此能夠在不哄抬價格的情況下行使市場力量。手法是利用其多重優勢，用較不明顯但同樣強大的方式將客戶引導至亞馬遜屬意的產品。換句話說，亞馬遜強大到無需扒竊消費者的口袋，就可以損害他們的利益（如創新及公平市場或隱私方面）。

麗娜汗寫道，理解這一切的關鍵是要知道，以前，商品或服務提供者與提供商品或服務的**基礎建設**之間有明顯區別，而亞馬遜將這條界線變得模糊。

在實體世界中，這種區別十分明確：例如說，貨運公司可以使用道路和其他公共基礎建設提供貨運服務。該基礎建設在不同的貨運公司之間是「中立的」，所有公司都可以平等使用。但這種區別在網路上並不那麼明確，其中許多商業基礎建設實際上都掌握在私人手中。對麗娜汗來說，亞馬遜的立場類似於某一家貨運公司收購州際公路系統，可以為自己的貨運車隊保留某些車道。這樣的公司在不公平地利用其主導地位時，不需向消費者哄抬價格：只需利用做為服務供應商和基礎建設所有者的雙重角色，便可提供更便宜的運費與更快的服務。這種做法將產生嚴重的反競爭後果。多元企業集團和垂直整合公司一直是反托拉斯律師面臨的問題，因其在多個市場的活動，可能會導致扼殺競爭的市場行為。顯然，科技巨頭的整合和多元化對反托拉斯執法機構來說更具挑戰性。

麗娜汗寫道，至關重要的是，亞馬遜建立其法律和企業基礎建設並非偶然。相反的是，成為電子商務基礎建設的重要部分，從一開始就是它的企業願景。她寫道：

> 亞馬遜不僅整合了精選的業務線，而且還成為網路經濟的核心基礎建設。報告指出，從一開始這就是貝佐斯的企業願景其一。根據亞馬遜早期員工的說法，當貝佐斯創立這家公司時，「他的基本目標不是成立一家網路書店或網路零售商，而是成為對商業至關重要的『設施』。」也就是說，貝佐斯的目標客群不僅是最終消費者，還有其他企業。

麗娜汗提供許多例子說明亞馬遜如何利用其類基礎建設的特質來建立主導地位，然後利用這種主導地位在不同業務線中為自己贏得優勢，達到反競爭效果。例如，她說明亞馬遜如何利用低於成本的掠奪性定價（predatory pricing）以主導電子書市場，接著利用此主導地位從傳統出版商那裡榨取高額費用，劫掠它們的利潤，讓它們比較沒有本錢冒險出版可能不會大賣的書稿。

令這種扭曲動態雪上加霜的是，亞馬遜本身也是大型圖書出版商，因此當它為出版商制訂在其平台上銷售電子書的新規則時，實際上是為競爭對手制訂規則，而自己卻免受規則約束。就好像剛剛提及的例子，擁有州際公路的貨運公司為競爭對手的卡車訂下四十英里的速限，同時允許自己的卡車以時速七十五英里行駛。

早在她通過律師考試之前，麗娜汗就因其敏銳分析而成為法律界巨星。突然間，世界各地政府和有權勢的美國政治家爭相與她諮詢，渴望了解如何應用她正協助建立的新反托拉斯學說。幾年之內，她便代表美國民主黨占多數的眾議院制訂政策。在拜登總統上任的百日後，任命她領導強大的美國聯邦貿易委員會（Federal Trade Commission，簡稱FTC），當時她年僅三十一歲。臉書與亞馬遜對此不滿。兩家公司都提出動議，要求麗娜汗迴避與其有關的案件。

她的工作幫助新創一套詞彙來描述和分析人民已注意到但無法確切命名的新現象。透過用清晰、令人信服的術語，解釋企業如何在不哄抬價格的情況下損害競爭，麗娜汗與志同道合的官員和學者共同創造二十一世紀反托拉斯法的詞彙。跨業務線整合（integration across business lines）、線上基礎建設提供的網路效應（network effect online infrastructure provision）、網路中立性（net neutrality）：在建立新的反托拉斯典範之前，必須採用一系列新的術語與概念。

部分原因是像亞馬遜這樣的公司已澈底翻轉了傳統的反競爭做法。在二十世紀初，商業信託引起公眾的警覺，因其正在成為壟斷企業，透過在自己是唯一賣家的市場上，利用市場力量對抗**消費者**致富。但亞馬遜創造的不是壟斷，而是買方獨占（monopsony）：透過在自己是唯一買家的市場上，對**供應商**施展權力致富。亞馬遜之所以是唯一的買家，是因為它擁有物流和配送的基礎建設。

當然，亞馬遜不僅僅是零售商。原則上它也是按件計酬的運算服務提供商，即它自吹自擂的亞馬遜雲端運算服務部（Amazon Web Services division，簡稱AWS）。它在這個利潤豐厚的市場無疑面臨激烈競爭，尤其是微軟的Azure雲端運算服務，其規模和盈利能力與AWS不相上下，以及甲骨文公司（Oracle），一間二線但仍規模巨大的科技公司。然而即使在這個領域，亞馬遜也設法將看似完全不同的業務線交叉整合，利用從分析龐大的網路流量數據中所獲取的洞見，來幫助其零售、出版和娛樂業務的定位，反之亦然。

麗娜汗發現，傳統的反托拉斯學說先天上便無法掌握到這種跨市場的回饋循環。亞馬遜對競爭的影響奠基於能夠將用戶的注意力引導到它可以從中賺錢變現之處。其策略的不同元素全集中到這種煉金術上，將電腦知道的用戶偏好轉化為公司帳本裡的真金白銀。因為除了所有其他身分之外，亞馬遜實際上也是龐大的廣告公司，其演算法努力加班工作，也要將用戶自覺或不自覺揭露的數據資料，轉化為針對用戶消費習慣的廣告推薦。

這種隱含的交換條件，半知半覺地用個人資料換取誘人服務，被描述為現代商業網路的原罪。此交易的合法性正面臨愈來愈大的壓力，因其條款本質是不透明的，且允許一方累積明顯過度的權力。因此，科技巨頭面臨的是迫在眉睫的合法性危機，而且它們似乎尚未做好應對的準備。

麗娜汗不會以這樣的用語形容這種狀態，但她所確立的事實是，企業權力的本質已經產生質變。曾有一段時間，過度競爭和大範圍的科技動亂似乎讓企業權力分散了，現在它再次集中，而這次是以創新、隱蔽、難以辨識的方式。舊式壟斷力量一直明目張膽地哄抬你所需服務的價格，賺到超額利潤之後就落跑，然而，新企業巨頭無形掌握買方獨占的力量，隱藏在交叉業務線整合的面紗之下，使其濫權行為難以指明，但又不能忽視。

## 超越科技的經濟力量與集中力

科技巨頭的崛起在當代企業集中度的辯論中扮演重大要角，且具有充分理由。正如那份眾議院報告所記錄，亞馬遜、谷歌、臉書、蘋果和其他公司，現在已深入到大眾的經濟甚至個人生活的所有層面[13]。它們讓人著迷，也是可以理解和應得的。

但於此存在短視的危險。企業集中度的提升不僅只是關於科技業的故事，各行各業皆面臨企業集中度提高，愈來愈多的市場向各領域的前幾家公司集中，尤其是美國。

紐約大學史登商學院（Stern School of Business）的菲利蓬詳細記錄此趨勢，他所披露的事實及數據不言自明。菲利蓬寫道：「自一九九〇年代後期，美國產業更加集中，美國企業的利潤率上升，但同時，生產力成長卻下降。」[14]

隨著公司賺取更多利潤，它們減少了再投資在公司上的金額：「稅後企業利潤與附加價值的比率，從一九七〇年到二〇〇二年的平均百分之七，上升至二〇〇二年後的百分之十。」簡而言之，公司營收中成為股東利潤的部分，在此期間增長百分之四十三之多。不止如此。菲利蓬寫道：「公司過去常將每美元大約三十分的利潤再投資（於自己的企業），現在每美元只投入二十分。」

菲利蓬將此歸類到主要為美國面臨的問題，因歐洲更積極執行反托拉斯法，使歐盟免受類似的集中趨勢影響。這正是他所謂的「大逆轉」：將公認的想法顛倒過來，他發現歐盟已成為比美國更具競爭力、對壟斷更不友好的司法管區。

以菲利蓬為首，有一群經濟學家愈來愈有影響力，他們認為競爭的下降和市場力量的成長說明某些事情已經嚴重出錯，特別是美國。芝加哥大學的烏富克．阿克吉特（Ufuk Akcigit）發現，競爭壓力降低正在僵化美國經濟。阿克吉特及其同事席納．艾特斯（Sina Ates）在二〇二〇年美聯儲舉辦的傑克森霍爾經濟研討會上提交的論文中寫道：

商業動態（新公司成立、成長、萎縮和消亡無止盡的輪迴）以及將相關要素重新分配給生產力更高的單位，皆是健全經濟中總生產力成長的根源。根據各種由經驗得知的規律性顯示，美國的商業動態自一九八〇年代以來持續放緩，自二〇〇〇年代以來，這種現象更加明顯[15]。

美國智庫開放市場研究所（Open Markets Institute）二〇一九年的研究發現，在任一市場中，兩家最大公司的市場占比在所有類型的行業中皆大幅增長：家居裝修、造船、私人監獄、菸草、藥妝店、床墊製造、工藝品店、航空公司、租車公司、工業洗衣、肉品加工、信用評分、卡車和公車製造、遊樂園和信用卡[16]。這些都是本世紀初以來由兩家最大公司日漸占據主導地位的某些行業。

這種集中趨勢通常透過併購及行動緩慢的美國聯邦貿易委員會日漸鬆懈的反托拉斯法所推動。健康產業特別容易受到這些新形式的市場力量影響，許多特定的小眾服務（從助聽器、血糖機、眼鏡、牙科治療到人工關節）由少數公司主導，而這些公司利用法規進入門檻讓新進者不得越雷池一步，並從中獲取巨額利潤。

這就是未來的樣貌嗎？不一定，事實上，若歷史可以為鏡，勝者的成功將會帶他們走向失敗。企業主導地位轉瞬即逝。一九九〇年，美國市值最高的十家公司是IBM、埃克森（Exxon）、通用電氣（General Electric）、AT&T、菲利普莫里斯（Philip Morris）、通用汽車（General Motors）、默克（Merck）、必治妥施貴寶（Bristol Myers Squibb）、Amoco、杜邦（Dupont）[17]。現在沒有一家仍在前十大之列。二〇二〇年美國最大公司是蘋果、微軟、亞馬遜、字母控股（Alphabet）、臉書、柏克夏海瑟威（Berkshire Hathaway）、Visa、特斯拉、嬌生（Johnson & Johnson）、沃爾瑪（Walmart）[18]。

經濟史書上遍地是昔日企業巨頭的殘骸。上個世紀企業發展的巔峰時期，標準石油公司（Standard Oil Company）似乎與當今的亞馬遜一般，永久且無可爭議。其創始人約翰·洛克斐勒（John D. Rockefeller）和貝佐斯一樣富有。但世事多變，二〇二〇年，標準石油最大的繼承公司埃克森美孚跌出道瓊指數，其市值落後給影音串流媒體公司網飛（Netflix）。埃克森美孚並非唯一眼見自己地位被科技巨頭超越的案例。同年，五家最大科技公司**各自**的市值都超過了排名前七十六家能源公司的**總值**[19]。

指出企業權力潛在劇變和權力轉移的案例比比皆是。全球最高營收公司沃爾瑪正挑戰亞馬遜。像阿里巴巴（Alibaba）這樣龐大的中國企業不僅壟斷國內市場，也進軍亞洲及其他地區。金融科技公司靠新資訊科技去中介化、自動化並提高金融服務效率，正面迎擊大型傳統銀行。

大公司的執行長所掌握的權力也更加脆弱和短暫。根據顧問公司資誠（PwC）的數據：「二〇一八年，全球兩千五百大企業的執行長，其流動率飆升至百分之十七點五，創歷史新高，比二〇一七年的百分之十四點五高出三個百分點，並高於過去十年的常態……二〇一八年每個地區的執行長流動率皆顯著上升，包括西歐地區大幅增加。」[20] Equilar是一間蒐集董事會和高階主管數據的公司，該公司於二〇一八年發表研究指出，「過去五年中，執行長的轉調比再往前五年更加普遍。因此，自二〇一三年以來，任期中位數下降了整整一年。」[21]

分散和削弱企業權力的離心力是我們故事的重要成分，但這故事仍不免強調集中在少數者身上的巨大權力。新公司、科技、商業模式、外國競爭對手、消費者行為轉變、地緣政治競爭、國內政治以及如疫情或大規模氣候災害等全球事故，可能會徹底改變產業結構，並引發權力轉移，即使是權力根深蒂固的公司也會遭受削弱。二〇二〇年席捲全球的新冠病毒疫情全面癱瘓許多產業，包括許多迄今為止的主導企業。遊輪公司、航空公司、飯店、零售商、重型機械和購物中心只是在疫情影響中痛苦掙扎的部分產業。

但隨著一些大型的標誌性公司下沉，其他公司卻蓬勃發展。疫情開創對軟體、運輸物流、通訊、製藥與醫療設備、醫療保健和零接觸技術等需求。這些蓬勃發展的產業有一部分競爭十分激烈，而躲在巨大進入門檻後面的公司則不受競爭對手的影響。

然而，這種情況既非穩定也不永久。在當今世界，企業主導的壽命很短且愈來愈短。大眾提出遏制大公司權力的要求，隨後政府介入，以及持續的競爭，最終將削弱科技巨頭的主導地位。它們仍會存在，控制重要的市場占比並擁有雄厚的權力，但同時它們也會面臨更多使用權力上的限制。就像標準石油和電信公司貝爾系統（Bell System）被迫分割一樣，現在大型科技公司很可能將被迫退出某些市場或剝除分枝，並出售其所收購的公司，以提高進入門檻並鞏固主導地位。科技巨頭往後依然會強盛，只是不如最初幾十年的榮景。往後成立的公司將會挑戰元老，並從目前占主導地位的企業手中攻克更大的市場占有率。來自中國一大批的新國家冠軍，與其美國競爭對手一樣規模龐大、資本雄厚，將持續挑戰元老級科技巨頭。

挑戰者公司、外國競爭、更強力的反壟斷行動、更嚴格的監管、勢在必行的科技創新：這些趨勢已經限制了幾代的市場領導者，且可以預期往後對企業集中度的離心力將可限制這些大公司的權力。

## 企業集中的政治後果

就像熱中研究能定義國家經濟行為和表現的廣泛趨勢的經濟學家，會假設沒有任何一家公司可以影響總體經濟，政治學家更願意關注塑造政治體系的廣泛力量，而不是關注單一公司的政治影響。

臉書和推特改變了這一切。我們現在知道，這些公司和其他類似公司（或其旗下公司）可以影響政治權力如何被獲取、使用和喪失。它們並非唯一擁有這種權力的公司，但它們肯定是規模最大、最引人注目的。此外，福斯新聞和科氏工業集團（Koch Industries）並非網路公司，但其所有人有明確的政治傾向，公開追求特定的政治目的。而其他公司，如臉書、推特、Instagram和WhatsApp，為具政治動機者製作的內容提供平台和龐大的發送管道。在某些情況下，「具政治動機者」是利用最初由這些競爭對手的私部門開發的資訊科技，暗中攻擊其對手的政府機構。

利用美國傳媒影響美國政治態度的外國政治動員者，最著名例子是克里姆林宮。正如美國情報機構於二〇一七年發表的報告結論：

> 俄羅斯試圖影響二〇一六年美國總統大選，表現出近期莫斯科長期希望破壞由美國主導的自由民主秩序，但與之前相比，這些手法更加直接、愈發激烈、範圍顯著擴大。我們認為在二〇一六年，俄羅斯總統普丁下令針對美國總統大選展開影響力行動。俄羅斯的目標是破壞民眾對美國民主進程的信心，詆毀國務卿柯林頓，破壞她當選總統的可能。我們進一步評估普丁和俄羅斯政府對川普當選總統有明顯偏好，並深信這些判定的結果[22]。

並非只有俄羅斯利用從美國公司購買（或竊取）的資訊科技來影響他國政治，其他活躍的案例還有中國、印度、土耳其、伊朗和台灣。毫無疑問，美國也是政治武器化和全球網路空間的重要參與者。

當然，若無科技創新的支持和推動，這場全球衝突的參與國家其網路力量將較為有限。此外，它們有能力規避政府限制它們傳播政治內容，這一點也放大了它們的科技影響力。

雖然使用社群媒體影響他國政治有多種形態，但這些干預通常有一共同目標：散布錯誤資訊，加深社會的兩極分化。在第八章我們將回頭探討由演算法衍生的「資訊同溫層」（information

# 第6章 反政治：通往民粹主義的快速道路

*¡Que se vayan todos!* 把他們全部趕走！「他們全部」是指曾經掌權或甚至接近掌權者。

這個口號並非來自布宜諾斯艾利斯某個政治帶風向高手的投影片，事實上，沒有人清楚知道這口號出自何處。也許是阿根廷民眾看到牆上塗鴉的標語，他們受夠了，便在抗議活動上喊出這個口號，又或者是反過來？我們無從得知，這口號太短，無法具體追本溯源。

*¡Que se vayan todos!*（把他們全部趕走！）成為二〇〇一年底震撼阿根廷的激烈抗議活動的核心口號，當時該國的公共財政（再次）處於崩潰邊緣。為了阻止資本外流的趨勢，孤注一擲地防止金融體系全面崩潰，政府嚴格限制銀行帳戶的提款，民眾無法動用自己的存款。

長期以來，研究發展的歷史學家特別關注阿根廷，因為它獨特又反烏托邦式地從已開發國家退化為開發中國家。二十世紀初，阿根廷的人均收入已與法國相差不遠，但接下來的每十年都變得更窮，在二十一世紀初，已站在災難邊緣。

「把他們全部趕走！」成為這世代的抗議口號：來自人民的原始吶喊，他們澈底厭倦整個政府體系，對其失望已久。乍看之下，似乎是「把無賴趕走！」這句老話的翻版，但實則相去甚遠。無賴滿討人喜歡的：這句古老的美國諺語似乎理所當然地認為新的一批人會和上一批同樣糟糕。「把他們全部趕走！」反映出不同的情緒。把他們全部趕走！語帶輕蔑要求撤除整個統治**階層**，而不是一個政府；非單一黨派，而是所有政黨全部走人。「把他們全部趕走！」以極簡風格體現出一種反對所有政治的政治基礎。

西語中 **anti-política**（反政治）一詞已流傳好幾世代，英語早該借來使用，因為反政治（anti-politics）長期以來橫跨地理界線，變成全世界公眾生活生氣蓬勃的力量。

釐清反政治「不是什麼」十分重要，反政治並非只是民粹主義的另一個說法，因為無論民粹主義者再如何執迷不悟，他們的基本目標仍是針對政治問題提出政治上的解決辦法。反政治也「不是」對政府深層的失望，對政治現狀失望是民主政治長期存在的特質。在所有民主國家，批評政府十分正常，是每日例行公事；若是不論政體將所有國家一概而論，這種行為則比較偷偷摸摸。然而，對於感到失望的民眾，民主有一個內建的解決辦法：你要是不喜歡在位者，就投給其他人！

但是當厭惡蔓延涵蓋到整個政治階層，右派、左派、中間派全都討厭，這個辦法就不管用了。這樣對政治的強烈排斥就是我們所謂的反政治。反政治是強大的離心力，分散舊菁英分子有效治理的能力，為渴望權力的獨裁者再次奠定集中權力的新向心力，只是這次權力完全只掌握在他們手裡。這就是為什麼反政治當道時，該國便已踏上通往民粹主義的快速道路。反過來也成立：強調保護人民不受可惡菁英殘害的民粹主義會強化反政治。

可以說今日所有的 3P 獨裁政體皆源於反政治。例如在阿根廷，「把他們全部趕走！」最終先是讓內斯托爾・基西納（Nestor Kirchner）於二〇〇三年當選總統，接著他的夫人克里斯蒂娜於二〇〇七至二〇一五年連任兩屆總統（基西納於二〇一〇年心臟病逝）；二〇一九年，克里斯蒂娜回歸副總統，讓南美洲首對3P獨裁夫妻檔其中一半的掌權期間至少獲得部分延長。

然而民粹主義、兩極分化、後真相三重奏並不是反政治唯一可能的終點，當渴望權力的獨裁者未成功建立權力，反政治可以成為準永久的狀態，政治系統的新常態，因愈來愈絕望的選民轉向支持反傳統人物，試圖擺脫「他們全部」加諸自己身上的痛苦；而所謂的「他們全部」，指的就是那些曾經掌權或接近掌權者。

當然，一旦當選了，新的一群圈外人就成了需要被驅逐的「他們全部」，需要推翻的新現狀。而曾經身騎反政治野馬的在位者現在發現自己也受新一波反政治論者挑戰，雙方必須爭搶所剩無幾的權力。若往這個兔子洞裡鑽得夠深，政治與治理將永久不穩定。

各種案例在全世界增生。繁榮中產階級的澳洲對自己的總理產生莫名的反感，至二〇一九年止的六年內共有五位總理輪替，兩個主要政黨輪番內鬥，在民眾對整個政治階層日益漸增的厭惡之中，造成一連串黨內政變。但也許因為澳洲十分繁榮及中產階級，暗箭傷人者是一群相對正常的建制派政客。

本來就處於經濟放緩狀態，又被COVID-19疫情衝擊、經濟受重創的較貧窮國家就很少能如此幸運。例如巴西，全球人口第三大民主國家，二〇一四年起嚴重經濟衰退，再加上長期累積對政治菁英貪腐的憤怒，加速整個國家的反政治化，在社會持續動盪的背景下，於二〇一八年一位毫不掩飾其極端主義意識形態的領導人當選而推向極點。在過程中，巴西總統羅塞夫在二〇一六年遭彈劾，三分之二的國會議員因一連串貪腐醜聞而遭調查，曾受歡迎的總統路易斯・伊納西奧・魯拉・達席爾瓦（Luiz Inacio Lula da Silva）於二〇一八年受審並短暫入獄，而他的繼任者米歇爾・泰梅爾（Michel Temer）同樣因貪腐罪名受審，儘管巴西利亞的聯邦法院於二〇二一年五月以證據不足為由宣判無罪。

這些令人頭昏眼花的動盪結果是，波索納洛利用所有反政治運動的起源當選，那個起源就是明確承諾更加獨裁的治理方式。二〇二一年三月，魯拉的定罪撤銷，現正競選總統。

然而在所有國家中，義大利最能體現反政治造成的威脅有多深，三十年失控的反政治催生出某種軍備競賽，各黨競相證明自己才是貨真價實的圈外人。自一九九四年以來，義大利無疑特別熱中於深度探查反政治的漩渦，但不止它而已。在荷蘭、德國、奧地利、波蘭、英國、西班牙，反政治黨派的選舉力量阻撓被圍困的左右黨派建立政府，而在墨西哥、哥倫比亞、秘魯、巴西，反政治訊息的力量持續威脅著上一代得來不易的民主進程。

最後，這也許是最奇怪的案例，印度的莫迪和以色列的內坦亞胡這樣的長期領導人，將自己定位為在各自國家高漲的反政治情緒的使者，不斷成功贏得選舉。這是自相矛盾的倒置，表示長期身為專業從政者的精明民粹主義者，可以利用多種方式操縱反政治情緒，並以唯一可以將政客趕出政壇的候選人之姿贏得選舉。正如科拉萊斯所說，「提防圈外人」是有道理的[1]。

## 制度硬化症：民主的苦難

反政治是民主的病毒，在無法選擇政府的獨裁統治下，對現狀的反感通常會引發民主改革運動。在某些情況下，這些運動實現了目標，成功建立了民選政府。只有在選舉制度確立且所有選擇皆被視為同等不堪的情況下，「把他們全部趕走！」才能成為不滿者的口號。

自由民主常常令人沮喪。民主制度中不可避免的拖延、妥協和半途而廢，一直在培養對政府不滿的公民，民主並非旨在帶來永久的勝利，實際上正好相反。最好的民主制度擅於混亂的妥協，讓每個人都有些心懷不滿，但絕不會太超過。被迫找出協調廣泛不同族群利益的解決方案，民主最厲害的地方就是拼湊解決方案，讓每個人都有所埋怨，但不至於到想殺人。在最好的情況下，民主需要某種程度厭世的無奈：清楚理解到理想的候選人不存在，永遠不會有完美的勝利，並且民主不保證任何事，頂多只是它會用合理的機制處理分歧。民主是非常合理的系統，但換句話說，它是永遠無法令人人滿意的系統。

然而，愈來愈多的民主國家並非處於最佳狀態，它們並無採用混亂但可行的妥協方案，而是陷入永久的僵局。就算有人妥協了，有時候也太過微不足道，反而使得各方都輕蔑不已。正是當這種情況發生時，當解決問題的能力抵達臨界值以下，「把他們全部趕走！」的場地就準備好了。

愈來愈多的證據顯示，不僅在單一國家，而且在已開發國家常見的大多數鞏固民主國家，對民主制度的滿意度都在下降。劍橋大學民主未來中心（Centre for the Future of Democracy）自一九九五年以來一直在追蹤對民主的看法，發現已開發民主國家人民對民主不滿的比例從百分之四十八攀升至二〇一九年的百分之五十八，創歷史新高[2]。

為何民主國家無法想出曾是它們日常生活的治理措施？正如我們所見，其中一重要因素是中產階級的生活水平停滯不前，尤其在某些國家不增反減。新授賦權、消息靈通、焦慮、相互聯繫，且努力不退回貧困的中產階級，確保民主的安排措施將面臨風險。

一九八二年，著名的政治經濟學家曼庫爾．奧爾森（Mancur Olson）提出了一具爭議的理論，有助於解釋民主制度愈來愈難以維持廣泛成長的原因[3]。他將這種政治弊病稱為「制度硬化」（institutional sclerosis），意指老資格的民主國家以功能失調、效率低下與不公正的方式累積了許多障礙物，阻礙政府提供公共財之能力。

對奧爾森來說，某個政治體系在沒有發生戰爭、革命等重大動盪的情況下存在的時間愈長，經濟成長愈困難。他解釋，經濟成長具有許多公共財的特徵，即使你沒有付出勞力投入生產，也無法被排除在享有公共財的群體之外。更乾淨清新的空氣是典型的例子，但同樣的邏輯也適用於廣泛的公共財。

奧爾森在一九六〇年代聲名鵲起，因其提出開創性見解，探討乾淨空氣、公共教育或經濟成長等公共財要取得政治支持何以極其困難。就其定義本身就可知道，公共財的好處是分散的，但提供公共財的成本集中在一較小的群體。此外，對公共財的投資需要更長時間來產生收益，而私人製造的商品和服務則更快能夠得到回報。

例如每個人都能因乾淨空氣受益，儘管往往難以察覺，仍有少數人（如燃煤電廠的業主）承擔了許多成本。當潛在的利益會在社會中廣泛分散，而成本是由一有組織能力以捍衛現狀的特定群體承擔時，便會出現制度硬化。乾淨空氣的好處就是很好的例子：空氣清潔法對很多人來說都小有意義，卻只能驅動一小部分的選民。相比之下，如放寬環境標準而使空氣汙染更嚴重的政策，可以讓意外之財進少數人的口袋，而既得利益者理解到透過政治計畫來大撈一筆十分容易。

這就是美國煤炭說客團體強大、資金雄厚、人脈廣大、極其有效的原因，儘管只有百分之零點零三的美國勞工直接受僱於煤炭業。與一般直覺想法相反，在政治鬥爭中，人數少反而是種優勢，因為強烈感情和投入資源的意願是致勝關鍵。奧爾森解釋道，由於受益者分散與成本支付者集中之間的這種不對稱性，空氣品質通常比民主國家應有的更糟，也比社會期望的更糟。

問題遠不止乾淨的空氣。奧爾森認為，經濟成長本身具有公共財的關鍵特徵。從一九八二年的觀點來看，他可以合理地說成長對每個人都有點好處，而許多阻礙經濟成長的政策，卻只讓少數幾個參與者受益。從這些政策中獲得集中好處的特殊利益集團，將比從經濟成長中獲得分散利益的更大群體，更容易動員政治說客。

往後的幾十年中，奧爾森法的其中一項前提看來過時了。在一九六〇和七〇年代，經濟成長對每個人都有點幫助但卻也沒有多大幫助這種說法是有道理的。從那以後，這種常識的價值一直走下坡。從一九八〇年代起，菁英的經濟命運與其他人更加脫節。首先是美國和英國，後來漸漸蔓延到已開發國家的其他地區，最富有的家庭開始從經濟成長中獲得更多的好處，即使大多數人的收入和財富停滯不前，但這些家庭在國家財富中的占比卻仍增加。

奧爾森的基本見解仍然成立：在成熟的民主國家中，不考慮整體的好處是否大於整體的損失，總之就是將好處集中在少數人手中並將損失分散到許多人手中，這種政策具有內在優勢。相同概念，即使把好處大灑幣式地散布到整個社會，但只要給少數人帶來損失，政策也可能具有結構性劣勢，即使從整體社會角度來看是好的。

奧爾森對制度硬化的見解提出幾個有趣的政治經濟現象。以「監管俘虜」（regulatory capture）為例，在這種情況下，產業透過遊說和政治獻金能夠對本應監督它們的機構施加巨大影響。這有時被視為美國獨有的弊病，但實則不然。在所有成熟的民主國家中，組織良好的利益集團在對其重要的領域中，逐漸「霸占」決策過程。眾所皆知，如歐盟不可能在未經歐洲農業企業批准之下對其農業政策做出重大改變。澳洲的礦產公司、加拿大的電信公司、日本的水泥公司皆完美駕馭了監管俘虜的暗黑藝術，成為其各自領域政策辯論的主導聲音。華爾街、好萊塢和矽谷不僅是地理位置，也是對其監管機構嚴格控制的公司總部所在地。

在美國川普總統執政的前三年，前政治說客被任命為內閣級別職位之人數，比小布希和歐巴馬執政十六年加總還要多。ProPublica與哥倫比亞新聞調查公司（Columbia Journalism Investigations）的分析發現，在川普總統執政期的中點，每十四次政治任命就聘雇一名說客，讓兩百八十一名說客擔任具重要影響力的職位[4]。

私人利益說客成為公共政策制訂者的國家數量可以無限擴大。在每種情況下，透過執行對國家大多數人成本微薄的政策，特殊利益集團仍能受益匪淺。砂糖價格些微上漲可能不會引起大多數消費者的注意，但可以為主導該市場的公司增加數億美元的利潤。無法管控監管俘虜是制度硬化，就是這麼簡單。

奧爾森的論點需要更新。今天，硬化並沒有以低經濟成長的形式顯現，而是隨著收入不均的加劇，成長本身已成為讓少數人受益匪淺，但多數人幾乎沒有受益的政策。這並不表示硬化是假的；正好相反，它比以往更加強勢。因受限於更多產業利益所占據的政策領域，當今的民主國家愈來愈難以回應選民的要求，怨恨逐漸積累，某天將突然一次爆發。

制度硬化在保密、不透明、複雜和晦澀的手法掩護下茁壯成長。說客默默工作，其目標是制訂只有少數人感興趣的晦澀規則。支持他們利益的政客從不會昭告天下：他們也暗地裡破壞大多數人的利益。此類行為涉及的幾千個微小、例行性的官僚和行政決策，獨立來看似乎都無關緊要，但全部加總**絕非**無關緊要。整體來看，這些決策共同造成的結果是，大多數人被排拒在他們自認為該屬於他們的等級順位之外。這種挫敗感有時會表現為對威權主義的支持，有時轉為對整個系統發自內心的厭惡，「把他們全部趕走！」那種推動全世界反政治浪潮的能量。

更糟的是，制度硬化暗中吞噬國家力量的同時，其他趨勢也在表面上做同樣的事。以義大利為例的反政治十分極端，完美說明這樣的全球趨勢。

## 義大利反政治的死亡漩渦

義大利人對其統治者的蔑視如此古老與根深蒂固，實際上已成為國家認同的一部分，就像義大利麵和足球一樣。有些人可能認為這種蔑視的根源可以追溯到古人，畢竟，古羅馬七十二位皇帝中只有二十位是自然死亡，其餘大部分皆死於可怕的人為暴力。

現代義大利以短命政府知名而淪為笑柄，從一九四六到一九九三年共有五十二個政府，平均每年一次輪替執政。但義大利政壇在一九九〇年代初開始屈服於全面的反政治，當時被稱為「淨手運動」（Mani Pulite）的大規模反貪腐調查席捲整個政治階層，幾乎所有叫得出名號的人都陷入危機。

日復一日，從一九九二到一九九四年，市長、議員、銀行家、部長、官員、商界領袖及各種貴賓因貪腐罪名受審，民眾在晚間新聞中看見了一連串令人咋舌的遊街畫面。「淨手運動」最引人注目的是兩黨合作：調查的主要重點之一為揭發社會黨長期領導人貝蒂諾・克拉克西（Bettino Craxi），在他華麗的羅馬辦公室內經營敲詐勒索組織，另一重點則追緝多名中右派基督教民主黨員，數量之多導致該黨必須解散。民眾很容易得出結論，左派和右派完全一樣：都是一群無可救藥的騙子。

正是「淨手運動」的衝擊為第二章中貝盧斯科尼的崛起奠定基礎。但後來發生了一件有趣的事：在幾年的時間裡，貝盧斯科尼證明自己不僅跟前幾任總理一樣貪婪，而且同樣無能。義大利執政的長期問題在過去二十年中一直無法解決，因貝盧斯科尼與剩下的灰色中左翼輪流掌權，無法鼓舞人心、無法改革，也無法領導。政治僵局是根深蒂固的常態，使義大利領導人無法做出任何重大的決定。

多年來，羅馬和米蘭的文雅輿論堅信貝盧斯科尼最終只是曇花一現。明顯的失敗、無止境的古怪行為、稅務欺詐罪、種族歧視和性醜聞使他看起來離經叛道，怪奇且短暫地偏離由穿著黑西裝的陰沉政客所形成的正常政治生態，但事實並非如此。貝盧斯科尼執政時表現不佳，使義大利在一九九〇年代末與二〇〇〇年代初的經濟成長比西歐其他地方都更加疲軟，生活水平下降助長了反政治之火。

可以肯定的是，受夠了貝盧斯科尼鬧劇的義大利人確實投給軟爛的中左翼政府兩次，第一次在二〇〇五年，第二次是二〇一三年，但這些政府並不代表回歸正常政治，而是活生生地展演了奧爾森心目中的制度硬化。且舉一令人驚訝的分歧問題為例，如義大利民眾是否能夠在超市購買乙醯胺酚（止痛藥成分，在美國以泰諾〔Tylenol〕品牌銷售）。雖然聽起來很奇怪，但這個問題在不止一個場合讓中左翼政府幾乎中箭落馬。該提案是旨在開放職業市場、消除競爭障礙……更廣泛改革的一部分，以犧牲多人為代價來幫助少數民眾。奧爾森曾假設，這正是民主國家無法兌現的那種政策。

泰諾的例子可能聽起來奇怪而神祕，但卻具有啟發性。二戰後不久，義大利藥劑師獲得了銷售各種藥品的壟斷權，甚至包括世界各地的民眾習慣在一般商店購買的簡單成藥，假如外國遊客在佛羅倫斯或威尼斯觀光時頭痛，會發現只有持照藥劑師才能販售藥品；要是吃太多義大利肉醬麵而感到胃灼熱，但藥局已打烊，那麼算你倒楣。

對藥劑師來說，壟斷極其寶貴，不僅能夠以比歐洲同行的高價銷售阿斯匹靈和制酸劑等藥品，而且確保店內客流量穩定，也可以吸引顧客在店裡購買其他東西。

一強大的特殊利益集團國家藥劑師協會（Ordine Nazionale dei Farmacisti）強烈反對改革，阻止允許任何種類的藥品在藥局以外販售。他們與其他團體聯合起來，阻止在其領域進行常識性改革，雖然這對大多數義大利人有利，但同時將會影響少數圈內人的利益。針對藥劑師的保護罩進行改革耗去長達二十年的艱苦鬥爭，直到二〇一二年，乙醯胺酚才成功進軍義大利超市。像這樣的鬥爭削弱了政府執行更多重大改革所需的政治資本。

這些利益集團的關鍵是工會。工會在義大利仍然很強大，當左翼掌權時更是如此，因兩者長期交織在一起。改革義大利出名嚴格的勞動法，引發曠日廢時且代價高昂的罷工與激烈的街頭抗議，迫使中左翼政府一次又一次淡化改革的提案。義大利成了硬化的實驗室案例：在對改革不感興趣的民粹主義中右翼與無法實施改革的中左翼之間，無止境地來回搖擺。

政府的信譽是不可避免的折損。投資者的結論是，如果政府——任何政府——連將泰諾引進加油站販賣的權力都沒有，那它實在太弱了，無法澈底翻修義大利政府令人窒息的法規和膨脹的財務狀況。義大利的債務與國內生產毛額的比率持續攀升，在二〇一〇年代中期飆升至百分之一百三十，代表該國的公債相當於全體國民十五個半月的所有生產成果[5]。

這一點當然也無濟於事。義大利菁英分子曾是（且仍然是）海外避稅天堂的重度使用者，並熱中逃稅。二〇一五年，與義大利工業商會Confindustria相關的智庫估計，全體國民短繳稅款高達一千兩百二十億歐元[6]。若能收回這筆錢，義大利的巨額債務能夠在八年內還清。但是，如果在COVID-19的經濟影響使大多數經濟體沉沒之前，這就算是不切實際的目標，那麼鑑於疫情的經濟餘震，現在根本完全不可能。

加上政治硬化，這種逃稅助長的債務打破了義大利政府和人民之間談好的歷史條件，光是付給債券持有人就用掉那麼多錢，剩下的錢就不夠公共投資。資本外流、避稅、逃稅和微不足道的經濟成長，加劇了長期的財政赤字。由於政治體系無法徹底改革充斥特權與低效率的經濟，如藥劑師之案例，數百萬義大利人的生活水準不僅停滯不前且大幅下降。根據皮尤智庫中心（Pew Research Center）研究，一九九〇到二〇一〇年間，義大利家庭收入下降四分之一，從每年略高於四萬美元降至略高於三萬美元[7]。難怪憤世嫉俗大幅占據義大利的公領域。

忍無可忍、渴望擺脫這種萎靡不振的義大利民眾，很容易成為一連串民粹主義小販的獵物，他們樂於將所有問題歸咎於他人。相互指責充斥政治領域，加劇兩極分化，並模糊理性辯論與過度煽動的誇誇其談之間的界限。對一般人來說，激烈的爭鬥本身就是巨大的轉折點，引發一種有助反政治的「你們兩邊都不是好東西」的情緒。

這一切造就了有毒的政治。義大利選民對左派感到沮喪，對右派感到厭惡，但並沒有跑去支持一位更傳統的人物，正好相反：一旦他們對反政治產生了興趣，就會不斷要求更強烈的東西。到二〇一八年，義大利政治情緒極其糟糕，導致民粹主義者的承諾、嚴重分化的公眾討論與公然謊言——所有 3 P 要素——達到了前所未有的程度，所有一切都像是用歸謬法（*reductio ad absurdum*）證明了歐洲的反政治。

義大利人民並沒有聚集在單一的反體制煽動者周圍，而是分散到暴增得令人不解的政治極端分子身邊。在二〇一八年三月的大選中，超過百分之四點三的選民（一百四十萬人）投給義大利兄弟黨（Brothers of Italy），這是墨索里尼原始法西斯黨的戰後重啟版，在某種程度上是最初的反政治選項。另有百分之十四（四百六十萬人）的選民投給高齡八十一歲的貝盧斯科尼，值得注意的是，擔任總理十多年後，他仍發出反政治的聲音。[8]

但右派中最大的得票數歸於聯盟黨，一怪奇的民粹主義野獸，最近從挑起義大利北方人對南方同胞的蔑視，轉向依賴所有國人對外國人的蔑視。

聯盟黨的前身是北方聯盟（La Lega Nord），位於義大利較富裕、更發達的北部地區性政黨，它很大程度地利用了米蘭和杜林居民對西西里人和卡拉布里亞人帶有種族色彩的輕視，認為他們落後又像是吸血蟲一樣分走所有福利。在成立後的第一個十年，該黨在澈底的分裂主義與財政緊縮之間搖擺不定。

聯盟黨一度支持一項奇特的計畫，即在波河以北建立名為帕達尼亞（Padania）的新共和國。這提案失去動力時，聯盟黨轉而提出較溫和的要求，即增加「財政聯邦制」，這其實是一警訊，表示他們計畫停止將北方稅收用於有利南方的項目。北方聯盟確立自己為成功的抗議運動，經常在米蘭、杜林和威尼斯的富裕城鎮和郊區獲得超過三分之一的選票，這些地區對財政轉移到南方的不滿情緒相當深厚。

但這策略明顯受到侷限：帕達尼亞常被視為唐吉訶德式的計畫，而非實際的分離主義提案，而且該黨的區域主義代表永遠不可能成立全國政府。結果是靠新的黨主席薩爾維尼富有遠見的領導，方才意識到輕蔑南方人只是旁枝末節；他透過放棄聚焦在地區，並在全國、泛義大利的基礎上推行本土主義，可以贏得巨大的勝利。

二〇一六年起，薩爾維尼大膽地將其政黨重塑為全國性極右翼黨派，將舊名中的「北方」去掉，改名為「聯盟黨」，並強化黨的路線，以應對一連串的外部威脅。移民是首要目標，聯盟黨對難民重新安置採取不妥協的立場，這方面顯然受到川普的啟發，二〇一六年川普競選美國總統時，薩爾維尼曾公開支持他。

但不僅止於此，舊北方聯盟經常將義大利北方描繪成國內較為溫文爾雅及文明的地區，與歐盟的價值觀和制度自然契合。然而，薩爾維尼意識到，反政治情緒會獎勵反對歐洲所有事物的強硬路線，包括貨幣本身，於是他讓該黨提出歐元區內所有主要政黨中最激進的疑歐論（Euroskeptic）計畫。薩爾維尼一口氣抨擊了歐陸菁英，也抨擊了他們接下來想迫使義大利重新安置的難民，這種作為讓他立刻成為義大利右翼實質上的領袖。

更令人費解的是聯盟黨在南方的成功，聯盟黨曾公開鄙視該地區的居民。就在幾年前，因其對南方草包（terroni，對南方人的蔑稱）的惡劣種族歧視而聞名的政黨，突然間在義大利南方遍地開花，得到議會席次。

蘭佩杜薩島（Lampedusa）在義大利最南端，靠近北非海岸，許多漁民於此生活，聯盟黨在此竟獲得百分之十五的選票。在義大利靴子足尖的卡拉布里亞區得票率接近百分之十，對於長期對卡拉布里亞人惡毒蔑視的政黨來說，這個數字不可思議。在二〇一八年初大大小小的選舉中，總共有近一百萬南方人投票支持聯盟黨。

因為這些南方的選票，薩爾維尼取代了貝盧斯科尼成為義大利右翼聯盟的名義領袖，該聯盟現在完全由聯盟黨主導，僅次於五星運動，兩黨皆受到反政治培育。二〇一八年三月投票支持右翼聯盟四個政黨其中之一的一千兩百萬義大利人民中，只有不到五十萬人支持僅存的「建制派」中右翼政黨：此為長期垂死的基督教民主黨之最新化身，基督教民主黨在二戰後於義大利風光數十年。令人驚訝的是，基督教民主黨在全國獲得的選票不及聯盟黨在南方選票的一半。

然而，這支由貝盧斯科尼主義者、新法西斯主義者和極右翼的昔日北方分離主義者組成的雜牌軍，仍非義大利大選中最搶眼的反政治故事。這項殊榮要頒給第二章中提及的葛里洛，以及他所創立的令人費解、無法歸類的民粹主義叛亂，即五星運動。

若想用大家熟悉的左右派來定位五星運動，從一開始就注定不成功。該黨代表在其他地方鮮少見到齊聚一堂的觀點、立場和情感，都在此撞在一起。極端環保主義是其中一種成分，對義大利貪腐政治菁英肆無忌憚的輕蔑、對普丁的崇拜、對歐盟的深惡痛絕，以及對消費者保護和反欺詐立法的強硬專制主義，都是一道道食材，再加一點反疫苗情緒和對查維茲毫不掩飾的同情當作調味料。

這種奇怪的混搭比任何內部審議過程更能塑造黨的綱領。事實上，該黨的興起與政策聲明關係較小，而是與葛里洛不墨守成規的壞男孩形象更有關，及該黨極為擅長使用網路做為組織平台和攻擊其批評者的武器。該黨的黨綱似乎是專門設計成無法歸類為左派或右派，這反映了葛里洛不與傳統左派或右派混為一談的決心。

這也是對反政治的新穎看法：這個被排除在一般政治類別外的東西，卻是五星運動黨綱中不可分割的一部分，而且效果很好。二〇一八年三月，葛里洛打破傳統的策略使M5S成為義大利最大的政黨，擁有超過一千萬選票和兩百二十七個議會席次。但M5S並無獲得絕對多數，而葛里洛絕不與任何其他黨派談條件的決心使義大利基本上無法治理，因為沒有可行的聯盟能夠跨過百分之五十的門檻來組建政府。

隨著五星運動測試「不與任何人談條件」這個信條的強度極限，數月的痛苦談判隨之而來。五星運動基本盤支持者那股反貝盧斯科尼情緒的向心力，排除了任何納入貝盧斯科尼的義大利力量黨的結盟方案，但這樣一來就得耗費數週的談判才能說服右派的其他人考慮組建聯盟。

事實上，五星運動被夾在與義大利脈絡不相容的3P框架之間。葛里洛的民粹主義排除與貪腐菁英的交易，但義大利的投票制度又使得尋求權力的政黨，無可避免要從事這樣的交易。

結果是最初難以想像的聯盟黨和M5S結盟：一個奇怪的混合體，一半是極右派，一半是中間派，除了對所有菁英有一股模糊的反政治憤怒之外，他們的政治理念，如金融、國家、歐洲、醫療，基本上沒有重疊。最終，對頭腦清楚的人展現輕蔑的態度，是唯一能將世界第八大經濟體的政府維繫住的媒介。

因義大利的經濟規模和舊有龐大的公債，嚴格恪守限制歐元使用國的反赤字規則尤為重要。與希臘小小的經濟體不同，如果讓政客暢通無阻地狂借貸，義大利的經濟規模足以把歐洲唯一的貨幣拖下水。但聯盟黨和五星運動將阻止他們過度借貸的規則，視為是可恨脫節的歐洲官員所設計的技術官僚束縛衣，以防他們以舊有方法發展義大利經濟：花更多錢（M5S的優先事項）和少徵稅（聯盟黨的優先事項）。

最後，薩爾維尼做得太過火了，試圖掀起一場他認為聯盟黨可望全面獲勝的選舉，透過拒絕議會支持來推翻自己的政府。由於擔心即將到來的選舉厄運，五星運動轉而與更奇怪的夥伴組成聯盟：好相處的建制派中左翼民主黨。對蔑視主流政治而建立政治身分的小葛里洛來說，與民主黨（義大利政黨中建制色彩最濃厚的黨）共享內閣是難以接受的要求。對多年來一直警告五星運動的民粹主義帶來危險的民主黨員來說，與怪胎一同加入內閣同樣令人費解，等同於放棄了基本價值觀。

義大利憲法一點一滴地迫使所有政黨打自己的臉，紛紛尋求從前發誓絕不考慮的交易合作。這種情形更加疏遠與激怒了義大利選民，他們持續尋找更古怪的圈外人來「向羅馬傳達訊息」，這就是反政治漩渦的體現。

對於那些認為擊垮一個民粹主義局外人，自然會讓政治回歸正常的人來說，今日的義大利是目前為止最明確的警訊。在此，民粹主義、財政混亂、制度硬化相互影響，形成惡性循環，使該國的政治主流愈來愈偏離常態。在過去幾年裡出現了奇怪的情形，一位喜劇演員與一位極右翼的煽動者試圖協商治理協定的細節，接著雙方針鋒相對，最終演變為更不自然的結盟關係。常態已成往事。

義大利的經驗巧妙地說明反政治如何成為通向民粹主義的快速道路。對於「淨手運動」調查所揭發的貪腐行為的厭惡，促使義大利人開始追隨願意與腐敗菁英鬥爭的「純粹人民」的真正擁護者。但事實證明，這種追隨難以捉摸，使義大利走上了更加危險的政治道路。隨著政治衝突的加劇和兩極分化的擴大，義大利選民發覺自己與愈來愈古怪的圈外人「快速約會」，而他們扭曲事實以求選票。反政治時代將義大利政治體系變成了神話中的銜尾蛇，一條咬著自己尾巴的蛇。

義大利的教訓很明顯：政治常態沒有什麼是「自然」的。沒有任何自動機制可以保證民粹主義政黨的失敗，代表我們過去所知的政治即將回歸。事實上，正好相反。各國可能會在抗議投票模式中愈陷愈深，而該模式會將更加詭異的一群角色帶入權力走廊，使穩定良好的政府成為遙遠的回憶。

義大利演示了這種趨勢如果走極端會是什麼樣子，但這非單一案例。放眼整個歐洲，不久前尚由溫和的中右翼和中左翼政黨主導的國家，開始面臨極右翼、極左翼和中間派新成員的瘋狂擴張。英國脫歐公投後，主要政黨的衰落成為歐陸大部分地區的決定性現象。在奧地利，極右翼自由黨與政府結盟，但在被證明有意向俄羅斯利益集團出售合約後導致政府垮台。在德國、荷蘭和西班牙，極右翼開始占據政治中心，使在這些國家組建政府通常所需的聯盟愈來愈難以成立。在法國，歷史悠久的政黨也急劇衰落，中右翼共和黨和中左翼社會黨在二〇一九年歐洲選舉中均未達到兩位數，兩者加起來未能突破百分之十五。隨著中間派銷聲匿跡，所有這些國家的政治看起來更像是意識形態極端之間的全面戰鬥，而不是建制派成員之間溫和的談判。這並不奇怪，因為兩極分化總是以中心的崩潰為食。

二〇一九年歐洲議會選舉中，英國兩大政黨的支持率跌到最低點，兩黨加總只有百分之二十二的支持率。部分原因是工黨在傑瑞米・柯賓（Jeremy Corbyn）的極左領導下經歷了一次奇異的轉變，幾乎不能再被視為傳統的中間派政黨。即便如此，由法拉吉領導的反政治支持英國脫歐團體的表現也超越兩者，獲得百分之三十的選票，其中大部分來自願意付出任何代價讓英國脫離歐盟者，即使這個代價是破壞英格蘭與蘇格蘭和北愛爾蘭的聯盟。

法拉吉的成功最終迫使保守黨屈服於不可避免的情況，並推舉自己的民粹主義煽動者擔任黨內領導，以免自己在右翼被包抄。英國首相強生「拯救」了古老的英國保守黨，但代價是將它變成民粹主義的工具。

這種衰退在很大程度上可以追溯到二〇一六年的英國脫歐公投。英國脫歐將被銘記為西方先進國家蒸餾出反政治精華的過程。脫歐運動的核心是誇大、扭曲、假話與謊言的風暴，在英國政治中留下永久的印記，在黨派之間製造一種不信任的有毒氣氛，並疏遠了因「脫歐疲勞」而飽受折磨的廣大英國中間選民。隨後不斷升級的多年政治危機，最後變成一種反政治拍賣，英國政壇人士爭相超越對方的激進主義，提出愈來愈魯莽和破壞經濟的方式來解除英國與歐盟之間的關係。

脫歐進程源於對歐盟不信任的有害氣氛，現在它回過頭來把矛頭指向英國，表現為對倫敦統治階級的信任崩潰。「把他們全部趕走！」令人窒息的邏輯，具體呈現為雙管齊下式地肅清溫和派。

柯賓派左翼肅清工黨的中間派，而英國首相強生周圍的強硬脫歐派則從保守黨的行列中肅清溫和派。與法國的對比更具有啟發性：英國沒有離開傳統政黨以投票支持反政治機構，而是將傳統政黨變成了反政治的工具。

即使在傳統政黨仍能贏得選舉的罕見國家，極端政治團體的崛起也迫使在位者做出讓步，並試圖加入反政治潮流。例如在西班牙，中左翼工人社會黨（簡稱PSOE）仍贏得幾次選舉，但沒有一次獲得足夠的選票以組建政府。二〇一九年，PSOE與極左翼的我們可以黨結盟，該組織的馬克思激進主義更接近委內瑞拉獨裁者馬杜洛的政治風格，而非北歐的社會民主主義。這讓中右翼和右翼感到震驚，他們看到自己對獨裁左翼靠攏的恐懼於眼前實現。政治衝突的氛圍急劇上升，右翼指責左翼敵視西班牙本身的概念，而左翼則對右翼隱密的法西斯佛朗哥獨裁（Franquista）傾向感到擔憂。

但是西班牙的中右翼無法找到可靠的替代方案，因其選票正在往右翼流失，流向來自民聲黨的本土主義、反移民新成員。民聲黨是新成立的政黨，其令人驚訝的選舉表現證明，在佛朗哥獨裁統治結束半個世紀後，西班牙人並不像大眾曾經想像的那樣厭惡極端反動派政治。即使離心力在全國各地將西班牙人推向極端，加泰隆尼亞獨立的惡戰也讓馬德里與巴塞隆納陷入情緒激動的戰鬥，加泰隆尼亞區的領導人因煽動叛亂而入獄。這場危機對外國對手來說太誘人了，他們將其視為攪局的邀請函。隨著俄羅斯駭客積極煽動西班牙社會的分歧，網路假訊息爆炸式成長，創造了普遍存在的後真相氣氛。在西班牙，除了「另一方是邪惡的」以外，沒有人知道什麼是真實的。

令人清醒的是，即使在這一切之中，按照歐洲標準，西班牙的表現也相對較好，且比南方世界某些國家要好得多，那裡反政治橫行，人民陷入絕望，導致他們投給近代最極端和最會惹麻煩的領導人。

## 從反政治到熱帶極端主義

制度硬化與權力下放的國家政府，似乎是讓國家陷入反政治死亡漩渦萬無一失的組合，但最具破壞性的案例來自具有其他三個特徵的國家：失控的腐敗、橫行的犯罪、衰敗的經濟。在這裡，對反政治的需求有時會與對威權領導人的嚮往交織在一起，導致一些二十一世紀最令人不安的3P領導人當選。

我們已探討過，對菲律賓政府無法好好處理輕度犯罪的挫敗感，如何助長了人民支持激進、血腥、反政治的杜特蒂。但更令人不安的熱帶法西斯主義案例發生在巴西，整個政治體系的混亂失敗引發對某個極端分子的支持，即使在政治上魯莽的拉丁美洲，這個人的立場也很激進。

巴西政治的特點是結合地方性貪腐和相對強大的司法機構。巴西在一九六〇年代獨裁統治垮台後，第二位民選總統費爾南多・科洛爾・狄梅洛（Fernando Collor de Mello）在就任兩年後因貪腐醜聞被趕下台。二〇一六年，總統羅塞夫遭彈劾後免職。在本世紀初，巴西國會裡有大量面臨貪腐和其他罪行起訴的代表。（先說明清楚，回扣文化在巴西實際上可能並不比在拉丁美洲其他地區更普遍，但由於巴西的調查法官有權有勢且獨立，因此貪腐案件會更常曝光。）結果是政治階層不斷受到高調調查的影響。首先是大月費（mensalão）醜聞，巴西總統魯拉所在政黨被發現每月定期向「反對派」國會議員行賄，以支持政府的政策。但那場醜聞以及許多來自同一時代的醜聞，與即將發生的事相比顯得小巫見大巫：二〇一四年揭露的龐大複雜、跨國組織的貪腐行動，當時巴西聯邦調查人員自問，究竟在巴西利亞的某間洗車場業務量怎麼可能與其聲稱的一樣大。這間洗車場很快被揭發為巴西大型工程公司奧德布雷赫特的洗錢掩護，該公司用它向拉丁美洲和非洲十幾個國家的政壇人士和部長支付數百萬美元的款項：批准奧德布雷赫特對大型基礎建設項目投標案的回扣，包括水壩、機場、橋梁、鐵路等。

洗車場（Lava Jato）醜聞錯綜複雜的來龍去脈與一九九〇年代初期義大利的「淨手運動」調查相互呼應，因為調查行動席捲了整個政治階層。當調查人員檢視這條尚未釐清的線索——顯然是用來洗錢的洗車場，就像美劇《絕命毒師》（*Breaking Bad*）一樣——他們意外揭露了涉及巴西最大建築公司一系列的回扣計畫，其中網羅了數十名巴西的權力菁英，包括所有六位在世的前總統。如義大利一般，醜聞為民粹主義、兩極分化和後真相創造完美的政治條件。

但與「淨手運動」不同的是，巴西的洗車場醜聞是國際性的，涉及二十幾個國家的政客。這件事對該地區的民主國家造成了嚴重破壞，部分原因是它恰逢長達數年的經濟衰退，這一波經濟衰退則是源自於二〇一四年的全球商品價格暴跌。在數百萬人失業，工資的購買力下降之際，拉丁美洲人在報紙上讀到一個又一個令人沮喪的公職不法行為。他們對經濟發展的期望正在破滅，與此同時，他們聽到了官員們中飽私囊聳人聽聞的故事：這是獨特的腐蝕組合。他們不必花太長時間就能體會到「把他們全部趕走！」的精神。

巴西長期的經濟表現不佳，很大程度上要歸咎其政治體系的嚴重僵化。以犧牲常理為代價討好選民的退休制度，讓數百萬公職人員在四十幾或五十出頭就退休時領取全額退休金。保護喪偶者免於晚年貧困所起草的養老金計畫引發了巴西人戲稱的「威而鋼效應」：七十多歲的男性養老金領取者與年輕數十歲的女性結婚，即使等這些男人去世，這些女性仍有權繼續領取丈夫的全額補貼。除此之外，嚴格的勞動法阻礙了投資、就業機會和成長。這一切導致長期赤字和不斷增加的公債，吸收了本應用於公共投資的資金。左派、右派和中間派的分析家了解問題所在，並就大致的解決方案達成共識。但被奧爾森指出的那種特殊利益所束縛的政客陷入了癱瘓：標準的硬化讓巴西死忠於眾人可見正在損害人民未來的政策體制。

當一政治體系多年來處於這種功能失調狀態時，選民自然會開始尋求激進的變革。他們轉向了一位立場獨特的民粹主義者，這人能夠引導一個世代以來巴西人對他們領導人所懷有的強烈蔑視；這個人就是波索納洛。

無論世人如何評論波索納洛的威權主義，都無法稱之為隱密。波索納洛不是隱密地動員，而是大聲公開表達他對獨裁統治的懷念。他先是度過一段沒沒無聞的軍旅生涯，然後長期擔任影響力不大的國會議員，他的獨家商品是言辭炸彈，而對巴西的建制派來說，這一點使他看起來只不過是一個小丑。他惡毒地蔑視所有進步理想，從同志平權到亞馬遜保育，他公開渴望回到巴西在一九六〇和一九七〇年代軍隊統治下那種無法究責的強硬政權。

很容易理解為什麼他經常與川普相提並論：兩人都有一種在任何特定時刻說出最具煽動言論的不變本能，並且兩人領導的行政部門通常被視為混亂、人員流動率高，而且提供無止境的推特鬧劇。然而，波索納洛是與川普不同的領導人，一位真正的福音派基督徒，他確實痛恨自己長篇演說中所攻擊的目標，而不是像川普經常做的那樣，為了贏得選舉而假裝討厭他們。而且不可思議的是，他早期成功贏得的一些重大政策戰役，其中竟然包括退休金改革。

利用3P創造的機會獲得權力和治理的最新一波拉丁美洲領導人中，波索納洛是最好的一個例子。在對政治機構信任崩潰的背景下受到猖獗的反政治情緒推動，他與本世紀每個成功的新獨裁者都有兩極分化的本能。當然，推動他上台的趨勢早已出現，但正是他動員不滿者的天分確保其政治上的成功。儘管這個混亂的政府衝突有餘而結果不足，但他仍像往常一樣，在對政治最不滿的人中鞏固了一批忠實的追隨者：巴西的反政治草根。

## 有遠離反政治的方法嗎？

「把他們全部趕走！」是全世界都能聽到的吶喊聲，反政治勢力正在全球蔓延。隨著曾經強大的政黨內部崩壞和即興發揮，未經檢驗的極端分子上台，人民開始意識到這不是曇花一現，不只是從正常的政治中暫時放個假。如義大利人所見所聞，一旦公眾對反政治產生興趣，他們似乎就會上癮，要求更多更強的劑量，只是為了感到正常。反政治是更多反政治的必要前提。

某些國家似乎陷入了反政治的循環。據墨西哥《環球報》（*El Universal*）報導，一九九〇至二〇一八年期間統治瓜地馬拉、薩爾瓦多、宏都拉斯、尼加拉瓜、哥斯大黎加與巴拿馬的四十二位總統中，有十九位任期結束後入獄至少一段時間[9]。正如我在《國家報》（*El País*）所說：

> 在南美洲，秘魯是個引人入勝的案例研究。總統佩德羅・巴勃羅・庫辛斯基（Pedro Pablo Kuczynski）於二〇一八年被迫請辭，隨後被判處三年居家監禁。前總統奧良塔・烏馬拉（Ollanta Humala）及其妻子娜丁・艾瑞迪亞（Nadine Heredia）雙雙入獄。亞歷杭德羅・托雷多（Alejandro Toledo）在美國聯邦監獄中度過了數年，等待處理他引渡到秘魯的事宜，他的妻子艾莉安・卡普（Eliane Karp）因被通緝而留在國外。反對黨領袖藤森惠子（Keiko Fujimori）被處三年居家監禁，而她的父親、前總統藤森謙也（Alberto Fujimori）則尚在服二十五年的刑期。若警察到達家中拘捕時，兩屆總統阿蘭・加西亞（Alan Garcia）沒有飲彈自盡，他的命運可能也是坐牢[10]。

當秘魯人大喊「把他們全部趕走！」時，他們不只是指掌權者應該放棄權力，而且希望這些人永遠消失在視線外。

有沒有辦法擺脫這個僵局？政治制度被反政治這隻蟲叮咬後能否恢復常態？還是他們注定要

面對不斷上升的反政治未來，每位新秀都只是為激進主義設下新的標準，而下一位挑戰者不得不超越？

以紀錄來看，並不樂觀。雖然反政治的蔓延在某些地方已經緩和減弱，但很少有逆轉的情形。義大利人確實在民意調查中成功拒絕貝盧斯科尼兩次，但這些事件後並沒有回歸正常政治，而是成為人民記憶中愈加深化的反政治記錄中的插曲。在阿根廷，「把他們全部趕走！」口號的誕生地，毛里西奧．馬克里（Mauricio Macri）在二〇一五至二〇一九年間與裴隆主義（Peronism）短暫分離，但他未能阻止阿根廷長期的經濟衰退，代表他的任期只是一波波裴隆主義之間的小停頓。

事實上，反政治死亡漩渦得以真正停止的案例在泰國，是在戴克辛．欽那瓦（Thaksin Shinawatra）和盈拉．欽那瓦（Yingluck Shinawatra）的動盪時期之後，這對兄妹二人憑藉典型的反政治主題而晉升總理辦公室。在歷經八年不斷升級的衝突、街頭抗議和前所未有的兩極分化之後，這一循環以軍事政變結尾，並帶來長期的軍事獨裁，更像是二十世紀的舊獨裁政權，而非二十一世紀的新獨裁政權。

「把他們全部趕走！」的確，只不過以這個例子來說，主要是趕進監獄。

任何人都不會積極想要這樣的反政治解決辦法。然而，如今在許多地方，這似乎是唯一解，即便如此，這也無法完全解決。二〇二〇年，新一輪喧鬧的街頭抗議活動震驚了曼谷，年輕的泰國人公開呼籲改革君主制，在一個侮辱國王為刑事犯罪的國家，這曾經是不可想像的背叛。一位古怪，且在許多人眼中自大狂妄的新君主瑪哈．瓦吉拉隆功（全名為King Phrabat Somdet Phra Paramendra

Ramadhibodi Srisinra Maha Vajiralongkorn Mahisara Bhumibol Rajavarangkura Kitisirisumburna Adulyadej Sayamindradhipeshra Rajavarodom Borommanat Pobitra Phra Vajira Klao Chao Yu Hua）即位，或暱稱拉瑪十世（King Rama X），已經將許多人認為是該國最後超凡脫俗的機構政治化了，反政治沒有放過任何國家。

就現實面來說，從反政治走向正常民主政治共識的道路仍有待探索。一旦國家從底層（透過成為制度硬化症的犧牲品）和頂層（透過將權力移交給全球金融市場、多國家機構和海外避稅的資本）都被掏空，選民幾乎沒有理由再次回到正常政治的圈子。

一旦對制度的信心受到侵蝕，重建共識政治需要一套似乎尚未有人發明的技能。對政府機構和菁英的極度蔑視正像癌細胞在轉移。一旦這種動態到位，嗚呼，最可能發生的下一步就是澈底的惡人政治（kakistocracy）：由社會中最糟的人來統治。

這就是為什麼對當代民主而言，反政治有其獨特的巨大危險性。反政治是種強大的離心力：破壞民主政治的基礎，創造空間給渴望權力的獨裁者。這便是為何其危險是系統性的，因反政治侵蝕社會共同做出決策、運用冷靜和制度化的方式解決分歧，以及建立容納所有人的結構的能力。被反政治蹂躪過的政治領域，只能透過強迫接受的方式才能治理了。從這個意義上說，反政治對制度的腐蝕幾乎是無可比擬。

受反政治控制的社會經常意識到它們不再能對客觀事實達成共識。放大與推動這趨勢的是第三個P：後真相。

# 第7章 追殺真相的權力

我們理論中的3P元素並不是同時出現的。前兩個元素民粹主義和兩極分化有著悠久的歷史，並且從古代起就有學者廣泛記錄。但後真相並不一樣：它在我們毫不知情的狀況下直擊我們對現實的共同認知，攻得我們措手不及。

我們直覺就能容易理解民粹主義和兩極分化，後真相卻令人費解。為什麼呢？第一，因為我們難以區分純粹的虛假與後真相，雖然兩者在本質上是不同的概念。第二，因為西方世界長久的傳統想法，會將後真相核心的虛無主義與毫無忌憚踐踏言論自由的極權政權連結在一起。後真相政治開始在民主國家中出現，這是一種全新、駭人聽聞的現象。

政治人物本來就會說謊，自古以來從來不少政治人物說謊。甚至連美國國父華盛頓與櫻桃樹的故事，這則美國人最津津樂道關於說實話的故事，也是梅森・洛克・威姆斯（Mason Locke Weems）杜撰的，他是個滿腦子生意經、巡迴各地的小冊子作家，他杜撰這些小故事，純粹是為了從華盛頓的名聲中獲利：他的書就像是十八世紀的假新聞網站Infowars[1]。如今，帶風向和訊息傳播、半真半假的資訊和欺詐等，已經和司法審查和定期選舉一樣，成為民主政治的一部分。

首先，我們需要清楚了解「後真相」的定義，以及後真相與單純的政治謊言有何不同。傑・羅森（Jay Rosen）掌握了這個新概念的精髓，他在推特上寫道：「『改寫歷史』和『混淆視聽』之類的形容詞，並不能完整傳達目前正在發生的現象。（後真相）是有計畫地混淆資訊，以阻止美國人了解發生在他們身上的事情。」[2]正是這種戰略性地使用混亂，讓後真相比強權者一般的虛假更黑暗。後真相的重點不是散播特定謊言，而是在公共場域中破壞真相的可信度。

後真相透過動搖我們對現實的共識，將民粹主義和兩極分化從一般的政治干擾升級為完全不同、更根本的威脅：對自由政府和自由社會的存續形成生存威脅。正如英國《衛報》前主編艾倫・羅斯布里奇（Alan Rusbridger）所說：

> 一個無法在事實基礎上達成一致以開啟討論或決策的社會，是無法進步的。如果對於孰真孰假都沒有共識，法律、選舉、政府、科學、民主根本就不可能存在。當然，對於事實基礎擁有共識只是開端。社會如果沒有獨立的質疑或審查來源，也稱不上完善[3]。

《柯林斯英語詞典》（*Collins English Dictionary*）將後真相定義為「對於真相的共同客觀標準化為烏有」[4]。一邊是事實與知識，一邊是信念與意見，當兩邊的分界變得模糊，或至少是頻繁地互換概念，導致大眾對於分界不再有共識時，社會上就會出現後真相這種現象。與謊言不同，後真相並不是個人的道德缺失。它不是特定公眾人物的個人過失，而是當今世界政治和權力媒體架構的特徵。

對於哲學家而言，現實共識的逐漸瓦解，長久以來都被視為鐵腕獨裁政治的毛病之一。我們對這個毛病的思辨，通常會在談論納粹德國或蘇聯俄羅斯的書中提及。哲學家漢娜・鄂蘭著名的論點即為：「極權統治的理想臣民不是堅定的納粹或共產主義者，而是那些再也無法分辨事實與虛構孰真孰假的人。」[5]

鄂蘭靠著偽造的美國簽證逃離納粹占領的巴黎，在大屠殺中勉強倖存下來。她認為，只有極權政權的殘忍統治才可能帶來如此噩夢般的結果。但成功掌握3P原則的獨裁者發現了，資訊爆炸以及包括網路和實體媒體，都為欺詐、操縱和控制創造了前所未有的機會。如今，他們不再需要過去的審查制度或嚴格管控來過濾大眾接收的資訊。他們現在依賴的主要策略恰恰相反：透過一次性傾倒大量的資訊，讓大眾被資訊淹沒而感到疲勞，無法再運用批判性思考來篩選資訊。此外，藉由科技幫助，根據受眾的理念、偏見和喜好來精準投射資訊，也前所未有地放大了這些資訊的影響力。

3P獨裁者已經學會利用現今資訊結構的特徵來發動這種資訊戰：澈底開放的環境、資訊守門人的角色急劇縮減，以及無人看管的數位公共領域與「威名赫赫」新聞媒體間的區隔愈來愈模糊。

資訊戰中最著名的例子，就是俄羅斯干預美國大選，但這個現象遠不止於此。首先，俄羅斯對選舉和政治的干預遍布世界各地，而不僅限於美國。另一方面，蓄意散播網路假消息正迅速成為政治武器的標配，廣為世界各地的政治人物使用。如今，後真相早已無所不在。

## 積極措施年代：普丁的謠言帝國

要了解後真相如何成為現代社會舉足輕重的力量，我們需要回到它在蘇聯的起源。在一九二三年，蘇聯建立了「虛假資訊局」（Special Disinformation Office）。這個新機構由史達林發起，機構的任務就是「散播虛假和誤導的資訊，且往往以誹謗為目的」[6]。

二十一世紀公認的假消息大師普丁，不意外的是蘇聯國家安全委員會（KGB）前特工出身。早在網路興起之前，蘇聯就已經擴展虛假資訊局的任務，並且精通了「積極措施」：這是一個在冷戰背景下，運用假消息為核心破壞民主國家穩定的資訊戰策略。

蘇聯花了幾十年開發了一系列複雜的工具，目標是在西方媒體中植入假消息，以破壞西方制度的可信度。蘇聯特工編造的故事可說是現今假新聞的先驅。幾乎每次行動都是針對特定國家的社會問題，利用這些問題來加深已經存在的社會裂痕，或製造新的裂痕。雖然許多行動都失敗了；即便KGB很努力，但他們仍無法說服任何人相信中央情報局是一九七九年瓊斯鎮（Jonestown）大規模自殺事件的幕後黑手（這一事件留下了「drinking the Kool-Aid」這個俚語，代表無條件接受一套說詞）。但蘇聯知道這是一場數量取勝的遊戲：不是所有的陰謀論都成功散播，但少數一些成功了，而且有些陰謀論的成功還遠遠超出原創者的想像。

有小部分的陰謀論一直流傳至今，變成時常用來闢謠（因此也不斷被複誦）的陰謀論，甚至是成為都市傳說。如今，我們很少意識到，當我們聽到長輩堅稱登陸月球是一場騙局時，我們聽到的其實是蘇聯幾十年前為了在冷戰中獲得戰略優勢而發起的積極措施流傳至今的餘韻：對莫斯科政府來說，在登月競賽中失敗的羞辱，是他們追求世界權威的巨大挫敗，因此，透過散播美國人登月造假的謠言，蘇聯嘗試減低美國贏得太空競賽獲得的戰略公關成效。如果你曾經和一些相信飲水加氟是美國政府思想控制實驗的人吵架，或聽過HIV病毒是美國生化武器計畫的一部分，或CIA參與了刺殺甘迺迪總統的陰謀，就表示你曾經親身體驗過KGB積極措施的影響。

蘇聯假消息面對的主要障礙一直都是資訊「守門人」。在一九六〇或七〇年代，捏造虛假敘事還必須能騙過專業記者和編輯，這些新聞專業人士受過專門訓練，能夠分辨虛構與事實。為了獲得成功的機會，假消息行動成本相對昂貴，這些精心編造的騙局需要長期和大量的投資，只有超級大國才能負擔。文件必須親筆偽造，然後由真人特工舉在存有疑心的新聞編輯面前搖晃引誘，由編輯決定文章能否發布。特工或許還必須憑空生出假證人，訓練他們。每個環節都可能出錯，而且即便行動成功，也無法保證最終假消息能造成預期的影響。特工可能花幾個月推動一個積極措施，最後在一本刊物中發表一篇假新聞，但這篇故事卻沒有被其他媒體轉載或傳播。行動結果往往是砸了重金又失敗，少有成功案例。

舉蘇聯針對美國參議員亨利・傑克遜（Henry“Scoop”Jackson）的積極措施為例。一九七六年，在美國參議院民主黨黨團中主張反蘇聯的傑克遜宣布競選總統。傑克遜曾任華盛頓州的參議員，也是徹頭徹尾的反共人士，他一度成為民主黨提名挑戰傑拉德・福特（Gerald Ford）總統的領先者。傑克遜的總統候選人身分敲響了克里姆林宮的警鐘，很快KGB就被賦予任務，要確保傑克遜無法勝選。

KGB想出來的積極措施行動稍嫌粗糙。一系列據稱來自FBI的偽造文件被匿名發送給全國新聞媒體、一些當年小型且深陷汙名的同性戀刊物，以及民主黨競爭對手的競選團隊。文件指控傑克遜其實是同性戀，而且還是一個地下同性戀俱樂部成員[7]。蘇聯期待這些同性戀刊物會抨擊傑克遜對自己的同性戀身分保密，但記者澈底調查了這起抹黑事件，發現故事無法得到證實，因此這些報導很快就被主流媒體和小型同性戀刊物棄置。雖然這個行動是克里姆林宮的重點計畫，並且投入了大量資源，但卻未達到期待，對於美國總統大選沒有顯著的影響。傑克遜最後在初選提名時輸給當時沒沒無聞的喬治亞州州長吉米・卡特（Jimmy Carter）。在這個例子中，KGB抹黑傑克遜的積極措施只是他未獲得黨內提名的眾多原因中微不足道的小元素。

但是想像一下，如果在一九七六年有二十五億人像今天一樣使用社群媒體，那麼抹黑傑克遜的傳聞會如何發展。這篇假新聞就算刊登在一份非主流的線上刊物上，都足以讓傳聞像雪球愈滾愈大。然後，捏造傑克遜變態行徑的假新聞就很有可能不花分文地在推特上瘋傳。而當初在一九七六年拒絕了這篇假消息的優質刊物編輯，就可能會被迫進行相關報導，即便不報這篇假新聞，也得報導網路上關於傳聞的討論。

這個故事一旦在具有公信力的新聞媒體上被報導，就會在非主流媒體和社群媒體上引發第二波討論，認為主流權威媒體正在掩蓋新聞。與此同時，推特上可能也會有機器人軍團動員，針對LGBTQ社運人士推播，鼓動他們對傑克遜進一步施壓。臉書上可能已出現相關社團，讓左派和右派人士圍繞著這個議題開始動員。到最後，電視新聞甚至可能會花上幾百個小時來討論這個議題。所有一切，都只需要用到一九七六年失敗行動的一小部分成本就能實現。

在抹黑傑克遜的積極措施行動的同一時期，一名二十四歲的新兵正在奧赫塔第四〇一 KGB 學校（401st KGB School in Okhta）接受初級訓練，該校位於當時的列寧格勒。普丁從小就聽著蘇聯宣傳 KGB 特工維護無產階級專政的英勇事蹟長大，十幾歲起就夢想著成為情報員。在接下來的十五年裡，包括五年在當時共產東德的德勒斯登效力，普丁澈底成為 KGB 的人。當然，我們對於他身為蘇聯間諜所做的工作細節幾乎一無所知，但唯一能確定的是，在普丁那個時代，KGB 投注了大量資源在積極措施上。直到普丁在一九九〇年以中校軍銜退役時，他已經吸收了大量的經驗。

有強力證據證明，普丁之所以能在九年後當上俄羅斯國家元首，本身就是建立在有史以來最大膽、無情、血腥的積極措施之上。從一九九九年八月三十一日開始，俄羅斯遭受了一波不尋常的恐怖攻擊。在十七天內，大型炸彈分別在莫斯科的一個購物中心和四棟高樓公寓中爆炸。第一棟位於達吉斯坦（Dagestan）的布伊奈克斯克（Buynaksk），接下來兩起爆炸則相隔四天，發生在位於莫斯科的兩棟公寓，最後一枚大型卡車炸彈則在伏爾加頓斯克（Volgodonsk）的九層樓公寓外爆炸[8]。炸彈在夜間爆炸，盡可能拉高平民的傷亡人數。總計約有三百人死亡，一千多人受傷。經過粗略調查後，時任俄羅斯總理的普丁指控車臣分離主義分子犯案，並以這些爆炸案為開戰理由，為血腥鎮壓車臣這個難以管束的穆斯林多數共和國尋找正當理由。

但爆炸案真相卻與官方說法出現重大出入。最大的不同是，雖然出現四次成功的炸彈攻擊，但在第一次爆炸案後，因為緊綳的氛圍，還有三次攻擊被鄰近居民擋下了。其中一個在利珊市（Ryazan）被擋下的爆炸案中，肇事者被逮捕，而他們當時就帶著KGB的繼任組織俄羅斯聯邦安全局（FSB）發行的證件。

當局對於這項發展沒有統一的回應。他們先讚揚了利珊市民對車臣恐怖分子的警覺，又在FSB特工被捲入嫌疑時改變了口徑，將整起爆炸案說成是安全演習。在接下來的幾年裡，所有要求對爆炸案進行獨立調查的請願都被蓄意阻撓，而質疑官方報導指控車臣人的俄羅斯人則遭到無情迫害。其中最知名和堅決的質疑者，記者安娜・波利特科夫斯卡婭（Anna Politkovskaya）和前特工亞歷山大・利特維年科（Alexander Litvinenko）均被謀殺。針對這些暗殺事件的獨立調查都指向俄羅斯安全機構涉入犯案。

如今，獨立的俄羅斯專家的共識是，公寓爆炸案是由FSB一手策劃的，目的是要保證普丁順利就任總統。爆炸案似乎混合了兩種行動：一方面是將恐怖攻擊嫁禍給無辜一方的栽贓行動，一方面也是血腥的積極措施，目的是控制俄國。無可否認的，不論是公寓爆炸案後的民族主義狂潮，或普丁針對車臣分離主義發動的戰爭，都使他得以完全控制俄羅斯。

一九九九年的公寓爆炸案讓普丁的性格表露無遺。對於能夠做出這種規模的積極措施的普丁來說，網路成為最重要的強化器。新資訊生態系統的完全開放，基本上解決了早期阻礙蘇聯行動成功的所有問題，而且和過去行動比起來，如今的成本低得不可思議。KGB老手登入臉書或推特，簡直就像讓小孩子進到糖果店。

近年來俄羅斯最著名的積極措施就是成功影響了二〇一六年美國大選。值得注意的是，它將蘇聯散播假消息的原有手法與網路時代的工具相結合。但這個惡名昭彰的行動反而掩蓋了一件事實，那就是美國大選只不過是俄羅斯一長串網路積極措施行動中的最新作品。

歐巴馬時代的美國駐俄大使邁克爾．麥克福爾（Michael McFaul）講述了成為假消息行動目標的當事人是什麼感覺：

> 二〇一二年三月四日（俄羅斯）總統選舉當晚，一個看起來和我一模一樣的推特假帳號發表了對選舉程序的批評，當時投票甚至都還沒結束。俄羅斯媒體開始瘋傳這則消息，和部分俄羅斯官員一起指責我公然干涉選舉過程。假帳戶的伎倆如此高超，連我們大使館也花了一段時間才理解發生了什麼事。我剛開始也以為是我的其中一個員工作亂，用我的名義發文。直到後來我們才發現，假帳號用大寫I（@McFaul）取代我帳號中的小寫l（@McFaul），兩者看起來幾乎毫無二致。我們最後解釋了發文來自假帳號，但當時新聞早已鋪天蓋地報導了幾個小時[9]。

這是KGB慣用的積極措施：處心積慮破壞任何美俄和解的可能。麥克福爾後來回想，這正是「扼殺『重啟』的抹黑」。所謂的重啟，指的是歐巴馬政府試圖修補與俄羅斯的雙邊關係但失敗的努力，使它成為積極措施影響現實世界外交後果的案例。對於俄羅斯來說，虛構現實正是治國的工具之一。

網路積極措施的快速有效，促使俄羅斯嘗試更大膽的策略。其中一個例子，就是二〇一六年五月二十一日中午在休斯頓市中心崔維斯街（Travis Street）發生的對立示威。在街道的一側，大約一百個保守派示威者聚集號召「阻止德州伊斯蘭化」。在另一側，美國穆斯林聯會（United Muslims of America）則在訴求「拯救伊斯蘭的知識」。現場氣氛緊張，雙方辱罵聲不斷。後來的調查卻發現，這兩起示威活動的發起都來自俄羅斯的積極措施行動。

崔維斯街的行動在位於聖彼得堡的幕後主使者網路研究機構（一個普丁進可巧加利用、退可撇清關係的積極措施機構）眼裡，大概會被視為失敗。他們的理想狀況是：對立的示威會升級成暴動，進而引起主流媒體的關注，加劇兩極分化和紛爭，而這正是克里姆林宮的目標。這並沒有發生，但行動也沒有花費到什麼資源。美國參議院情報委員會主席、共和黨籍的北卡羅萊納參議員理查．波爾（Richard Burr）在二〇一七年公布了對該事件的調查，估算克里姆林宮只需花費兩百美元在臉書打廣告就能策劃這次行動。失敗的成本這麼低，網路研究機構就能把機率法套用在積極措施上。就像石油探勘者會願意挖一百口井，即便其中九十九口井都是乾涸的，只要其中一口井能挖到石油就是大成功，俄羅斯算一算，即便他們失敗率是百分之九十九，最後還是能大獲成功[10]。

他們算得沒有錯。

就像冷戰時期蘇聯的假消息行動一樣，俄羅斯的積極措施要成功，就必須讓假消息在權威媒體上得到報導。網路時代分散的媒體生態讓這條路更容易達成。一個假消息可以從社群媒體的外圍開始傳播，如果有夠多人分享，假消息就可能獲得新興極右派媒體圈注意，這個媒體圈的核心是布萊巴特新聞網（Breitbart）或其他主要網路假消息傳播平台。之後，福斯新聞等保守派主流媒體就可能轉載。然後，剩下的媒體就不得不跟進報導。結果就是，嚴謹的新聞報導和徹頭徹尾的假新聞開始混雜在一起，閱聽者愈來愈難分辨差異。而隨著我們即將探究的「深偽技術」（deepfake）出現——一種在照片或影片中替換他人人臉圖像的技術——數位版本的積極措施也已經成為了可怕的新興戰略威脅。

普林斯頓大學教授梅麗莎・李（Melissa M. Lee）將這種策略描述為「顛覆性國策」：將顛覆視為替代傳統軍事力量的低成本策略[11]。這個觀點認為，新形態的數位顛覆行動在全面開戰的軍事行動以及單純的政治宣傳之間創造了一個灰色地帶。而對於這個灰色地帶，西方政策制訂者尚未找出方法對應。

美國智庫蘭德公司（RAND Corporation）的研究員將這種新策略描述為「謊言的連珠炮」（firehose of falsehood），因為它有兩個特徵：「大量的媒體管道和訊息，以及厚顏無恥地傳播片面事實或澈底謊言。」他們指出，現今的俄羅斯政治宣傳「既快速、持續不斷、重複出現，而且最重要的是缺乏一致性」。俄羅斯的政治宣傳成天自相矛盾，因為它的目標不是要使人相信假消息，而是透過不斷重複，從而干擾真實報導的傳播，同時混淆視聽[12]。

為了推動「謊言的連珠炮」，網路研究機構十分依賴機器人軍團來放大網路假消息的影響力。機器人軍團是「一群電腦，透過網路感染惡意程式而可被遠端控制，例如發起阻斷服務攻擊」[13]。毫無疑問，它們是後真相的強大武器。但是過於強調這些機器人軍團的影響也不是好事。

機器人軍團在做的事，其實和許多網路用戶不謀而合，也就是為某種程序推波助瀾。麻省理工史隆管理學院教授思南．艾瑞爾（Sinan Aral）發現，在推特上，真人用戶轉發假消息的機率比轉發真實消息高出百分之七十左右。真實消息平均大約需要假消息的六倍時間才能接觸到一千五百名推特用戶。在推文串（一連串的轉推）的每一層，假消息的轉發都比真實消息更廣泛[14][15]。

研究對於這項發現所提出的解釋令人擔憂：人類就是喜歡新奇的事物。人類行為反映出來的並不是偏愛假消息，而是偏愛意想不到、令人震驚和新奇的事物。理所當然，假消息往往比真實消息更出人意料、更嚇人、令人嘖嘖稱奇。而如今，假消息來源不必再煩惱如何騙過真實性審查，更可以隨心所欲地製造各種驚奇又吸引人的故事，而我們也看得欲罷不能。

新聞業有個老笑話，就是某些報導實在「好到不想查證」。也就是說，某些報導的故事如此完美，讓人感覺進行查證實在太可惜，而且可想而知，最後總會發現故事的真相並不如原本的報導那麼引人入勝或值得分享。對於專業編輯來說，「好到不想查證」只是個笑話，嚴謹的出版品當然會進行查核，這是他們必須做的。一個經過嚴格查證的報導，比起沒經過查證的報導，往往失去了生動趣味，也沒那麼值得分享。

相反的，對於散播假消息的來源而言，「好到不想查證」是他們的使命宣言，也是他們的關鍵優勢，讓他們能夠創造人們忍不住分享的故事。網路的完全開放性和資訊守門人角色的減弱成為關鍵優勢，使他們能夠以前所未有的自由操作。由於阻擋假消息入侵社會的政策和制度已經破破爛爛，操縱後真相的幕後黑手發現自己就像在沒有守門員的情況下踢罰球。

讓情況更混亂的是，積極措施形式的政治宣傳手段也有方法能夠占據主流資訊空間。舉例來說，在美國，當地的六點新聞長期以來一直被視為「不摻水」報導的淨土，但在像是辛克萊廣播集團（Sinclair Media）這樣的巨頭戰略性收購全國各地的地方電視台後，他們開始製造看起來像一般新聞，實際上報導卻非常偏頗的電視節目。辛克萊似乎將傳達共和黨的論點當作主要任務；當民粹主義、兩極分化和後真相恣意主宰時，這種模式就會不斷上演。

在委內瑞拉，被認為與執政黨有密切關係的背後金主收購了該國歷史最悠久的主流報紙《環球報》，以及其主要的二十四小時新聞網全球電視（Globovision），並迅速將它們轉變為政權傳聲筒。他們特意不更動報紙和電視台的外觀和風格：《環球報》的字體和版面維持不變，同樣的，全球電視的主題音樂、商標沒有變，也留了許多記者。除了非常少數對於政治敏感的菁英階級以外，大眾很容易就忽略這次收購。但報導內容逐漸發生變化，直到電視台和報紙內容和其他政治宣傳管道內容再無分別。

類似的現象也發生在埃及、匈牙利、印度、印尼、蒙特內哥羅、奈及利亞、巴基斯坦、波蘭、俄羅斯、塞爾維亞、坦尚尼亞、突尼西亞、土耳其和烏干達等國家。媒體公司從獨立到悄悄轉變為政府喉舌，早已成為祕密專制政權下的普遍現象。在這些案例中，政治宣傳都在傳統新聞的包裝下精心製造迷惑閱聽者，並使他們感到混亂以至於被牽著鼻子走的媒體內容。

在二〇一九年的歐洲議會選舉中，我們看到社群媒體巨頭都像在打地鼠一樣，疲於奔命地想趕上偽造者的速度，快速刪除層出不窮的假新聞專頁。在當年五月的短短一個月內，臉書關閉了二十七個分享了「反猶太、反伊斯蘭教、反移民、反LGBT和反女權內容」的專頁，這些專頁總計有兩百萬名波蘭追蹤者[16]。就在一週前，臉書也在義大利關閉了二十三個散播假新聞和反移民內容的專頁，這些多半親政府的專頁加起來總共有將近兩百五十萬名追蹤者[17]。同年四月，西班牙也有十七個類似專頁被關閉，這些專頁也擁有總共一百四十萬追蹤者[18]。

任何能夠讓民主社會兩極化和分裂的事件都是政治宣傳的機會，新冠肺炎疫情也不例外。二〇二〇年年中，牛津網路研究所（Oxford Internet Institute）的研究人員發現，背後有中國、伊朗、俄羅斯和土耳其等國家支持的新聞和傳播媒體，正持續向法語、德語和西班牙語的社群媒體用戶散播有關疫情危機的假消息[19]。每個國家的宣傳機構著重的假消息類型各有不同，例如中國和土耳其的媒體更強調宣傳該國在對抗疫情的角色，而俄羅斯和伊朗的媒體則樂於興風作浪，在目標國家的社會中散布關於疫情的陰謀論，故意激起爭端，其中許多假消息更是專門針對拉丁美洲受眾。但無論散播假消息的目標為何，背後有國家支持的政治宣傳機構內容都「比法國《世界報》（*Le Monde*）、德國《明鏡週刊》（*Der Spiegel*）和西班牙《國家報》等著名新聞來源的文章擁有更高的平均互動率」[20]。

在這些國家，傳統媒體仍在努力與假消息散播機構競爭。但傳統媒體卻有一個嚴重的劣勢。堅守傳統新聞準確性和查證標準的真實報導永遠無法在「新奇性」這個重要項目上與假新聞競爭。而如之前所述，我們的大腦天生就會去尋找新奇的資訊。

這導致的結果就是新聞功能失調，使劣質的報導有系統地驅逐了高品質的報導。而當這個現象在公共場域都如此嚴重，更別提在界線模糊、半私人的地下社群會多猖狂。

## WhatsApp的陰暗面

雖然推特和Instagram等公開社群媒體平台在已開發國家中占社群媒體主導地位，但另一種平台也正在其他地方迅速普及。在許多國家，例如印度、奈及利亞、墨西哥和印尼等等，假消息透過轉傳、分享的方式愈來愈迅速傳播，這些扭曲事實或甚至公然造假的內容，透過私人訊息在網絡流傳，以使假消息背後的勢力獲得政治優勢。

在所謂的地下社群網絡中，最大巨頭就屬臉書旗下的通訊軟體WhatsApp，它在發展中國家廣受歡迎，而且無法管控，歸功於其強大的端對端加密（甚至連臉書本身都無法知道WhatsApp上傳輸的內容）以及難以超越的優勢，也就是免費服務。

要了解這些平台上的假消息危險有多大，看印度就略知一二。從二〇一七年開始，一連串關於兒童綁架集團的謠言開始在印度的WhatsApp網絡上流傳，因而引發了道德恐慌，很快就演變成一連串暴力私刑，心生恐懼的村民圍剿了他們懷疑與綁架案有關的人。雖然沒有任何證據指出真的有兒童被綁架，但謠言似乎完全失控。許多轉發假消息的村民識字能力有限，因此幾乎無法從其他來源獲得資訊，警告他們謠言是虛假的。

兒童綁架恐慌帶來的代價是死傷。到二〇一八年年中，總計已經有五十多起因恐慌而引發的攻擊，造成四十六人死亡。謠言往往在一個地區爆發，引發一連串的攻擊，好不容易平息下來，但幾天或幾週後又在其他地區重新浮現，有時甚至出現在幾百公里之外。當局顯然不知如何應對[21]。二〇一八年六月，在一次攻擊發生後，印度特里普拉邦政府關閉了邦內共三百七十萬人的網路服務一週，絕望地想要止住謠言的洪水蔓延[22]。臉書最後也限制了同一內容可透過 WhatsApp 轉傳的次數，試圖減緩假消息的傳播速度。

兒童綁架恐慌不是由政治動機引發的。相反的，它似乎是因為恐懼的父母為了幫助彼此保護孩子而自然而然傳播出去。不過，這個現象就是概念驗證（proof of concept），證明了地下社群通訊在印度的影響力有多大。到了二〇一九年印度規模龐大的全國大選時（超過六億人投票），印度已成為有利於假新聞遍地開花的沃土[23]。

其中一個 WhatsApp 上散播的假消息聲稱，印度國大黨（Congress Party）主席拉胡爾・甘地（Rahul Gandhi）將補償大筆金額給在喀什米爾攻擊印度士兵的自殺炸彈客的家屬[24]。另一則流傳多年的假消息則聲稱，拉胡爾的母親桑妮雅・甘地（Sonia Gandhi）比英國女王更富有[25]。在一個政治印度教盛行、牛被視為神聖的國家，數十位政治人物的政治生涯也因為網路上對於他們吃牛肉的指控而被破壞[26]。即便絕對不是全部，但許多假消息似乎是由執政的印度教民族主義印度人民黨的激進競選活動產生的，他們將反對黨國大黨描繪成親穆斯林、親巴基斯坦、不夠印度教的形象，煽動選民的宗教認同來動員投票[27]。這個策略奏效了，印人黨總理出乎意料獲得壓倒性勝利，順利連任。

WhatsApp 允許用戶透過照片辨識收件者，而且能輕鬆發送錄製的語音訊息，因而得以成功繞過識字障礙，成為第一個在文盲族群中大受歡迎的社群媒體平台。據《經濟學人》報導，一條指控奈及利亞前景看好的總統候選人阿提庫・阿布貝卡（Atiku Abubakar）獲得「奈及利亞男同性戀協會」擁護的語音訊息在網路上瘋傳[28]。在奈及利亞這個仍然極度仇視同性戀的國家，所謂的同性戀協會根本不存在，但這種針對同性戀的誹謗是世界大部分地區最歷久不衰、最有破壞力的誹謗之一。

WhatsApp的設計使人無法追蹤有多少人收到了這條語音訊息，但謠言一直流傳下去，而且很有可能導致阿布貝卡在大選中輸給穆罕默杜・布哈里（Muhammadu Buhari）。另一個虛構的謠言則指控身為穆斯林的布哈里正在策劃殺害奈及利亞基督徒。當一個以WhatsApp為主要新聞來源的文盲村民收到這條語音訊息，他又能如何分辨真假？

在墨西哥，瞄準社群媒體的假新聞工廠也成了二〇一八年總統大選的關鍵。一個關注資料隱私的墨西哥非政府組織Artículo12的其中一項分析發現，在競選期間，大約有三千個不同網站活躍地產出和散播虛假或偏頗的新聞報導[29]。在支持執政黨候選人的推特活躍用戶中，約有百分之五十五被發現是機器人帳號（即在社群媒體上模擬人類用戶的電腦程式），其中許多主要用於散播假新聞。有些精心策劃的行動似乎更多是為了製造混亂和困惑，而不是為了幫助特定政黨。舉例來說，在二〇一七年初，在社會緊張局勢加劇，以及美國各地出現針對近期油價上漲的抗議之際，大約一千五百個機器人帳戶組成的大軍開始投放引起恐慌的標籤：#SaqueaUnWalmart和#GoLootAWalmart（意為洗劫沃爾瑪超市），散播大規模暴動的謠言，讓許多人急忙躲回家中避難[30]。在接下來的幾天內有七十九間店被搶劫，但沒有一間是沃爾瑪超市，至今仍然不清楚是誰發起了這個行動，或是為了什麼目的。

印尼二〇一九年的總統大選則顯示了，在政治動盪的環境中使用地下社群媒體來煽動種族緊張局勢，事態會變得多可怕。主要反對黨候選人普拉博沃・蘇比安托（Prabowo Subianto）的競選焦點大都集中在號召穆斯林團結上，同時聲稱現任總統佐科威（Joko Widodo）受到中國利益團體控制[31]。這個說法非常具有煽動性，因為本土印尼人和勢力強大、在商界菁英中占比極高的華裔少數族群之間的種族緊張關係，長期以來一直是以穆斯林為多數的印尼的隱憂。WhatsApp上流傳的一些影片稱佐科威總統正在計畫禁止穆斯林宣禮，以及禁止在公共場合佩戴穆斯林頭巾[32]。同時也有假消息往另一個方向發展，一段假消息影片在網路上瘋傳，聲稱蘇比安托正計畫讓同性婚姻合法化[33]。諸如此類的現象變得司空見慣，甚至已成為家常便飯。當然，我們不可能監控到所有在網路上分享的假消息，但根據印尼通訊與資訊科技部的一份官方報告，在大選投票前至少出現七百個與選舉相關、各自獨立的假消息[34]。

在二〇一九年四月的投票結束後，局勢就失控了。到了五月，在得票數相差不遠的總統大選後不久，暴動席捲了雅加達，當局甚至因此禁止民眾使用臉書和WhatsApp。在佐科威當選後，陰謀論在印尼的地下社群網絡上開始傳播，指稱中國祕密士兵冒充鎮暴警察或是一般警察，向正在清真寺祈禱的抗議者開槍，這個陰謀論在較為貧窮的穆斯林社區中引起騷亂，導致至少八人死亡、七百人受傷。暴動的人一邊高呼「把中國人趕出去！」和「小心外國人！」，一邊在雅加達橫衝直撞，演變成一場反華大屠殺。

這些事件反映了，恐懼、不確定和懷疑——也就是FUD（fear, uncertainty, and doubt）——特別容易透過地下社群媒體管道傳播。如果正如麥克魯漢多年前所主張的「媒介就是訊息本身」，那麼地下社群反映的訊息就很清楚了：FUD大獲全勝，而且這些元素愈多愈好[35]。

在這種全新的媒體環境，也就是不同類型的新聞之間的界線模糊時，特別適合一個簡單的策略：用資訊淹沒一切。只要產出大量的訊息，包含許多虛假且幾乎都是欺騙的內容，並透過不受監管（以及無法監管）的管道將訊息傳送給人們，假消息基本上就所向披靡。即便是受過良好教育、見多識廣的媒體消費者也很難在這種環境中分辨真假。我們有誰沒有點過分享按鈕，幾分鐘後卻被提醒我們無意轉傳了假消息呢？如果連受過教育的媒體使用者都無法清楚分辨，那麼特里普拉邦的村民和雅加達的貧民窟居民還有什麼希望？

而地下社群只不過是這個全新的資訊生態系統的一部分，這個生態牢牢扎根於後真相，3P中的第三個元素，特徵是仰賴網路和其他技術的傳播管道會出現爆炸性成長。這些技術的結合使傳統的守門人角色邊緣化，並有系統地模糊了不同類型新聞的差別。隨著透過更多管道接觸到更多受眾的成本下降，曾經負責告知人們哪些消息可信、哪些不可信的指標消失了。在這個全新世界中，只要大量產出以FUD為基礎的粗製濫造訊息淹沒受眾，就是穩贏策略。以成本效益的角度來看，這個方法遠遠優於在理性論證的基礎上煞費苦心說服受眾的枯燥工作。

## 在FUD之外：以嘲弄為武器

但是，不僅發展中國家容易出現後真相的特殊政治，FUD（恐懼、不確定性和懷疑）也不是唯一利用革命性通訊技術來製造混亂和衝突的方式。在世界上一些歷史最悠久、最穩固的民主國家中，3P領導者發現了「嘲弄」可以如何在網路上和現實中都產生破壞性影響。

若要看這個機制如何運作，我們必須回溯到一九九〇年代中期。當時，歐洲蔬果批發商遇到了一個問題。儘管龐大的歐洲單一市場已在一九九三年實現，但在實行上仍然遇到不少障礙。拿最平常的香蕉為例：不同的歐洲國家對於批發香蕉的等級和分類都有不同的規定。一般而言，會有一類被認為適合零售的頂級香蕉，以及一、兩類較低等級的碰傷或畸形香蕉，這些香蕉仍可用來製作各種加工產品，如果汁、嬰兒食品、烘焙食品等。麻煩的是，比利時的分類方式與法國的分類方式不同，法國的也和義大利的不同，而義大利的又和英國的搭不上。因此，從非洲收購香蕉的批發商需要對進貨分類四次，才能滿足每個國家不同的分類標準。若在全歐洲範圍內有統一的香蕉分類系統，使在不同國家都有交易活動的超市和批發商不必再煩惱不同國家的標準，這不是很好嗎？畢竟，只有些微差別的香蕉法規此類非必要的蔓生，正是「單一歐洲法案」旨在防止的造成浪費的市場摩擦。

這就是歐盟執行委員會第2257/94號法規的誕生[36]。一九九四年九月十六日，委員會為香蕉制訂了一個簡單的三等級分類系統，以取代過去的各國法規大雜燴。法規明定，用於零售的香蕉應該

「沒有異常彎曲」，而且若要做為頂級香蕉出售給超市，香蕉也不得有形狀缺陷。當然，即使香蕉的形狀不標準，也可以以較低等級（以及較低價格）出售，前提是香蕉有標上對應的等級。這就是統一度量衡的過程：制訂基本管理標準，並井然有序地套用至幾千種產品市場，成就一個宏大的概念：將全歐洲變成單一市場。

如果在一九九四年九月十五日，你走進布魯塞爾歐盟執行委員會正在定案香蕉等級標準的辦公室，警告他們即將鑄下潛在的災難性錯誤，他們肯定會以為你在開玩笑。這些官員正在琢磨的文書不僅晦澀，而且只是常規性質，似乎無可非議。2257/94號法規並沒有禁止任何人出售任何東西。事實上，法規根本沒有制訂新的規定，只不過是精簡原已存在的不同規定。除了幾百位參與香蕉國際貿易的食品雜貨業、航運和批發人員之外，居然還有人會對這份乏味的技術文件感興趣，這個想法絕對會讓官員感到匪夷所思。

然而，該法規卻演變成轟動一時的事件，並成為後真相影響力的早期測試案例。英國的小報當時已經頻繁使用「布魯塞爾」來代稱與平民脫節、愛管閒事的官僚菁英階級。層層的官僚主義、對制訂法典的迷戀、大陸法系和純粹的「法式」形象，都讓歐盟彷彿量身打造般，完美地成為英國民粹主義者的攻擊目標。英國譁眾取寵的小報大本營倫敦艦隊街（Fleet Street），是追求瘋傳假新聞的早期先驅，只不過在一九九〇年代，這個策略是為了提高報紙銷量。

接下來英國小報針對「彎香蕉」報導激起的道德恐慌，後來成為他們無止盡奚落歐盟錙銖必較官僚的故事模板。「現在他們真的瘋了」（Now They've Really Gone Bananas）是英國《太陽報》下的標題，《太陽報》是著名的典型疑歐派大亨魯柏．梅鐸（Rupert Murdoch）擁有的高銷量日報。新聞的副標題則是「歐洲老闆下令禁止太彎的香蕉」。[37]《每日鏡報》、《每日快報》和《每日郵報》都跟風報導了關於「彎香蕉」的新聞。甚至有一段時間，在英國的各份小報無一不報導關於香蕉管制的聳動新聞，否則就賣不出去。

當然，這些報導都不是真的。除了嚴肅的英國媒體（《獨立報》在一九九四年九月二十一日刊登的「關於香蕉新聞的真相」是其中一個理性的新聞標題）之外[38]，歐洲官員只能焦頭爛額地澄清關於彎香蕉的謠言。但即便早在一九九四年，一個吸引人的農場文標題也比任何經過事實查證的故事傳播更快，而且更容易在集體意識中生根。不知為何，看見西裝筆挺、嚴肅冷靜的歐洲官員解釋他們對於香蕉彎度的立場，只令他們看起來更加可笑。

隨著時間發展，「愚蠢的布魯塞爾官僚」相關新聞本身開始變成一種新聞類型，只要歐盟制訂新的命令和法規，就能為充滿創意的英國小報寫手提供源源不絕的題材，撰寫下一篇大受歡迎的故事。其中一個積極散播這些故事的，也包含年輕而雄心勃勃的右翼大開報《每日電訊報》布魯塞爾分部總編輯。他的名字是鮑里斯．強生。

在「彎香蕉」新聞大受歡迎後，小報很快就開始尋找關於其他農產品彎度的故事。小報很快就開始了下一場行動：謠傳歐洲將禁止彎的小黃瓜。再一次，一項為了貨運商和批發商需要而通過的法規，成為了民粹主義媒體熱潮的箭靶。（彎的小黃瓜從未被禁止，但其中一項歐盟指令確實規定，為了批發需要，過於彎曲的小黃瓜必須特別標示並另外包裝）[39]。

之後，一大堆類似的「歐洲傳說」敘事接踵而至，一個比一個更荒謬。其中至少有五百篇假新聞最後以不同形式在英國的疑歐派報刊上發表。我們會知道這個數字，是因為歐盟執行委員會在又一次失敗的反擊中，將所有假新聞統整到一個網站上，好一次性破解謠言[40]。

這些新聞標題包括：

- 新的歐洲規定禁止肉店老闆把骨頭給狗
- 歐盟法規要求有機魚塭必須以順勢療法治療任何症狀
- 歐盟官員連你的蠟燭也要管
- 布魯塞爾告訴英國皇家砲兵：（你們的）二十一響禮砲太吵了
- 歐盟執行委員會禁止農夫三明治
- 教堂鐘聲因害怕歐盟法律而噤聲
- 山上將放置警告標誌，告知登山客他們在高處
- 歐盟執行委員會將統一棺材尺寸
- 餐廳以後僅可提供調味包，而不得放進調味罐或擠壓瓶
- 布魯塞爾表示，馬戲團表演者走鋼絲時必須戴安全帽
- 歐盟可能禁止管弦樂團使用牛腸做琴弦

我們很容易看出這些新聞如何為報紙賺大錢，他們基本上就是網路農場文的前身。強生將杜撰這種故事變成個人專長，編造了一個又一個激起了疑歐派怒火的故事，即便這些故事幾乎沒有事實根據。在強生的幻想文中，歐洲會強制統一保險套尺寸、禁止回收茶包、禁止鮮蝦雞尾酒口味的零食，甚至禁止小孩吹橡膠氣球。沒有一項指控經得起查證，但這並不是重點：這些故事帶領強生走上一條康莊大道，直到他在二〇一九年踏進唐寧街十號，成為後真相的英國首相。

面對這些荒謬的故事，歐盟執行委員會嘗試用不同方式回擊。有些是嚴肅、技術官僚式的回覆，有些是簡短的，有些幾乎像是懇求，也有一小部分以諷刺回擊。面對徹頭徹尾的胡扯，委員會有時甚至也放下身段使用雙關語回擊。委員會回應一個揑造「強制乳牛在阿爾卑斯山上穿尿布」的命令，說這個謠言根本「牛頭不對馬嘴」[41]。

儘管如此，歐盟官員仍難以對抗這些假消息的侵襲。任何經歷過校園言語嘲笑的人都知道，並沒有簡單的方法可以反擊。即便嘲笑的言論完全不是事實，而且完全不公平，對霸凌者來說也不重要。這些嘲弄歐盟的報導非常有效地將歐盟布魯塞爾總部描繪成，一個不法的政治菁英可以利用複雜的術語做為武器來對付什麼都不懂的英國大眾的地方。這就是活生生、純粹的民粹主義，也是3P實踐者使用的具體例子，來向受眾證明長期受苦的人民如何需要英勇的3P領袖保護。

這些故事讓我們了解「嘲弄」做為一種斷章取義的伎倆，其政治影響力有多大。他們的持久影響力甚至經得起一次又一次的闢謠。直到二〇一六年英國脫歐公投，香蕉假新聞已流傳並被戳破為漫天大謊的二十多年後，強生依舊在炒作這個話題。「太荒謬了，歐盟居然規定我們的吸塵器吸力必須多大、我們的香蕉必須是什麼形狀，以及諸如此類的事。」他在脫歐公投前幾週對一位採訪者說[42]。

有些人希望，成為擁核大國的首相所帶來的責任重量，或許會壓下強生的氣焰，喚回他年輕時身為牛津知識分子的書生氣息。但這都是空想。在他當選英國保守黨黨魁（並因此成為首相）的前一天，強生站在歡呼的群眾前舉著一條燻魚，說他與曼島（Isle of Man）來的一位商人聊過，商人大聲抱怨歐洲法規強迫燻魚要放在「冰枕」上運送，害他利潤盡失。「一點意義都沒有，不必要，又貴，又不環保，」強生大聲說，然後又誇張地說：「我們會把燻魚帶回來，這又不是什麼紅鯡魚謬誤（red herring）。」[43]他說的全都不是事實。事實上，歐洲法規對於冰枕或燻魚根本隻字未提。此外，曼島也不是歐盟的一部分，甚至不能算是英國（而是「英國皇家屬地」）。但事實與否已經不再重要。發表有關歐洲法規的荒謬謠言已經帶強生走到首相這一步，他當然不會就此罷休。

不過，帶領英國脫歐的並不是強生一人，而是大眾愈趨強烈的反感，認為布魯塞爾菁英和倫敦富豪已經完全脫離一般大眾的普遍想法，這種反感為英國脫歐創造了機會。英國大眾的反感，是由二十年來有系統的假消息不斷嘲弄歐盟法規而漸漸形成的，而這個手段甚至不需要網路傳播就能成功。

雖然這些後真相策略在網路出現前也可行，但卻需要報紙、雜誌，或廣播和電視來廣傳消息。如今再也不需要了。網路將所有使用者都變成資訊傳播者。其中一些使用者能夠傳播消息給身邊的親朋好友，有些使用者則能觸及幾百萬人。有些使用者是真人，有些則是機器人。雖然大部分資訊都沒什麼殺傷力，但也有些資訊是為了取得和鞏固權力，或削弱競爭對手勢力。

關於川普說謊的病態喜好已經有不少論述。根據《華盛頓郵報》的事實查核員，到川普總統任期結束為止，他總共公開發表了三萬零五百七十三條誤導性或完全虛假的陳述[44]。正如CNN記者克里斯・西利查（Chris Cillizza）所指出，這代表美國總統川普公然說謊的次數比一般人洗手的次數還多[45]。但在川普的後真相策略中，與謊言同樣重要的，還有系統性地使用嘲弄來貶低和羞辱競爭對手：從「弱雞傑布」（low-energy Jeb）、「小馬可」（Li'l Marco）和「狡猾的希拉蕊」（Crooked Hillary），到伊莉莎白・「寶嘉康蒂」・華倫（Elizabeth “Pocahontas” Warren）和「瞌睡喬」（Sleepy Joe）・拜登，川普都表現出霸凌和政治羞辱的本能。事實證明，嘲弄可以在操控恐懼、不確定和懷疑中錦上添花。

在上述的每個情況中，我們看到後真相是大眾對於複雜資訊、細微差別和理性的排斥，也是掌權者無恥地使用操控做為統治手段。後真相是有計畫地操縱人們原有的偏見，無論是奈及利亞基督徒對同性戀者的猜疑、印度教徒對穆斯林的惡意、印尼人對華人的敵意，或是英國人對歐洲大陸一切的厭惡。後真相是利用真實新聞和政治宣傳之間原有界線的消失，來獲得利己的短期利益。後真相的前提是一個殘酷的現實，也就是令人滿足的謊言比起令人不快的真相更容易被相信。隨著傳播謊言的成本下降，就能很容易地用大量的假消息淹沒受眾。這就是為何真相逐漸消失，而它在公共領域的角色被相互衝突、矛盾的部落式事實取代。

## 危險概念的反噬

認為「沒有任何事情是真理」的概念由來已久。在一九七〇年代和一九八〇年代，由激進法國社會學家米歇爾・傅柯（Michel Foucault）帶領的一小群極左派校園知識分子開始主張，知識是由菁英建構的：知識像其他文本一樣都是虛構的，只是由掌權者創造，好讓他們可以運用他們的權力[46]。傅柯有一句名言：「知識不是為了理解；知識是為了分割。」在這種後結構主義者的觀點中，現實只是複雜的虛構敘事：一種由掌權者拼湊的專斷結構，以證明他們統治其他人的正當性，並且維持永久統治。

後現代學院嚴肅、令人費解的措辭，使得這群菁英知識分子的理論極不可能廣傳開來。他們理論的目的原是推動社會科學辯論和學術探索，而他們的支持者則被抽象的希望所鼓舞，即如果能分解真理的意識形態，就能減少剝削的菁英對於工人的極權控制。在布魯諾・拉圖（Bruno Latour）等社會學家的理論中，這個概念被擴展到科學，並且出現「科學事實本身並不『存在』於世界，而只是人類思想的產物」的激進論點[47]。

二十一世紀正在證實傅柯和拉圖的論點，但卻不是以他們預期或樂見的方式。後真相的興起不但沒有幫助受壓迫者澈底解放，反而促成了世界各地的祕密獨裁政體。從奈及利亞的村莊到白宮車道，「另類事實」在世界各處都被用來鞏固3P統治者對權力的掌控，而他們想要的就是能夠永久行使權力而不必負責。

正如大衛．傅朗在他的《川普獨裁學》書中所述，這種將真相貶低為社會建構的後結構主義思維，實際上正是川普政府的核心組織原則之一。白宮一連串似是而非、欺騙、誇大、錯誤陳述、不實和徹頭徹尾的謊言或許使許多美國人擔憂，但對於世界各地長期面對3P框架下的獨裁專制統治的人民來說，可能早就習以為常。看著白宮謊話連篇，俄羅斯、委內瑞拉、土耳其、匈牙利、伊朗、阿根廷、印度、菲律賓、奈及利亞、阿爾及利亞和尼加拉瓜的異議者，都不禁莞爾笑看美國同胞，彷彿在說：「你們現在懂我們一直以來經歷的事情了嗎？」[48]在這些國家中，新型獨裁者的崛起，恰好正是公共領域做為對公共事務進行理性辯論的場所功能崩潰之際。

傅柯危險的概念在騷亂的時代復活了。脫離理論框架後，這個概念竟然改變立場，搖身成為社會上最退化的勢力的武器，以鞏固他們對權力的控制。在3P獨裁者的手中，真相的社會建構轉變成為「另類事實」和「假新聞」的時代：掌權者從最高層操作FUD而且完全不受約束的時代。

到了二〇一七年，事態已經遠遠超出控制，甚至一些原本認同科學學派是社會建構的支持者也開始改變主意。在一次震驚法國學術界的採訪中，拉圖語出驚人地主張知識分子應該幫助「科學重新獲得一些權威」。拉圖就像潘朵拉懊悔地看著盒子打開後引發的混亂，他轉向傳統捍衛科學的立場，反對人為建構的謊言：「我們確實身在戰爭中。這場戰爭是由大企業和一些否認氣候變化的科學家共同發起的。這個議題對他們來說是巨大的利益，而他們又對民眾有很大的影響力。」[49]

可惜，一切都來不及了。

## 深偽技術和謊言常態

在這章討論中最發人深省的一件事，就是認知到我們對於後真相破壞民主公共領域的潛力也只探究了皮毛。到目前為止，我們經歷的各種操縱和歪曲手段，即使影響深遠，但比起未來網路上將層出不窮的更便宜、更容易取得、更強大的假消息工具以及會帶來的可怕後果相比，大概也只是小巫見大巫。

目前大多焦點都集中在「深偽」技術的發展。只要使用人工智慧和其他現有的科技，就能夠製造出無中生有的逼真影片，而且還愈來愈容易偽造。從偽造名人色情影片，捏造名人從未參與的性行為開始，深偽技術慢慢滲透到公共意識和公共領域，變成了為後真相所用的獨特破壞性技術。

深偽技術顛覆了長久以來對於影片證據眼見為憑的可信度；「眼見為憑」已經是過時的概念了。而現在還只是開始。

傳統守門人角色（報紙、嚴肅新聞等）仍然發揮功能的已開發民主國家的韌性將受到考驗。不過，只要政府和消費者更加意識到深偽技術帶來的危險，或許仍有辦法通過考驗。開發中民主國家的情況則更為嚴峻，因為傳統的守門人角色較弱（或不存在），公眾信任度也普遍較低。如果受到深偽技術攻擊的政治人物評估一番，覺得比起徒勞地澄清事實，使用深偽技術報復回去對他們來說更有利，他們的想法可能也沒錯。這是我們必須認知到的驚人事實。

一項技術一旦傳播開來，就很難再馴服或遏止技術擴散。雖然一些深偽技術會繼續成為野心勃勃和不負責任的政客及幕僚所使用的骯髒手段之一，但也有新的技術被研發來限制其影響力。例如，微軟在二〇二〇年推出了影片分析工具Video Authenticator，可以分析影片和照片，並根據圖像被AI變造過的可能性給予分數。微軟也推出了一項技術，讓創作者能夠證明他們的內容是真實的，並告知使用者該內容沒有使用深偽技術[50]。可以肯定的是，隨著深偽技術愈來愈流行、愈來愈危險，反制深偽技術的需求也將增加。

除了深偽技術外，還有謊言常態化的影響。全球的野心獨裁者以不可思議的一致性，不約而同地採取類似的解決方案來恢復權力的效能。抹滅真相已成為他們習以為常的伎倆。

謊言革命（mendacity revolution）是3P獨裁者挑戰現狀的關鍵。革命的許多核心手段都來自於蘇聯時代的政治宣傳伎倆，這本身是一種令人不安的暗示，暗示著這些革命的本質，以及實踐者背後的獨裁核心。不過，我們不僅需要認知到在資訊流通管道轉變為網路資訊架構後，假消息策略哪裡沒變，更要掌握它出現什麼變化。在媒體管道不多，且由專業守門人嚴密把關時，獨裁者以往會更畏懼事實，並且想盡辦法掩蓋事實。但如今，正如我們所見，獨裁者更善於利用「噪音審查」（censorship through noise）——用大量的假消息淹沒真相，令大眾如墜五里霧中，充滿不確定性。川普學會了這個手段，他的無數推文是美國政治現狀的重要推手。

正如烏克蘭裔的英國記者和作家彼得．波莫蘭契夫（Peter Pomerantsev）在他的著作《這不是政治宣傳：一探對抗現實之戰》（*This Is Not Propaganda: Adventures in the War Against Reality*，暫譯）中所說，這個現象讓我們領悟到令人害怕的事實，也就是真相不知何時已經失去了對現實的控制：

在蘇聯開放政策時期，真相似乎使每個人都得自由。事實似乎具有力量；獨裁者似乎如此害怕事實，以至於他們壓制了事實。但是有些事嚴重出錯；我們獲得前所未有的大量資訊和證據，但事實似乎已經失去了力量[51]。

在冷戰時期完善的假消息手段現在看起來既粗糙又直接，就像在看一九七〇年代科幻電影的特效一樣。從七〇年代到現在，先進科技取得了不可思議的進步，資訊生態系統也經歷巨大改變，給予實踐者比起競爭對手更多令人擔憂的優勢。在爭奪觀眾注意力的對戰中，假新聞每一次都打敗了真實新聞。二十年後的技術也會使如今的假新聞看起來像一九七〇年代的蘇聯積極措施一樣粗製濫造，但那是什麼樣的技術，現在的我們也只能憑空猜想。

# 第8章

## 黑手黨國家，犯罪的政府

二十世紀的黑暗歷史清楚顯示傳統權力專制的自然終點是什麼。當二十世紀的威權主義走向極端時，就往極權國家邁進：擁有至上權力的中央集權巨獸，控制著人民公眾生活和私生活的各個方面，例如由希特勒、史達林、毛澤東、卡斯楚等人建立的極權國家。

但是，一個由民粹主義、兩極分化和後真相構成的世界，其終點是什麼？如果任其自由發展，發展到最後，3P權力會走向何處？在本章中，我們將探討這種全新勢力的基礎：暴行，如何透過計謀接管政府，偷偷地扭曲政府，成為向外擴散、掠奪社會、榨取利潤的犯罪陰謀。這些計謀帶來的利益足以裝滿統治者和親信的口袋，更可以讓他們在國內外收買必要的政治支持。

這個過程是緩慢的。首先，3P領導者只會先違反一些既定的公共道德規範。例如川普向特勤局溢收住在自己飯店的費用，或是匈牙利總理奧班在家鄉建造奢華的足球場等。如果這些試水溫的越界行為成功了，獨裁者的目標就會迅速升級，接下來就會想盡辦法閹割為了防範瀆職而設計的法律、規範、慣例和制度。若獨裁者能成功削弱或完全除掉防止犯罪的護欄，他們的權力就能鞏固，並促使他們相信越界行為是有效的。獨裁者並不想重建過去的獨裁政權，而是想逐漸掏空國家做為公正法律仲裁者的本質，並將國家變成他們剝削社會以謀取利益的盟友。

許多人將3P獨裁者如今廣為利用的不正當商業往來與貪腐混為一談。但貪腐主要是為了增加個人或團體的財富。不同的是，犯罪企業如今已成為國家的附屬。

在二〇二〇年《外交》（*Foreign Affairs*）期刊上，菲利普・澤立克（Philip Zelikow）、艾瑞克・埃德爾曼（Eric Edelman）、克里斯多福・哈里森（Kristofer Harrison）和瑟莉絲特・沃德・格溫特（Celeste Ward Gventer）撰文表示，雖然貪汙一直都存在，但卻有了新的力量。關於新的力量，他們這樣描述：

> 貪腐轉變為國家戰略的一種工具。近年來，一些國家，尤其是中國和俄羅斯，已經找到方法將這種過去只是國家政治制度特徵的貪腐，轉化成能在全球舞台發揮的武器。過去有些國家也曾經這樣做，但從未達到今天的規模。這導致國際政治發生了隱約但重大的轉變。國家之間的競爭往往關乎意識形態、勢力範圍和國家利益；不同的額外報酬只是眾多策略中的一種。然而，這些額外報酬已經成為國家戰略的核心工具，被用來獲取特定政策結果，並在目標國家操控政治大環境。這種武器化的貪腐依賴於某種不對稱。雖然任何政府都可以在其他地方僱用祕密特工或賄賂官員，但民主國家相對開放和自由，使民主國家特別容易被這種惡意影響傷害——而他們的非民主敵人已經知道如何利用這個弱點[1]。

腐化代表一個正常的國家被各種違反正當性和道德的行為所困擾。腐化代表背離事物的正常狀態。但在獨裁者創造的犯罪國家中，將公共資金挪用於私人目的，或推動龐大利潤的非法交易，並將利潤為統治者和親信所用，這些行為已經是正常狀態。只要看看俄羅斯的「私人寡頭」企業就知道，這些企業在克里姆林宮和普丁的授意下存在，並且控制了俄羅斯的財富。

有些人會認為這是四百年前主導全球格局的國家體制的回歸，也就是政治學家所稱的「世襲制國家」。在歷史上很長時間中，控制國家即代表將國家資源用於統治者的個人目的。埃及吉薩金字塔和印度泰姬瑪哈陵都不是為公共目的而建造的，除非你將法老或羅闍的利益視同國家利益。

這是一個現代民主國家認為他們早已擺脫的狀況。現代國家應該用理性的官僚體制來代替這種個人主義規則，為公眾利益管理公眾的財富。這並不代表官僚體系就不會三不五時被不道德的政客與「私人」企業領袖勾結賄賂，只代表整體金流方向是清楚的。而且許多人以為這個狀況不會走回頭路。

在民粹主義、兩極分化和後真相的推波助瀾下，民主倒退往往成為一種二十一世紀的世襲制，學者通常稱之為「新世襲制」。正如福山所說，現代官僚體系國家的衰敗往往以倒退至這種結構為特徵[2]。從某種版本的理性官僚體制為起點，3P領導者試圖讓時光倒流，在推特和人工智慧時代重現古代的個人主義規則。如果任由他們發展，他們將逆轉數十年甚至數百年建立開放社會、使權力受到體制約束的進程，並全力將國家變成一個龐大的犯罪陰謀。比起建立一個保護人民免受黑手黨傷害的國家，他們反將國家變成一個類似黑手黨的犯罪組織，以接手國家最寶貴的資產、控制最有價值的企業，並將它們轉移給自己的家人和親信。

建立在3P基礎上的犯罪化政權與二十世紀的傳統獨裁政權本質上並不相同。多數二十一世紀的獨裁者對於建立像西班牙獨裁者法蘭西斯科・佛朗哥（Francisco Franco）或智利獨裁者奧古斯圖・皮諾契特（Augusto Pinochet）那種鐵幕、嚴厲的警察國家興趣不大。相反的，他們的最終目的是建立一個黑手黨國家（mafia state）：一個掠奪的體系，讓領導者擁有最大的自由，可以貪汙致富又不受懲罰，並將國家的砲火轉向任何在軍事、選舉或商業上威脅他們的人。

## 國家的黑社會根源

哥倫比亞大學社會學家查爾斯・提利（Charles Tilly）極具說服力的理論談到，所有國家都有類似黑手黨的起源[3]。他也不是唯一持有這種觀點的人。在學術界，國家形成理論極力強調，國家不是因應無法無天的狀態而建立的，而是將各種不法行為編成法典：國家的形成是因為勒索的人想要讓他們的敲詐更穩定和持久。

提利在一九八二年極具影響力的文章〈發動戰爭和建立國家是組織性犯罪〉（Warmaking and Statemaking as Organized Crime）中指出：「政府往往構成當前對其國家公民生計最大的威脅。」政府的運作方式基本上與勒索者一模一樣。提利引用歷史學家佛雷德利・連恩（Frederic Lane）的話說，就像勒索者一樣，政府的業務就是「販售保護……不管人民想不想要」。只要從人民徵稅，就能資助政府成立足夠的武裝部隊來阻擋國內外的對手。從根本上來看，創建國家的人與勒索的人所從事的行當，只是在規模上有所不同，而非原則上的不同。「在這個模式下，」提利寫道，「掠奪、脅迫、侵犯、盜竊和敲詐勒索，都與正當行為共存於責任政府（responsible government）的屋簷下。」

這種悲觀看待國家起源的觀點有悠久的歷史，可以追溯到十六世紀馬基維利（Machiavelli）對政府暴行的讚譽[4]和霍布斯（Thomas Hobbes）一六五一年的《利維坦》（*Leviathan*），後者談到對於能夠壓制任何挑戰以維持穩定社會秩序的權力的理性需求[5]。從更現代的理論來看，奧爾森的後期理論將「流寇」與「坐匪」的邏輯進行對照，提供一個有用的分析視角。在奧爾森的觀點中，若沒有政府權威，這個權力真空會持續被有野心的人填補，他們抓住機會成為「流寇」，遊走在不同地盤上偷竊、搶劫和掠奪[6]。當流寇不斷移動時，他們的動機就非常簡單且令人沮喪：無論需要用多暴力的手段，只要搶奪愈多就愈好。但是想像一個厲害的強盜，他厭倦了馬背上的生活，並決定在一個地方安頓下來。當他收起馬刺，成為「坐匪」的那一刻，他的動機就出現決定性的變化。如果繼續從自己現在壓榨的人民無限制地強取豪奪，那麼很快就會自作自受：居民會先餓死，無法再產出他可以掠奪的資源。一旦扎根於單一地區，土匪就有理由同時提供保護和掠奪，保護居民不受其他流寇的攻擊（這些流寇現在對他構成威脅），並以定期勒索的方式來掠奪，這些行為經過包裝潤飾，就是收取「稅金」。

對於奧爾森來說，坐匪只對剝削他所統治的人以獲取利益有興趣，卻不得不開始提供一些公共服務。土匪這樣做不是出於仁慈，而是出於狡猾的目的。土匪的個人利益促使他在統治的領土上壟斷暴力，抵禦入侵者，並徵收或許繁重但絕不會危及居民生計的稅收（因為居民現在是他的稅金來源）。

隨著土匪權力成熟，他會需要與相鄰領地的其他坐匪建立關係（外交因此誕生），並且土匪會希望將自己努力的成果傳給自己的孩子（這為世襲君主制埋下種子）。這種觀點認為，國家的自然形成並非出於自由締約的個人之間任何經過深思熟慮的協議，而是出於人類最惡劣的傾向：掠奪和支配的意志。

隨著時間演進，土匪成功統治的領地會變得更大、更複雜。當領地擴張後，領地內會出現不止一個坐匪：公爵和伯爵會想要擁有自己規模較小的保護勒索事業。因此，他們的挑戰就變成了如何安排組織不同的事業，以使勒索者不會狹路相逢，也不會公然爆發衝突。這些早期國家的目標是維持領主之間的和平，讓他們能夠從農民榨取租金和特權，而不會陷入破壞彼此關係的爭鬥和戰爭。就像每個黑手黨都需要一個教父（capo di tutti capi，意為老大的老大）來防止黑幫老大互相槍殺一樣，早期的國家發展目的也不是為人民服務，而是確保領主能夠相對穩定地剝削人民。

現代社會的奇蹟指的正是早期這種以掠奪為目標的狀態，在經歷大約四百年的歷史後，進化成和平的現代民主國家，有法律平等保護所有人。至少在理論上是如此。

## 黑手黨價值觀如何重新征服國家

在世界各地，不論是俄羅斯、匈牙利，或委內瑞拉、尼加拉瓜、土耳其，或令人震驚的美國，由荷蘭共和國和英國光榮革命開創的那種現代秩序都被新崛起的菁英再次踩下煞車。取而代之的是，這些菁英正在建設現代黑手黨國家，一個總部設在總統府的龐大犯罪集團。

這是福山所稱「政治衰敗」的一個重要面向；而政治衰敗是先進政體始終存在的危險。對於福山來說，從世襲制國家（統治者的財產與國家的財產沒有區別）到現代國家（公民受到公正和平等對待）的過渡總是不穩定，並且容易倒退，福山將此倒退稱為國家的「再家產化」（repatrimonialization）。當一個國家「再家產化」時，就等同於倒退了幾百年，並再次致力於確保只有統治者的盟友才能獲得巨額財富[7]。

思考這個問題的一種有效方式，是從經濟學家使用「租金」一詞的概念來看。租金收益不是來自於為社會創造的價值，而是透過政治權力得到的。這個概念由戈登．圖洛克（Gordon Tullock）於一九六七年提出[8]，並且在一九七四年透過經濟學家安．克魯格（Anne Krueger）的理論而普及[9]，她解釋了為什麼更關注分配利益而非創造價值的社會，最終會停滯不前並失敗。黑手黨國家唯一關心的只有租金的創造和分配——在此情況下，「租金」指的是接近政治權力所帶來的利益——以及將政治上不忠誠的人排除於收租者之外。

對「租金」的重新關注是民主瓦解的一個跡象，這一點現在已被廣泛接受。在《國家為什麼會失敗：權力、富裕與貧困的根源》（*Why Nations Fail: The Origins of Power, Prosperity and Poverty*）中，戴倫・艾塞默魯和詹姆斯・羅賓森（James Robinson）指出，在位的菁英通常會感覺受到政治制度的威脅，這些政治制度允許表現不佳的大企業倒閉，也就是「創造性破壞」（creative destruction）：自一九五〇年代的約瑟夫・熊彼得（Joseph Schumpeter）等學者，皆視其為資本主義非凡的自我修復和更新能力的關鍵[10]。這些菁英往往想要換掉這種不穩定的系統，換成一個借助國家力量來保證他們穩坐高層的體制。當那些能夠創造財富的人對國家的公正性失去信心，並開始發現他們的勞動成果很可能被掠奪並轉移給有政商關係的人時（而這基本上就是黑手黨國家的使命宣言），國家就會失敗。

這種趨勢有一個不完整的早期案例研究，出現在義大利，貝盧斯科尼證明這個體制甚至可以直攻G7工業強國的核心。貝盧斯科尼幾乎懶得掩飾他的野心，視總理的位子為打開財富大門的通行證，又是避開牢獄之災的免死金牌以及國家最高的領導階層。從一九九四年開始，他似乎陶醉於雙重角色帶來的難解的利益衝突，他既是義大利大部分私人媒體背後老闆，又是政府首長，是所有公共廣播媒體的最終決策者。他積極尋求有利於自己的政策選項，包括明目張膽地削弱反壟斷法規效力，因為這些法規限制了他在金融和保險業持股的利潤。然而，貝盧斯科尼不願（或無法）完全確立自己的獨裁者地位，因而限制了他的政策影響力：當他展露自己野心後卻失去了權力，並被一連串稅務欺詐罪名定罪，他之所以能逃過牢獄之災，只因為他的高齡、法律手段和義大利古怪的訴訟時效。

貝盧斯科尼陰險的詭計（包括被指控付錢保護一位西西里黑手黨老大）無疑令義大利人臉上無光。不過，儘管貝盧斯科尼濫用職權謀取私利，但若說他將義大利這個國家變成完善的犯罪組織，那就言過其實了。他比較短視近利，因此他骯髒伎倆的影響也比較有限。義大利長久的混亂狀態，也使「類」黑幫組織所需的高度中央集權統治更難以套用到義大利的政治環境。雖然貝盧斯科尼展現出一個擁有表演天分的民粹主義者可以如何腐化國家，但他還遠遠未能將國家變成犯罪集團。

由更專制的3P領導人建立的黑手黨國家野心大多了。這些新興獨裁者掌權的國家，經常在建立「帶點民主表象的政治體系」上已經取得一些進展。一旦他們獲得權力，就會開始努力反轉這個進程。他們利用我們在前幾章所提及的手段，破壞維持剛起步的有限民主的制度。如果他們有足夠的時間和餘地，就能讓國家變形成犯罪組織。

最典型的例子仍然是俄羅斯。畢竟，正如「維基解密」（WikiLeaks）中所揭露的，幾年前一位匿名的美國外交官首次以「黑手黨國家」一詞來指稱俄羅斯[11]。普丁比任何其他實踐3P框架的領導者，都在黑幫化這條路上走得更遠，而從克里姆林宮運作的黑手黨國家現在開始破壞世界各國的穩定，從墨西哥到波蘭、科索沃，甚至西班牙都受到影響。

然而，俄羅斯並非一直是黑手黨國家。即便蘇聯存在巨大的（實際上是種族滅絕的）錯誤，它至少創造了社會主義菁英政治的表象：只要思想溫和、善於處理瑣碎的辦公室政治的蘇聯公民，都可以在唯才是用的基礎上在黨、軍隊和國家的階級制度中往上爬。一九九〇年代蘇聯解體後的混亂局面，讓世界上最成功的3P實踐者趁虛而入。在接下來的二十年裡，普丁無情地抹去俄羅斯嘗試自由開放的任何記憶，以建立世界上最具野心、殘酷、有效的黑手黨國家。

俄羅斯的黑手黨國家起源很好理解。它起源於俄羅斯從蘇聯的百廢待舉中誕生，一場經濟和社會的災難。在普遍目無法紀和整體經濟混亂的氛圍中，並且在美國和歐洲要求自由化和迅速建立市場經濟的壓力下，俄羅斯發起了可說是世界上最大規模的公營資產私有化轉移。但是，這個轉移過程並沒有催生出如柴契爾想像的，由獲得權力的公民組成的世外桃源，而是很快被一小群擁有人脈的玩家劫持了，他們通常只不過是招搖撞騙、利用人際關係謀取利益的騙子。在連續幾次手法不怎麼高明的私有化過程後，這些人挪用了蘇聯的工業遺產，以僅占資產真實價值極小部分的金錢，取得了國有資產的控制權。在僅僅十年出頭的時間內，這個過程使俄羅斯成為世界上最貧富不均的國家之一。

蘇聯資產被肆無忌憚地掠奪，規模迄今難以估算，有關的案例研究比比皆是。拿鮑里斯・別列佐夫斯基（Boris Berezovsky）為例，他是這些擁有政商關係的玩家中最臭名昭著的人之一。在短短幾年內，他從沒沒無聞的軟體工程師搖身一變成為俄羅斯最有權勢的寡頭之一。別列佐夫斯基利用過去為蘇聯汽車工廠生產軟體的經歷，接管了一個汽車經銷商網絡，這個網絡後來成功掌管了龐大的 Avtovaz 汽車製造商，每年生產七十四萬輛拉達品牌汽車。別列佐夫斯基自創了一種機制，讓他能實際上挪用 Avtovaz 的利潤，而不必真正接管公司，讓公司的資產負債表上充滿由俄羅斯政府負擔的債務。透過一連串複雜的境外公司和安插在 Avtovaz 管理高層的關鍵盟友，別列佐夫斯基能夠持續以低於生產成本的價格購買拉達汽車，並以超過百分之五十毛利率（約為全球標準的十倍）的價格轉售。這個計謀帶來巨大利潤，而且只有在俄羅斯政府和汽車產業的縱容下才有可能發生。別列佐夫斯基更將這種方法拓展到俄羅斯經濟的其他領域，從國航俄羅斯航空（Aeroflot）到石油產業、電視和鋁業等等。有時候甚至覺得，直接列出別列佐夫斯基沒有插足的產業都比列出他參與的產業更簡單。一位別列佐夫斯基傳記作者在結論寫到：「沒有人比他從俄羅斯經濟衰退中獲益更多。」[12]

在一九九〇年代俄羅斯資本主義的黑社會氛圍中，別列佐夫斯基為自己開拓利潤龐大的不同產業同時，也不乏對手角力爭奪，衍生了好幾次對這位寡頭的暗殺，包括一次汽車炸彈案，炸毀他的防彈賓士汽車，造成司機死亡，他則受了重傷。

由於每一層都能抽到豐厚的利潤，與克里姆林宮有關係的小圈子成員在短短幾年內就坐擁十億美元的財富。但隨著愈來愈多的生意糾紛演變成槍擊案（或汽車炸彈案），每個人在自己的位置上都無法完全放心。寡頭們最需要的是保護，一個能夠解決他們之間糾紛的最終仲裁者。在西西里，這個仲裁者會是「教父」；在俄羅斯，仲裁者則是普丁。

普丁崛起成為俄羅斯最高領導人的方式，與提利提出的「國家建立類似於組織犯罪」框架的邏輯驚人地相似。如同專攻當代俄羅斯的專家露絲・梅（Ruth May）所寫：

> 普丁政府之下約二十位俄羅斯寡頭，並不是像美國（舉例來說）的許多億萬富翁一樣，透過大量政治獻金而得以接觸政府有權有勢的人，而是恰好相反：俄

羅斯寡頭可以撈到大量的財富，正是因為他們和政府中最有權勢的人關係密切。在俄羅斯，男人成為寡頭（女性寡頭並不存在）的方式就是對俄羅斯政府唯一的重要人物普丁效忠[13]。

透過這一小撮被選中的寡頭，普丁成功將舊的蘇聯體系，也就是任何願意遵守黨派路線的人都能夠爬上權力階梯的體系，轉變為黑手黨國家。在普丁建立的體系中，少數內部人士壟斷了獲取財富和特權的途徑，而且毫無安全顧慮。蘇聯體制當然並不自由，但在史達林過世後，這個體制為任何願意成為忠誠共產黨員的人提供途徑，讓他們能獲得一定程度的物質福利和保護。相比之下，普丁的黑手黨國家，只為直接聽命於他一人的極少數菁英提供保護和巨大的財富。

一九九〇年代俄羅斯快速私有化的結果是一個奇怪的混合狀態。表面上掌握在私人手中的經濟體，實際上卻是國家的犯罪附屬品。實際上，整個俄羅斯經濟都受制於普丁這個獨裁者。普丁可以透過一通電話決定寡頭的生滅，這也是他一直展示給其他商業大亨看的，讓他們知道失去老大信任會發生什麼事。

後來發生在別列佐夫斯基身上的事，就活生生證明了普丁體制殘酷而有效。在透過不正當商業手段累積數十億美元之後，別列佐夫斯基犯了一個致命的錯誤，就是批評普丁修改俄羅斯憲法，賦予總統罷免民選州長的權力。別列佐夫斯基投票反對改革，並辭去了他在俄羅斯杜馬議會的席位。從二〇〇〇年底開始，別列佐夫斯基旗下的媒體開了各種戰場攻擊普丁。普丁當然不能容忍這種情況出現。隨之而來的是不斷升溫的互鬥，但勝敗早已底定。

到了二〇〇六年，別列佐夫斯基被迫賣掉他在俄羅斯的所有資產，看似體面地流亡到倫敦。他最終破產、經歷多次暗殺、患上憂鬱症，最後在二〇一三年死亡，死因看起來是自殺。在四處流亡生活的尾聲，別列佐夫斯基最後向普丁寫了一封信，懇求他允許自己回到俄羅斯，並為自己的「錯誤」道歉。

普丁在俄羅斯所創造的這種秩序，有賴於寡頭們對他的命令絕對服從和默許。對普丁來說，除掉別列佐夫斯基的主要目的並不是為了報復。倒不如說，除掉別列佐夫斯基是他的治國之道：為了保證整體治理穩定性的必要權力行使。正因為如此，將普丁領導的國家經濟綜合體稱為「腐化」並不準確。犯罪和敲詐勒索並沒有脫離常態，它們就是普丁建立的體系的核心特徵。

## 黑手黨國家：除了「腐化」之外

俄羅斯的例子說明了為何不應該用「腐化」這個詞來描述黑手黨國家的弊病。腐化隱含著背離常態的意思，即便是大規模的貪腐。但黑手黨國家所做的並不一樣。他們不僅僅是縱容犯罪陰謀，而是強行接手這些陰謀，將犯罪行為納進國家結構中。事實上，他們將犯罪變成治國的工具，透過犯罪手段投射力量，這個策略被澤立克和同事稱為「戰略性貪腐」(strategic corruption)[14]。

犯罪網絡被戰略性用來鞏固和行使權力的方式，在「毒梟國家」中特別明顯；毒梟國家就是專精於毒品走私的黑手黨國家。在委內瑞拉，起初是一些腐敗的軍官對販毒睜一隻眼閉一隻眼以換取回扣，直到最後國家接管了所有經過委國的毒品走私路線。正如巴西獲獎記者萊昂納多・庫蒂尼奧（Leonardo Coutinho）所報導的，委內瑞拉的外交部門已經成了廉價又安全的國際毒品分銷管道。據親自執行過數十次走私任務的玻利維亞機師稱，往往有數百公斤古柯鹼裝在國際法保護的外交郵袋中，以避開政府官員的檢查或控制。這些包裹每週都會從玻利維亞空運到委內瑞拉，有時甚至轉運到古巴哈瓦那。這三個國家的黑手黨國家聯盟，密謀將國家資源用來為大規模毒品走私服務，以使國家掌權者獲得巨大的利潤[15]。

但委內瑞拉國家和犯罪組織的結合不僅限於運毒。在委內瑞拉東南部的礦區蓋亞那（Guayana），軍方長期以來一直深入參與以暴力、危險和剝削聞名的非法金礦開採。在廣袤、人煙稀少，而且黃金資源豐富的叢林，所謂的「維持秩序」一直都是非常血腥的任務。近年來，地方軍官愈來愈常將這種吃力不討好的任務交給犯罪集團。剛開始，這些集團通常是當地的監獄幫派，軍方將礦區的實際控制權外包給他們。監獄幫派的首領會向軍方支付許可費，以獲得在特定礦區維持秩序的權利。在礦區中，幫派則使用殘酷的暴力，確保被極度剝削的礦工會將他們採到的所有黃金交給幫派。對於涉嫌私藏部分開採黃金的礦工進行屠殺也很常見，而且因為礦區偏遠，許多謀殺案往往無人通報。與此同時，在犯罪體系最上層的軍官們，則坐著豪華休旅車光臨一間間高級餐廳，享受佳餚美食。

後來，當敵對監獄幫派首領之間的衝突威脅到體系穩定性時，軍方就更常向哥倫比亞游擊隊「民族解放軍」（ELN）求助來控管礦區，為犯罪產業鏈再增加一層「犯罪管理」的項目。在民族解放軍控制的採礦營區中，各種日常生活場所都是為了民族解放軍的利潤而服務。從雜貨店、撞球館、餐廳，到妓院和診所，每個生意不是由民族解放軍直接經營，就是需要向他們支付保護費（被稱作「疫苗」）。因為眾所周知，只要不接種「疫苗」，就可能有損自己的健康。

沒有任何跡象顯示委內瑞拉總統馬杜洛會派警探或法院採取任何措施來取締這條犯罪鏈。黑手黨國家的一個關鍵明顯特徵，就是國家的調查功能被犯罪分子接手，並成為縱容體系的關鍵。這就是為什麼黑手黨國家反而很少爆出腐敗醜聞，因為通常需要一定程度的檢察權，不法犯罪才會持續被報導成為公共醜聞。刑事訴訟的正常流程，從調查、起訴再到審判，都能提供新聞故事結構，記者可以圍繞整個流程製作一系列報導，這些報導共同構成醜聞。在檢調人員完全拒絕調查的情況下，不法犯罪事件就很少鬧大成為醜聞。

雖然新興的黑手黨國家都會尋求建立由親政府的企業家組成的小寡頭集團，但匈牙利總理奧班以開門見山追求這個目標聞名。在匈牙利，將奧班偏愛的親政府企業家安插到國內經濟中最賺錢的產業是毫不遮掩的政策目標，這能讓匈牙利國家資本增長。奧班對於這一點直言不諱，公開吹噓自己如何建立一群親政府的企業家階層，以及他們能累積巨額財富都要歸功於他，並解釋為何堅定的民族主義者才能勝任這個角色。但在奧班的政治宣傳中，完全沒有提到這些「匈牙利民族主義資本家」致富的機制在世界其他任何地方都會被視為犯罪，不過只要研究一下他們的資產及資金來源，都能完全看透。

路透社二〇一八年三月的一項調查揭露奧班驚人的公然犯案手法[16]。根據歐盟的規定，歐盟這個奧班幾乎每天惡言攻擊的組織，必須向歐盟內發展程度較低的地區提供數十億歐元的發展援助。在匈牙利，數億歐元的歐盟援助被提撥用於開發凱斯特海伊（Keszthely）的觀光基礎建設，凱斯特海伊是一個位於中歐最大湖泊巴拉頓湖（Lake Balaton）南邊的荒廢度假小鎮。然而，在這個消息宣布的前幾個月，奧班身邊的大批寡頭開始以超低價格買進凱斯特海伊湖畔年久失修的飯店，因為一旦歐盟的外援資金投入建立高速公路、電力設施、公共衛生、公園和其他基礎設施，這些房產的價值就會翻倍成長。可以想見，這些公共工程的承包合約最後都會落進同一群人的口袋。奧班精於兩面手法，他花整個上午在抨擊歐盟，再花整個下午把歐盟的金援塞進親信的口袋裡。凱斯特海伊的貪腐也不是特例。根據獨立的布達佩斯貪腐研究中心（Corruption Research Center Budapest）數據，在歐盟資助匈牙利的公共採購合約中，占總收益百分之九十的合約最後都由奧班的親信把持，其中更包含原有預算二到十倍的成本超支[17]。

目前為止，這起事件都算不上特別，因為和世界各地的貪腐手法沒什麼不同。就像烏克蘭商人德米特里・菲爾塔什（Dmitry Firtash）在克里姆林宮的幫助下獲得價值三十億美元的俄羅斯天然氣資產，以及世界各地的其他貪腐交易等等。但當我們發現透過這些方式致富的人，正是保持政府掌權的關鍵時，黑手黨元素就浮現出來。就像任何優秀的黑手黨老大一樣，奧班要他的手下將他們貪汙所得的一部分好處當作恩惠分給高官，以鞏固老大權力。做為交換，他透過對國家法院和檢察機關的鐵腕控制，保護這些人免於被起訴。

就像俄羅斯的模式一樣，奧班的親信後來開始充當代理人，擴張奧班的權力：資助他的競選活動，並收購地區性報紙，以確保這些媒體不再批評奧班。在二〇一八年，十幾家獨立媒體老闆將超過四百個新聞網站、報紙、電視頻道和廣播電台的控制權交給了中歐新聞媒體基金會（Central European Press and Media Foundation），這是一個由奧班親信控制的傀儡組織[18]。最近，奧班的親信擴大了他們的勢力，收購了東歐其他國家的新聞媒體，以將奧班意識形態的影響力擴張到匈牙利境外。整個計畫就像精密的機器，從匈牙利和歐洲的納稅人手中非法榨取租金，並確保貪汙者不受懲罰，以及大老闆的權力穩定。正如在其他方面，奧班在這方面可說是得到普丁的真傳。

## 犯法：當今世界已經成為大型跨國犯罪聯盟的安身之處了嗎？

委內瑞拉模式那種成熟的黑手黨國家是極端現象。已經建立法治的國家很少會倒退回建國之初的那種犯罪事業。然而，黑手黨國家的崛起讓跨國犯罪集團的生活變得無比輕鬆，他們如今在自己人經營的國家中找到永久的避風港。

因此，我們現在可說是活在跨國犯罪網絡的黃金時代。墨西哥販毒集團的勢力日益強大，將各式各樣的毒品加入日益複雜的走私和配送網絡中。在北非和巴爾幹地區，從香菸走私到人口販運等各種走私活動的犯罪集團，在巡邏不足、出現漏洞的歐洲邊境找到愈來愈多商機。從阿布哈茲共和國、南奧塞提亞共和國（喬治亞）、聶斯特河沿岸（摩爾多瓦）到科索沃（塞爾維亞），這些治理鬆散、未必獲得國際承認的國家發現，它們在國際體系內外的不穩定狀態使它們成為可貴的軍火走私中心。緬甸和北韓等傳統獨裁政權則發現，他們的國家狀態使他們可以製造假鈔和甲基安非他命等而免於受罰，這個優勢是非國家行為體望塵莫及的。

近年來，由於中美貿易摩擦、歐洲分裂，以及多邊主義、自由貿易和全球整合的共識開始破裂，人們對於全球化「開倒車」的擔憂急遽上升。當然，新冠肺炎疫情降低了人員和商品在國際間的移動。然而，在犯罪的地下世界，由於背後的結構性變化加速了人員、數據、思想和資本的流動，全球化仍在全速前進中。當我們前面提到的各個事件、部分開始交織在一起時，事態就開始變得危險。

舉例來說，伊朗神權政體就與犯罪代理組織保持緊密聯繫。眾所周知，伊朗在黎巴嫩的代理組織真主黨活躍於武器和毒品販運、恐怖分子資助行動、洗錢和其他許多非法活動。真主黨在委內瑞拉找到了一個方便的避風港，一個長久存在的黎凡特阿拉伯社區允許士兵與當地人住在一起。當然，委內瑞拉的毒梟也找到許多方式與真主黨合作。

跨國犯罪網絡本身就很難被發覺。它們允許不同地域和犯罪企業的合作，因此很難追蹤，並且可能產生難以預料的連鎖後果。今天用來走私香菸的路線，明天可能用來走私非法移民，下週則是恐怖分子，然後明年又變成運送地對空飛彈等等。一旦程序到位，收買到對的人、關係鞏固，商人自然傾向多角化經營，從一個商機轉向下一個商機，未來變得無法預測。

在民粹主義、兩極分化和後真相的盡頭，是一個充斥著將違法亂紀視為正常狀態的行為者的國際體系，這些行為者為了牟利會願意走私販賣任何東西。認為自由社會可以學會與不斷增生的黑手黨國家共存，極有可能只是空想。不管在哪裡，違法亂紀都會對全世界的安全造成威脅。

## 城門內的野蠻人：國際刑警組織的俄羅斯化

跨國犯罪網絡在面對傳統執法上，比他們的對手占有更大優勢，原因正是其跨國的性質。在國家司法管轄區界線分明的世界中，跨國犯罪網絡能夠輕鬆地將人員、違禁品和金錢透過有漏洞的邊境轉移，使國家警察機構疲於奔命地填補漏洞。對國家執法機構而言，跨境合作很棘手，而這個弱點也深扎在最成功的犯罪集團的商業模式中。不過，跨國化也自有其風險：正如巴西奧德布雷赫特建設公司發現的，你賄賂的司法管轄區愈多，露出的破綻就愈多。當黑手黨集團扎根在政府被收買的國家，他們是最安全的。不過，有大錢可賺的地方總是吸引鋌而走險的投機分子。

國際刑警組織是負責矯正這種犯罪的主要國際機構，但實際上自其成立以來人手和資源都不足。在理想的情況下（實際上也很少達到理想情況），國際刑警組織應該是國家警察機構之間交換敏感資訊的場所。但在黑手黨國家，這些國家警察機構本身往往深入參與犯罪活動，這代表國際刑警組織從國家機構收到的任何資訊都很有可能滲透回他們的目標手裡。無可否認的，當你透過國際刑警組織分享資訊，你也等於將資訊分享給統治俄羅斯、匈牙利、保加利亞、蒙特內哥羅、緬甸、赤道幾內亞、委內瑞拉以及其他所有黑手黨國家的犯罪分子。

因此，沒有幾個認真的調查人員會信任國際刑警組織。他們理所當然不願意向一個普遍認定會走漏消息的機構分享最有價值的資訊。由於在國際刑警組織高層，出現犯罪政府管理的民族國家官方代表，嚴重削弱了這個旨在打擊跨國犯罪網絡的全球機構的效力。

然而，國際刑警組織不但因分享資訊而讓黑手黨國家受益，它本身更被世界頭號黑手黨國家俄羅斯所利用。俄羅斯籌備幾年的行動，顛覆了國際刑警組織，利用它將普丁權力的手伸到俄羅斯境外。

多年來，國際刑警組織內的俄羅斯最高官員亞歷山大・普羅科普丘克（Alexsander V. Prokopchuk）一直利用他在組織的權限去騷擾世界各地批評俄國政府的人。他利用國際刑警組織的「紅色通緝令」系統（類似國際逮捕令）努力讓俄羅斯的反對者無論到哪裡都遭到監禁。對於美國商人出身的反普丁人士比爾・布勞德（Bill Browder）來說，躲避國際刑警組織的紅色通緝令已成為他的日常生活，據他估計，該組織已經對他發出「幾十次」紅色通緝令[19]。

雖然布勞德出入的大多數國家都知道他的紅色通緝令是出於政治動機，並且予以無視，但卻有例外。二〇一八年五月，布勞德在推特上直播了他在西班牙被捕的消息，因為西班牙當局在國際刑警組織的資料庫中看見他被標記。雖然西班牙當局很快意識到他們的錯誤並釋放布勞德，但俄羅斯對他的攻擊無疑破壞了紅色通緝令系統的可信度，將最有效的威懾力量變成國際犯罪，也將國際刑警組織變成了許多執法人員眼裡的笑話。

二〇一八年底，在克里姆林宮近年來最大膽的國際行動中，俄羅斯極力遊說推動普羅科普丘克參選成為國際刑警組織主席，並幾乎獲得足夠的支持來實現。最後是靠布勞德的反對和西方盟友用外交手段在背後力挺才阻止了他的晉升。但也只是勉強攔截，普羅科普丘克仍被任命為國際刑警組織的副主席。

實際上，國際刑警組織的主席主要是一種象徵性的職位。但普羅科普丘克的提名傳達出很重要的信號。他的提名帶來的鬧劇，使全球執法機構進一步對國際刑警組織失去信任。對於世界上的黑手黨國家來說，失去效力的國際刑警組織是他們最理想的結果。

# 第9章 走向全球化的3P獨裁者

3P獨裁者不會滿足於默默鞏固自己國家社會的權力。他們也會開創新的國際合作形式，建立正式和非正式的外交網絡，以維護他們的合法性、賺錢、加強國家和個人安全，以及最重要的：確保他們握有權力。通常，他們與其他同樣採取3P策略的領導者成立的國際合資企業、聯盟以及共同活動，都是在極為機密的情況下進行的。這種新形式的極機密外交是為了在統治者間建立團結，這些統治者或許在意識形態上非常不同，卻不約而同對權力有獨特的見解，他們視權力為永久的，而且不接受並迴避權力的制約。

國家間的聯盟是國際關係的基礎。因此，藉著民粹主義、兩極分化和後真相掌權的領導人，也會像其他領導人一樣與其他國家結盟，照理講沒有什麼特別。不同的是，3P領導人追求的聯盟不是為了國家利益，而是為了提升和保護他們的個人利益。

3P統治者很快就發現，他們無法孤立存在。在一個互相連結的世界中，孤立的力量總是顯得不穩定。如果他們想要穩定掌握權力，就需要將權力投射到國外，並透過與想法一致的領導人團結來達成。這些外國盟友讓他們得以建立專制的同盟，保護他們免受國際社會主要力量的自由化影響。

此外，這些獨裁者之間的跨國同盟是一種相互支持的體系。與其他專制國家及志同道合的3P領導人合作，創造了來自國外的支持，而且更重要的是，這提高了他們在國內的合法性。

但走向全球化的不僅是專制同盟，還有鎮壓本身。美國智庫自由之家（Freedom House）將這個現象稱為「跨國鎮壓」（transnational repression），其定義為：「政府跨越國界，透過暗殺、非法驅逐、綁架、電子威脅、濫用國際刑警組織職權、恐嚇家人等手段逼迫僑民和流亡的異議人士噤聲。」[1]近年來，自由之家記錄了六百多起這類案件，受影響的包含蘇丹、俄羅斯、赤道幾內亞和烏茲別克等三十一個不同國家的異議人士。

全球化為3P領導者及親信帶來誘人的新機會。他們可以與舊獨裁政權合作，也可以與有專制傾向的民選領導人合作，或者兩者兼具，他們能夠以各種方式為違反自由規範的政府模式蓋上外交正當性的表象。

雖然3P獨裁者表面上大聲反對全球主義，但他們正快速地形成自己平行世界的全球網絡：這是一個與自由秩序完全相反的版本，可以稱為「偽國際主義」（pseudointernationalism），是「偽法律」的全球性化身。對於這些領導人來說，偽國際主義就是在正式場合上互相掩護：在國際組織中支持彼此的優先事項、人事提名以及席位，包含國際刑警組織、國際刑事法院，以及國際足球總會、世界西洋棋聯合會，和聯合國各大機構等等。偽國際主義也包含在彼此的政治宣傳機構上宣傳彼此的觀點，並透過各種外交工具推動共同利益，從普通的方式（演講、立場書、會議、峰會、合照）到明顯違法的方式（推特機器人軍團、積極措施、繞過禁運、金融詐欺）。偽國際主義也包含合作推出複雜的政治宣傳系統，將政治宣傳播送到生活在開放社會的大眾家中。偽國際主義也包含公開賦予彼此象徵性的合法性，並暗中共用掌握權力的資源。

3P獨裁者似乎很容易與他們的同類建立私人關係，甚至跨越意識形態鴻溝，與同樣採取3P策略、削弱甚至完全廢除權力制衡以累積和掌握權力的獨裁者建立緊密的連結。這就是3P勢力走向全球化的方式：由專制領導人統治的國家之間，建立一個心照不宣、去中心化，而且往往祕密進行的合作關係網絡，幫助彼此增加共同利益。接下來的問題就是，這個同盟如何運作？由誰領導？如何領導？同盟又改變了什麼？

## 「不要祝賀」：勝選之夜的賀電政治

二〇一八年三月十八日的晚上說明了現今大國競爭令人不安的新常態。在這一天，普丁在俄羅斯總統大選中以壓倒性優勢勝選，雖然幾乎沒有人認為這場選舉還稱得上是選舉。普丁雖然已經將所有最有公信力的對手否決資格、監禁或流放，並完全禁止他們在廣播媒體曝光，但他仍然覺得有必要作假數百萬張選票來鞏固自己的勝利，這使他在俄羅斯五年一度的民主大戲中贏得了不合理的百分之七十六點七選票。

世界上既有的民主國家發現他們對這個現象無力阻擋。他們唯一能做的，就是拒絕給予國際承認以及國際承認帶來的合法性象徵。這個現象顯然已成為華府擔憂的問題，由於俄羅斯在二〇一四年暴力吞併克里米亞並干預美國總統選舉，美國國家安全會議的官員達成廣泛的共識，將俄羅斯視為戰略威脅，需要加以遏制。可惜，美國國家安全會議的官員太了解川普總統，知道他很少閱讀精心準備的簡報資料。

因此，他們的解決方法就是簡單地在總統簡報最上方大字印上「不要祝賀（普丁）」（DO NOT CONGRATULATE）。但這個方法不但沒有用，還造成反效果。在收到簡報後的幾天，川普總統致電普丁表達祝賀，即便白宮官員認為第一要務就是不給予祝賀。這個重要且令人嚮往的信號代表美國的接納，此封賀電以及其他類似的祝賀給了普丁信心，使他在二〇二〇年修改俄羅斯憲法，給自己機會連任到二〇三六年。

「不要祝賀」便條的存在被洩漏，讓我們得以一窺祝賀經濟（congratulations economy）的作用。在獨裁者愈來愈想偽裝成其他形象的世界中，當選後的祝賀電話已經從禮貌的例行公事變成了牽一髮而動全身的外交局面，賀電的重要性達到幾年前完全無法想像的程度。

比起收到祝賀的人，在當選之夜給予祝賀的領導人能揭露的往往更多。3P獨裁者的規則之一，就是他們同時會向傳統方式當選的領導者表達祝賀，也會向他們的獨裁盟友表達祝賀；這個微妙手法是為了消除兩者合法性區別。但反之不然，真正民主國家的領導人會避免親自祝賀那些在有疑慮情況下當選的人。如果基於雙方外交情勢必須給予承認，領導人也通常會委派外交部長給予祝賀，以保持一點距離。即使對外交部長來說，這也可能存在風險。強生在擔任英國外交大臣期間，就曾因祝賀奧班贏得二〇一八年匈牙利大選而受到嚴厲批評。有時候，例如在二〇一六年時任德國總理的安格拉・梅克爾（Angela Merkel）在美國大選後致川普的訊息中，就巧妙地將一個隱約的警告帶入賀詞中：

> 德國與美國因共同價值觀而緊密連結——民主、自由，以及對法治和個人尊嚴的尊重，無論其出身、膚色、信仰、性別、性取向或政治觀點為何。我期盼以這些價值觀為基礎，在個人以及兩國政府之間提供密切合作[2]。

任何人，即便不是外交專家，也能在字裡行間讀出背後的意思。

對於3P獨裁者來說，收到各國祝賀電話是投射其權力的特效藥，而且祝賀人的身分愈高愈好。二〇一七年，土耳其總統艾爾多安在修憲公投中獲得勝利，強化了自己的權力。他收到的祝賀電話包含亞塞拜然總統伊利哈姆・阿利耶夫（Ilham Aliyev）、卡達酋長國埃米爾塔米姆・本・哈邁德・阿勒薩尼（Sheikh Tamim bin Hamad Al Thani）、巴勒斯坦總統馬哈茂德・阿巴斯（Mahmoud Abbas）……以及川普。可想而知，哪一通祝賀電話最能鼓舞他的士氣。

這種祝賀話題可能感覺華而不實；但並非如此。幾乎所有3P領導者都對自己領導地位的合法性缺乏安全感，因此會全力誇大自己地位的正當性。在這種情況下，他們就會特別執著各種當選後的禮節和儀式。

這些領導人亟需掩蓋其權力的獨裁核心，這就是為什麼他們投入大量資源來維持一個合法的敘事，儘管這種敘事面對事實可謂不攻自破。對這種敘事的最嚴重威脅之一，就是任何與國際主流脫節的跡象。他們需要說服自己的人民，世界其他國家也尊重他們，接受他們的治國之道，並且給予同等的尊重。當維持正常民主秩序的假象是他們第一優先時，就必須特別注意國際反彈不會毀掉國內政治宣傳得來不易的效果。

這個擔憂非常真實。當馬杜洛二〇一八年在公認受到操縱的委內瑞拉總統大選中獲勝時，哪些人會親自到場參與就職典禮以支持他的正當性，就成為他的某種執念。在就職典禮上，只有少數外賓前往見證這場演出，其中大多數是同屬拉丁美洲的極左派領導人。來自其他地區的只有兩位領導人：南奧塞提亞總統阿納托利・比比洛夫（Anatoly Bibilov）和阿布哈茲總統勞爾・哈吉姆巴（Raul Khajimba）。這兩個政治實體都是喬治亞的分裂地區，並且成為俄羅斯有效操控的傀儡國家。除了俄羅斯和其少數幾個從屬國敘利亞、尼加拉瓜、委內瑞拉和諾魯之外，這兩個政治實體的獨立性在世界其他地方幾乎沒有國家承認。這些外賓的出席不但無法抬高馬杜洛的聲望，還因為難以吸引任何地位更高的領導人，更加突顯了他假造的選舉給不了他心心念念的民主合法性。

馬杜洛的困境不只是他一人的問題。在許多情況下，3P領導人只能製造出不堪一擊的民主表象。這個表象是人為建構的，經不起任何審視，因為它的目標對象本來就不是會嚴格審視的人民。他們在國際舞台上需要的不多，只要有足夠的國際承認，讓他們能夠加強國內的民主假象即可。

這就是為什麼普丁會祝賀杜特蒂，杜特蒂會祝賀奧班，奧班祝賀丹尼爾・奧德嘉（Daniel

Ortega，尼加拉瓜總統），奧德嘉祝賀馬杜洛，馬杜洛也給予普丁祝賀，形成一個獨裁者的團結圈子。這個圈子姑且稱之為無國界獨裁者，正逐漸成為國際情勢中的一個重要因素。

以祝賀外交建立的國際關係，透過彼此會面變得更加明確。3P獨裁者身為作秀和投射權力的專家，早已學會看重形象的力量。當他們與其他3P獨裁者或傳統獨裁者一起舉辦領袖會議，精心操縱的領袖會議就成為關鍵，以消除對其權力合法性的任何懷疑。

有時這樣操作也會完全出錯，出盡洋相。二〇一七年五月，川普總統首次出訪時，他被拍到與沙烏地阿拉伯國王沙爾曼·賓·阿卜杜勒阿齊茲·阿紹德（Salman bin Abdulaziz Al Saud）和埃及總統塞西一起摸著一顆神祕的發光球體，那顆球彷彿直接出自漫畫中反派的巢穴。那個場合是利雅德打擊極端意識形態全球中心（Global Centre for Combating Extremist Ideology）的正式開幕，但這並不重要，合照中的超亮球體搶盡鋒頭，在社群媒體上掀起一陣熱潮，並被修圖變成《星艦迷航記》、《哈利波特》人物，和《馬克白》裡的三個女巫等等。

後來，在法國比亞里茲（Biarritz）舉行的二〇一九年G7峰會期間，川普又熱情洋溢地說「我最喜愛的獨裁者在哪裡？」[3]來招呼埃及的塞西總統，這種「捅破窗戶紙」式的口無遮攔後來變成川普為人熟知的特色。在過去，這種發言只會被視為外交失誤。然而在獨裁者的世界裡，卻變成了川普直率、充滿男子氣概的「直言不諱」。

普丁政府絕對不會容忍這種鬧劇。與普丁其他各種手段一樣，他在峰會、雙邊會晤和精心策劃的國際「會議」等典禮和場景中投射權力的本領，絕對是領頭羊。在一系列與伊朗和土耳其領導人的精心設計的三方會議中，克里姆林宮展現了媒體曝光的操作不僅能夠增強正當性，更可以在公眾場合中取得真正的外交進展。

但是，如果認為3P獨裁者轉向國際舞台僅僅是出於國內或國際的戰略原因，那就錯了。對許多獨裁者來說，他們的自我中心是非常強大的驅動力。從古至今的所有政治人物都有明顯的自戀傾向。然而，在這方面，獨裁者通常更明確地讓世界知道他們擁有特殊和獨特的才能，顯得他們與眾不同、超群絕倫。成為3P獨裁者的職業傷害之一，就是會被自己的信念所蒙蔽，認為自己的天賦和歷史責任太大，無法侷限在一個國家內，注定要在國際舞台上發光發熱。而事實證明，自戀也可以成為獲得權力的有效工具。

拿委內瑞拉前總統查維茲大力鼓吹的美洲玻利瓦聯盟（Bolivarian Alternative for the Americas，簡稱ALBA）為例[4]。做為命運多舛的美洲自由貿易區（Free Trade Area of the Americas，簡稱ALCA）的替代方案，美洲玻利瓦聯盟被宣揚成離開新自由主義的出口，它可說是舊左派理念的化身，即「另一個世界是可能的」。查維茲從不羞於表達自己的雄心壯志，他大力宣傳ALBA是實現玻利瓦在十九世紀的夢想的第一步：建立一個強大到足以與美國抗衡的拉丁美洲國家聯盟。隨著中間偏左和左派政府的粉紅浪潮（Pink Wave）在二十一世紀前十年席捲拉丁美洲政壇，ALBA會議成為拉丁美洲外交行事曆上的重點，一個實現夢想的場合。

接著，查維茲提出充滿野心的提議。他宣布將在委內瑞拉首都卡拉卡斯和阿根廷首都布宜諾斯艾利斯之間建一條鐵路。這是一個龐大的計畫，卻沒有人認真評估過財務、環境、工程和商業方面的可行性，不過無論如何，這個計畫都成為壓倒性的頭條新聞。後來他又提出一條跨安地斯山脈的天然氣管線計畫，這條管線繞過巴西，顯然是因為巴西政府對於計畫表示懷疑。這些計畫除了展現ALBA的偉大野心之外，其實一點意義都沒有，不過大家似乎對此也不以為意。這些計畫公告比起現實世界中的實際計畫，更像是傳達意圖、預告戰略方向，以及最重要的：公開展現他們不受控制的權力。

這些計畫最後都沒有完成。有多少資金投入也無人說明，消失在貪腐的迷霧中，就像查維茲時代的所有重大提案一樣。這些承諾實際上是國家偷盜大業的掩護，不過它們的功能還不止於此。它們還宣揚了偉大的敘事，以匹配獨裁者的自我膨脹。

## 機器人軍團入侵：加泰隆尼亞和其他案例

若要看俄羅斯野心的展現，只要看它如何利用「銳實力」（sharp power）打擊西班牙即可。銳實力一詞由克里斯多福・沃克（Christopher Walker）和潔西卡・盧德偉格（Jessica Ludwig）提出，涵括了普丁領導下的俄羅斯標誌性的各種破壞性積極措施[5]。儘管世界各地都受到銳實力影響，但鮮少有像俄羅斯在二〇一七年底在西班牙發起的網路戰那麼成功，網路戰針對加泰隆尼亞分離主義者尋求脫離西班牙獨立而發起。

加泰隆尼亞民族主義正是克里姆林宮最喜歡披露和利用的那一類社會裂痕。這個長久存在的裂痕正適合挖掘，讓他們得到地緣政治優勢。平心而論，這個裂痕不是俄羅斯創造的，但他們的做案手法一直都是投機尋找自然浮現的社會裂痕，並狠咬著不放。

克里姆林宮知道西班牙正走向一場重大危機，加泰隆尼亞的民粹民族主義者正在醞釀一股支持分離的動力，而這可能破壞西歐一大經濟體的穩定。俄羅斯累積了豐富的經驗，在網路上進行操縱，挑出不同國家內部主要的潛在問題，並挖掘它們破壞國家穩定的潛力。俄羅斯非常擅長。

不過俄羅斯在加泰隆尼亞遇到一個棘手的問題。他們的機器人不會講西班牙語。多年來，克里姆林宮一直在建立機器人軍團，專門針對英文輿論造成混亂。這些機器人被設定互相追蹤社群媒體帳戶，使每個帳戶都營造出有大量追蹤人數的假象，而這也幫助它們獲得大量的真人追蹤者。但隨著加泰隆尼亞話題的口水戰成為西班牙的重大社會斷層，英文機器人帳戶卻無法參一腳。想當然耳，成千上萬個用俄語或英語發貼文或推特文的機器人並沒有辦法破壞西班牙公共領域的穩定。俄羅斯需要的是一批講西班牙文的機器人軍團。

俄羅斯急忙編制了一些機器人，但他們同時也依靠一個盟友。在過去十年內大部分時間裡，委內瑞拉通訊部一直在累積自己的機器人軍團。這些機器人被設計來操縱委內瑞拉的大眾輿論，而非西班牙的輿論，但它們與許多真人帳戶建立連結，重點是這些真人講的是西班牙語。

行動很快開始了。在委內瑞拉機器人的幫助下，俄羅斯的機器人軍團大量輸出推特文、訊息和假消息連結，而這些假消息都是為了加深加泰隆尼亞分離主義者危機而精心設計的。祕密操縱的工具已經突破了國界，匯聚在一起，以促進他們散播混亂、破壞各地民主制度的共同利益。

俄羅斯和委內瑞拉的機器人聯合起來散播FUD：恐懼、不確定和懷疑。警察毆打排隊投票的老太太的故事被誇大、灑狗血，並無止盡地重複。有關西班牙政府打算在巴塞隆納實施戒嚴的毫無根據消息被俄羅斯政治宣傳機構炒作起來，然後不斷重複，直到被廣為接受。在莫斯科和卡拉卡斯的幾十個人，藉著控制一支龐大的殭屍網路大軍加深西班牙社會的真實裂痕，就能夠有效地破壞一個團結的西方民主國家的穩定。

二〇一七年俄羅斯與委內瑞拉針對加泰隆尼亞輿論的兩面夾擊，其實只是展現了3P可以利用民主的核心優勢反過來攻擊它，以彰顯自己力量的其中一種方式。推特原本是一個開放討論的平台，一個沒有進入門檻的場合，任何人都可以與其他人討論任何主題。但它的優勢也正是它的弱點。

這個為了委內瑞拉開發的網路軍團，利用這些工具的範圍遠不僅加泰隆尼亞。首先，他們在墨西哥一舉成名。墨西哥二〇一八年總統大選時充滿外國網路干預的互相指控。由於即將卸任的總統恩里克・潘尼亞・尼托（Enrique Peña Nieto）一直以來都以利用大量網軍和機器人（著名的「潘尼亞機器人」〔Peñabots〕）誹謗對手著稱，因此二〇一八年的大選很快就充斥著外界嘗試影響墨西哥七千一百三十萬網路使用者這種無法求證的說法。尼托的支持者指控，在支持最終獲勝的歐布拉多（支持者暱稱他為AMLO）的社群媒體內容中，多達百分之八十三來自俄羅斯和烏克蘭[6]。但AMLO的競選團隊反駁說，執政黨的機器人仍在網路上積極為執政黨的候選人何塞・安東尼奧・梅亞德（José Antonio Meade）發聲。兩方互相指控的矛盾恰好產生了揮之不去的不確定感，讓傳播假消息的背後勢力漁翁得利。

不過，俄羅斯與委內瑞拉機器人軍團最破壞政壇穩定的事件發生在二〇一九年底，當時拉丁美洲許多地方都充滿社會動盪。同樣的，機器人也不是無中生有地惹事。相反的，它們很快發現不斷升溫的動盪，並且見縫插針、興風作浪。根據西班牙數據分析公司Constella Intelligence的研究指出：

> 在社會政治危機開始出現後的幾週內，Constella的分析師發現有少數帳戶正在發表大量與街頭抗議有關的言論。在哥倫比亞，百分之一受分析的使用者就創造了百分之三十三的分析結果，而在智利，百分之零點五的使用者創造了百分之二十八的分析結果。這些高活躍的帳戶用評論和內容淹沒了數位公共討論空間，其在統計期間的活動頻率高得被視為統計異常。這是資訊失序的關鍵指標……Constella分析發現總共有一百七十五個異常身分活躍地參與這兩次危機。在研究這些使用者或帳戶顯示的公開地理位置時，有百分之五十八公開分享地理位置的帳戶位於委內瑞拉。[7]

其中許多可疑帳戶專門宣傳來自RT電視台、衛星通訊社、南方電視台（Telesur）等等俄羅斯和委內瑞拉政治宣傳機構的內容。

在俄羅斯與委內瑞拉機器人軍團橫行的宇宙之外，其他各種數位干預也很盛行。在內坦亞胡領導下，日益走向兩極分化和民粹主義的以色列政府利用退伍軍人組成了網路情報產業的支柱，發明極為複雜的軟體並經常出售給獨裁者，讓他們監視自身國家的政治異議者。根據以色列主要的中間偏左報紙《國土報》（*Ha'aretz*）進行的一項廣泛調查，有證據表明以色列公司在世界各地銷售用於壓制的軍用軟體，外銷的國家從墨西哥、安哥拉到亞塞拜然、衣索比亞、印尼、烏干達、烏茲別克等等。在許多情況下，軟體被用來監視政敵。雖然這些商業交易是合法的，而且涉及的以色列公司是私人企業，但其技術卻來自軍方，而且政府也積極推動出口。

古巴的反情報專長、中國的鎮暴裝備、以色列的網路情報、俄羅斯的電子通訊攔截、伊朗的違反國際制裁和影子銀行專長：每個傳統專制政權都專精於生產幾項幫助獨裁者鞏固權力的工具和服務。他們也很樂意分享。全球的鎮壓工具交易處於保密狀態，規模難以估計。但有件事不需要猜，如今的獨裁者只需向世界各地的同盟領導人打幾通電話，就能得到所需的工具，確保他們永遠掌握權力。新的獨裁者肯定喜歡這種全球化。

隨著3P走向全球化，緘默重新成為國際秩序的指導原則。他們努力恢復二戰前的國際秩序，主張國家自決的原則應神聖不可侵犯。或者更確切地說，他們肆意利用「不干涉」做為萬用的藉口，來破壞任何國際社會對於專制政府合法性的質疑。

這種自稱對於不干涉的喜愛，得從側面解讀。這種膚淺的藉口完全站不住腳，也和表象不符，幾乎是不用說就知道的事實。3P獨裁者在符合自己利益的情況下，非常樂於干涉鄰國的事務。

儘管艾爾多安往往將自己政府面臨的任何挫折歸咎於西方干預土耳其事務，但自二〇一六年以來，土耳其軍隊已持續占領敘利亞北部阿勒坡省（Aleppo）三千四百六十平方公里的土地。委內瑞拉的查維茲也把慣性譴責美國干涉委內瑞拉內政當作言論的核心，但層出不窮的證據顯示，他的政府資助了從阿根廷、厄瓜多、西班牙和黎巴嫩各地的極左運動，具體來說就是偶爾會在外國海關發現裝滿現金的手提箱，以拙劣的走私方式提供可笑的救濟金。關於俄羅斯干預世界各國選舉的報導已多不勝數，遑論中國透過圖利自己的貸款和開發案支持獨裁者的系統性計畫。而伊朗的影響力遍布全球，其網絡主要掌握在其黎巴嫩代理人真主黨手中，被用來從事各式各樣的犯罪，從炸毀布宜諾斯艾利斯的以色列大使館和猶太社區中心，到在巴拉圭走私武器、在溫哥華洗錢和將哥倫比亞古柯鹼批發運往歐洲。

3P獨裁者反對「國外勢力介入」的原則是一個詭計：是一種戲法，用來掩蓋過於骯髒而無法承認的計畫。3P獨裁者反對的不是抽象的干預概念，而是非常具體的一種干預形式，也就是使用國際規範和標準來限制統治者任意行使權力。獨裁者最想要的是不受阻礙地施展他們的權力。如果國際規範變成障礙，他們會聯合起來反對這些規範。

正是這種對有約束作用的規範的敵意，讓他們形成3P獨裁者鬆散的同盟，也就是我所謂的「無國界獨裁者」。在反對干涉的旗號下，3P獨裁者擁護一種空洞的國際主義：既團結又不受約束。

眾所周知，自由國際秩序是「以規範為基礎」，而3P獨裁者最反對的，就是那些制訂來約束他們的規範。從脫歐支持者極其鄙視歐洲香蕉法規，到杜特蒂蔑視防止警察無（正當）理由殺人的國際人權條約，獨裁者都癡迷於拒絕國際對主權權力的限制。

## 隱形軍隊、人工島嶼、「小綠人」

避免被規範約束的一種方法，就是避免被看到，或者至少避免被認出。在這一點上，當今獨裁者所發展出的祕密獨裁能力在他們的野心上發揮極致。在人類大部分的歷史中，人們理所當然認為大規模的軍事行動不可能保密。軍隊龐大又嘈雜；任何軍事移動，人們都不可能不注意到。然而如今，甚至連這個最不可能隱藏的行動也能隱身。

拿中國以及其在南海地區建設軍事基地的挑釁行動為例，中國聲稱南海地區屬於自己，但並未得到國際承認。這是一個經典例子，顯示權力如何既顯而易見，又籠罩在神祕之中。

每年有數兆美元市值的貿易貨物通過南海航道。南海是世界上一些最活躍的經濟體的貨船必經之路，包含中國、新加坡、馬來西亞、印尼、越南、台灣、菲律賓，以及石油資源豐富的小國汶萊。這個繁忙海域上的一些航道需要疏浚才能維持暢通。中國很早就意識到，若在幾個戰略位置的淺水點海床排放疏浚產生的淤泥，就可以建造人工島嶼，用來投射自己的力量，並鞏固其在南海的領土主張。

這項政策引起了極大的爭議，因為人工島嶼建造的海域處在複雜的多重主權宣示區域。中國、汶萊、越南、菲律賓和台灣都各自宣稱擁有中國「創造」的淤泥島嶼所在地區的主權。長期以來，美國在太平洋地區的海軍霸權一直是該地區安全秩序的核心，美國對中國建造島嶼發出警告，警告其可能使整個區域走向戰爭。

中國的回應非常二十一世紀。中國無法真的否認它正在建造這些島嶼，因為經過的船隻、飛機和衛星都能清楚看見這些龐大的工程。因此，中國決定採取混淆政策：矢口否認建造島嶼有軍事目的，即便事實就擺在眼前。中國將第一個人工島描述為當地漁船的避難所[8]。但隨著島嶼持續發展，他們的說法也開始改變。到了二〇一八年，中國工程院的發言人提到了一個由十四個人工島組成的網絡，其中六個島嶼大到足以容納軍事設施，聲稱那些島嶼用於「監測海洋氣象，發布警報、天氣預報、預測，以及進行科學研究」[9]。

在某種程度上，這個主張的荒謬就是重點。即使中國在該海域的人造環礁上早已成功建造了三座複雜的大型海軍和航空基地，包括港口設施、航空和監視設施、風力發動機、大型軍營和行政大樓，中國的官員仍宣稱他們只是在為小型漁船建造氣象站和避難所。

到二〇一九年初，隨著北京開始將精密的地對空和地對海飛彈裝置運送到這些基地（在島嶼的衛星照片中清晰可見），中國大規模的祕密海上掠奪已成既定事實。即便在法律上中國沒有南海主權，它也已經在現實中控制了南海。但即便如此，中國政府仍堅稱他們只是高度投入氣象研究。

我們可以發現這種明擺的事實和祕密行動的反差。可想而知，中國並不期待自己的否認會被採信。這些基地的衛星和空拍照片讓中國的意圖昭然若揭。然而，這種面不改色發布明顯荒唐的否認的政策，顯示了祕密行動和後真相之間的加乘作用。這和臉書一再聲明使用者隱私是第一優先，或是前國際足總會長塞普・布拉特（Sepp Blatter）信誓旦旦說他關心世界足球的廉政[10]，以及克里斯・柯巴奇（Kris Kobach）表達對選舉操控深感擔憂[11]不謀而合。這些聲明的重點不是使人信服，至少他們只能說服那些謊言能帶來實質利益的一小部分死忠支持者。相反的，它們完全展現後真相，也就是只要造成足夠的困惑和懷疑，就能創造操作空間，以尋求獲得或維持權力。

中國對南海的有效控制也不是最令人震驚的軍事祕密行動。箇中翹楚當屬於俄羅斯，其對於南邊鄰國烏克蘭領土的祕密侵占有效得不可思議。

二〇一四年三月，在相當於俄羅斯在烏克蘭的傀儡政權被推翻後，俄羅斯以併吞烏克蘭的克里米亞半島為報復。突擊隊很快在克里米亞首都辛菲洛普（Simferopol）和其他地區擴散，但並沒有揮舞俄羅斯國旗。他們的軍服沒有識別徽章。事實上，雖然這些制服看起來和俄羅斯軍隊使用的標準綠色迷彩服一模一樣，但所有徽章、標記都被移除，以至於當地人開始稱他們為「小綠人」。

而在莫斯科，一場激烈的輿論混淆行動已經開始。二〇一四年三月三日，俄羅斯外交部長謝爾蓋・拉夫羅夫（Sergey Lavrov）聲稱這些部隊是克里米亞「自衛隊」，由當地俄羅斯族建立，以抵抗當地烏克蘭人對他們所謂的威脅[12]。這個解釋簡直說謊不打草稿，因為當地沒有人認識這些人。軍隊的推進也顯然非常協調、專業、有效率。無庸置疑，俄羅斯軍隊正在入侵克里米亞……但俄羅斯也不可能公開承認，至少時機還不到。

在俄羅斯軍隊占領辛菲洛普小型機場的同時，俄羅斯駐歐盟大使仍在混淆視聽，說「在克里米亞沒有任何俄羅斯軍隊」[13]。同樣的，他的重點不是讓人信服，而是要打迷糊仗，拖時間讓軍事行動能成功。

這些「自衛隊」以不同尋常的速度前進，為三月十六日關於克里米亞人是否願意留在烏克蘭或更願意加入俄羅斯聯邦的「公投」提供軍事保護。這場公投是為了給明顯要掠奪領土的俄羅斯軍隊提供假的合法性表象。國際社會沒有人承認這場公投是合法的。人民在被入侵、毫無競選活動，而且承受眾所周知是俄羅斯派的全副武裝的軍隊監視的情況下，要投票決定自己的未來，誰會認為這種事合法？

但這並不重要。公布的公投結果顯示，將近百分之九十七的克里米亞人投票決定成為俄羅斯的一部分。第二天，普丁「接受」了克里米亞加入俄羅斯聯邦的申請。在不到三週內，俄羅斯成為一九九一年薩達姆・海珊（Saddam Hussein）入侵科威特後，第一個以武力吞併鄰國領土的國家。

有克里米亞證明策略可行後，普丁繼續升級占領烏克蘭領土的野心，同時又堅決否認他正在做任何相關的事。二〇一五年時，普丁發動了一場祕密戰爭，控制烏克蘭最東邊的頓內次克盆地（Donets Basin）地區，即頓巴斯（Donbass）。與歷史上屬於俄羅斯、俄羅斯族占絕大多數的克里米亞不同，頓巴斯是族群混合的地區。俄羅斯族是該地區較大的少數族群，約占百分之三十八，但在城市區域占多數，包括在蘇聯時期湧入大量俄羅斯工人的頓內次克（Donetsk）和盧甘斯克（Luhansk）等主要城市。莫斯科主要針對這些城市發動一場其公開否認的戰爭。

俄羅斯最初的想法似乎是重演一次克里米亞的劇本，假裝是當地的俄羅斯族在為自我保護而戰鬥。當然，在烏克蘭本土對它的第二大城市出手，俄羅斯遇到更加強烈的抵抗。結果是長達兩年的戰爭，造成一萬人死亡，約一百四十萬烏克蘭人流離失所。直到最後，雖然俄羅斯沒有完全吞併，但烏克蘭已經失去了對東部兩個主要城市的控制。

時至今日，克里姆林宮仍堅持稱其部隊並未參與戰鬥。這個說法在大量證據面前完全站不住腳，包含清楚的證據表明，只有俄羅斯軍隊才可能發射了精密的山毛櫸地對空導彈，正是該導彈在二〇一四年七月十七日擊落了一架馬來西亞客機[14]。迄今為止，俄羅斯官方仍否認曾向烏克蘭部署過任何反導彈砲台，或是曾經參與頓巴斯戰爭。這種真假相間、令人費解、後真相的方法，在頓巴斯戰爭中尤其明顯。普丁在二〇一五年五月簽署的一項總統令，將俄羅斯軍損失的「和平時期死亡人數」列為國家機密，將討論（甚至承認）這場俄羅斯官方宣稱未參與之戰爭的傷亡人數定為犯罪行為[15]。

然而，普丁又能怎麼辦呢？二十一世紀已經開始二十年了，一個國家公開將其軍事力量投射到鄰國領土，在外交上是站不住腳的。要在當今國際環境中投射軍事力量，一定得遮遮掩掩才能成功，即便完全沒有說服力也無關緊要。

我們也可以看伊朗的例子。雖然伊朗與美國陷入了極其緊張的外交衝突，但伊朗就傳統定義上不會被視為一個強大的軍事力量。當然，伊朗長期以來一直努力發展核武，但在發展核武的野心和傳統軍力部屬之間仍存在巨大差距，也就是「缺乏的中間地帶」。自從一九八〇年代兩伊戰爭造成災難性的結果後，伊斯蘭神學家了解到，他們的相對優勢並不在於傳統軍事力量。因此，他們發展了聖城軍，這是精良的伊斯蘭革命衛隊（Islamic Revolutionary Guard）的一個分支，被認為可能是世界上最複雜的代理軍力：一支遍布大部分伊斯蘭世界以及其他地區的隱形軍隊，估計總共有二十五萬名戰士。

到了二〇二〇年代初，伊朗代理人控制了黎巴嫩和葉門的許多地區，以及敘利亞、巴勒斯坦領土和伊拉克的重要地區。而伊朗最雄心勃勃、具侵略性的代理人真主黨，則在拉丁美洲各處建立分支。其他代理人則在東南亞管制較鬆的地區恣意行動，例如印尼和菲律賓的偏遠地區。伊朗透過代理人攻擊了布宜諾斯艾利斯的目標，並密謀在華盛頓特區的米蘭咖啡廳以炸彈攻擊沙烏地阿拉伯大使，該餐廳深受華盛頓權力菁英的歡迎。伊朗只有三流的正規軍隊，但其在全球範圍無形投射軍事力量的能力卻是一流。

但國家權力的投射也不必然是軍事的。古巴率先使用醫生、護理師和體育教練為複雜的外國影響行動先鋒。古巴打著「古巴醫療國際主義」（Cuban Medical Internationalism）計畫的旗號，派遣了數萬名優秀人力（其中約一半是醫生）到世界各地的社區工作。

其中許多醫生實際上是假冒的，他們接受過快速、粗略的培訓，並獲得了醫生文憑，以做為古巴外交的棋子。這些古巴醫生一部分參與賺錢計畫（共產主義政權保留了其他國家為援助此計畫支付的大部分款項），部分則參與影響行動，集中在對古巴政權具有戰略利益的區域。甚至在高峰時期，光是在委內瑞拉就有超過四萬名古巴醫生，而身為古巴盟友的委內瑞拉，其石油運輸則幾乎為古巴提供了所有能源，並支持古巴政府。雖然情報專家認為部分醫生實際上是間諜，將有價值的情報傳回哈瓦那，不過確切的百分比無人知曉。不過可以確定的是，古巴醫療國際主義拓展了古巴在世界各地的大量情報能力，讓哈瓦那擁有前所未有的合理推諉能力。畢竟，有誰會憤世嫉俗到懷疑醫生呢？

## 官辦非政府組織的興起：假非政府組織之災

一個不了解「沒有納粹主義的世界」（World Without Nazism）背景的普通人，很難知道這個俄羅斯組織的目的，只能按照其聲稱的宗旨來理解：一個致力於對抗歐洲納粹意識形態復興的民間社會組織。有誰能反對這個冠冕堂皇的宗旨呢？

俄羅斯付出相當大的努力來維持這個形象。正如詹姆斯・基爾奇克（James Kirchick）針對該組織發表的一篇代表性調查文章中所述：「表面上，沒有納粹主義的世界（WWN）具有國際非政府組織（NGO）的所有特性，致力於打擊偏見的迫害和反猶太主義：包括在歐洲首都舉行豪奢的會議；發表充滿數據的枯燥、冗長的報告；組織領導人呼籲警惕的相關演講等等。」[16]但WWN並不是民間團體。相反地，它是一個官辦非政府組織（GONGO）：一個由政府設立的非政府組織，一個假的非政府組織。

以WWN來說，因為身上流著KGB時代積極措施的血統，它有我們能想到的所有積極措施特徵。WWN的犯罪手法似乎是仿效反俄羅斯的政府的行為，並反過來攻擊他們擁有隱藏的新納粹思想。這個立場完全吻合克里姆林宮關於邊境衝突的政治宣傳，也就是把烏克蘭或波羅的海國家與俄羅斯保持外交距離的任何舉動，都歸咎於邪惡的法西斯祕密動機。克里姆林宮也許是意識到，如果這個立場完全只由俄羅斯國家機構提出，會難以使西方信服，因此，俄羅斯政府不惜大費周章假造一個人權非政府組織，以使其立場在俄羅斯境外更具說服力。

與任何成功的積極措施行動一樣，WWN之所以成功，是因為它的說法中包含了一點點事實。烏克蘭確實有一個新納粹運動，起源於二〇一四年與俄羅斯支持的部隊的衝突中。右區（Right Sector）和亞速營（Azov Battalion，烏克蘭極端民兵組織）等團體擁護的極端意識形態，確實可以被歸類為新納粹主義。俄羅斯的政治宣傳和WWN極力強調這些極端組織，誇大它們的規模和影響力，並將它們描繪成指揮整個烏克蘭改革運動的幕後黑手。他們也用徹頭徹尾的謊言來支持這個指控，例如，在二〇一四年十月，關於右區攻擊敖德薩猶太裔老人的新聞完全是捏造的，而WWN則趁機表達其憤怒。但正如烏克蘭首席拉比所強調的，這篇報導從頭到尾都是謊言[17,18]。

或者以旅日朝鮮人總聯合會（Chongryon，總聯）為例。它名義上是個非政府組織，在日本開辦幾十間朝鮮學校以及一所朝鮮大學。總聯擁有自己的銀行，此外，根據估計，其也擁有日本隨處可見的柏青哥產業的三分之一。總聯有自己出版的雜誌和日報，也贊助在日朝鮮人的文化活動和體育隊伍，以及一個科學技術協會，並經營一間旅行社；它也經營三間朝鮮餐廳。全部加在一起，總聯的產業每年可能獲得數億美元的收入。

這麼多錢流向哪裡了？錢被匯回總聯的真正業主：朝鮮民主主義人民共和國。總聯是一個只有薄弱偽裝的官辦非政府組織，實際上它是北韓政府在日本的半官方機構。五名總聯高官在北韓最高人民會議中有席位。總聯在東京的總部實際上也做為非官方的北韓大使館，提供基本的領事服務，例如核發北韓護照和簽證等。關於總聯合法性的辯論一直是日本政治論戰的重要議題，尤其是右派攻擊的目標。

或者舉美其名曰國際救濟、福利和發展組織（International Organization for Relief, Welfare, and Development，簡稱IORWD）的機構為例。IORWD是伊斯蘭援助機構，旨在幫助整個穆斯林世界的弱勢群體，包含資助收留敘利亞內戰受害者的醫院、蘇丹窮人學校以及多個國家的清真寺。但透過在印尼和菲律賓的分支機構，它也做了一些不大光彩的事情：幫忙資助九一一恐攻。

IORWD是沙烏地阿拉伯的二級官辦非政府組織，其資金幾乎完全仰賴另一個沙烏地阿拉伯官辦非政府組織穆斯林世界聯盟（Muslim World League）的捐款，而該聯盟的所有資金基本上都來自沙烏地阿拉伯政府及王室。IORWD原名國際伊斯蘭救援組織（International Islamic Relief Organization，簡稱IIRO），是穆斯林世界聯盟之下的人道主義和發展部門，而穆斯林世界聯盟自一九六二年成立以來，一直都與沙烏地阿拉伯的伊斯蘭瓦哈比派（Wahhabi）在世界的傳播關係匪淺。奧薩瑪·賓·拉登（Osama bin Laden）本身就是沙烏地阿拉伯的菁英，因此不出意外，他知道如何利用穆斯林世界組織的部門來資助自己的恐怖陰謀。事實上，在二〇〇六年，美國財政部將IIRO的印尼和菲律賓分支列為恐怖組織。

官辦非政府組織有時會被用來執行一種特定類型的謊言策略，以蓋過真正的非政府組織在某議題上的發聲。在二〇一六年聯合國對委內瑞拉的人權普遍定期審議（Universal Periodic Review of Human Rights）期間，聯合國邀請民間社會組織提出關於委內瑞拉局勢的報告。聯合國收到多達五百一十九份針對委內瑞拉的報告，其中絕大多數來自從未聽過的非政府組織，巧合的是，這些報告全都對委內瑞拉政權的人權紀錄給予熱烈的表揚。時任聯合國祕書長的潘基文和聯合國人權事務高級專員譴責這些報告是「大規模欺詐」，但最終，聯合國官員仍難以分辨各個委內瑞拉非政府組織的真假，最終只發表了一份不置可否的報告，而無法對委內瑞拉施加壓力去實際改善人權政策[19]。

官辦非政府組織可用於多種用途。歐巴馬時代的美國駐歐洲安全與合作組織（Organization for Security and Cooperation in Europe，簡稱 OSCE）大使丹尼爾．貝爾（Daniel Baer），就描述國家政府利用官辦非政府組織來破壞 OSCE 工作的方法。在讓公民社運人士與 OSCE 外交官直接互動的會議上，一大群的官辦非政府組織人士就像網路酸民走出螢幕一樣，不斷用與議題無關的怒罵打斷對話。貝爾描述了官辦非政府組織官員如何預訂會議室又不使用，只為了霸占空間不讓真正的非政府組織使用。他也描述了官辦非政府組織在每次休息時間開始時蜂擁到茶點桌旁，掃光所有食物。當然，這些行動很惹人討厭，但他們所做的遠不止於此。「在真正的民間社會組織舉辦的會外活動中，」貝爾解釋說，「國家有時會派出他們的官辦非政府組織來恐嚇人權運動者，他們會傳達出『老大哥』式的訊息，告訴那些勇敢的倡導者，他們的言行正在被監控並回報到他們的首府。」[20]

官辦非政府組織有各種形式和規模，從被派去破壞 OSCE 會議的那些小型、不起眼的組織，到像真主黨這種全世界家喻戶曉的名字，它在某些方面也不過是伊朗的官辦非政府組織。

當然，不僅專制國家會利用官辦非政府組織。我曾任職的美國國家民主基金會（National Endowment for Democracy，簡稱NED）可說是教科書定義的官辦非政府組織。NED將自己定位為「致力於發展和強化世界各地民主制度的私人非營利基金會」，我也可以證明它確實積極維護其政治獨立性。然而，雖然NED可能不受政府**控制**，但不可否認的是，它是由政府**資助**的，幾乎所有的資金都來自美國政府。正是像NED這種組織執行其使命的成功，使得該模式吸引了反對自由秩序的專制對手效仿，他們透過強調自己與NED等組織表面上的相似性，來掩飾背後的3P策略[21]。

官辦非政府組織非常適合3P獨裁者，因為在當今的媒體環境中，不同類型的新聞媒體和消息來源之間的界線已經變得模糊。利用非政府組織的道德權威是操縱輿論的有力機制。在前面的章節中，我們已經看到3P獨裁者如何收購現有的媒體管道，讓批評聲音無法攻擊到他們。這在國內是一個制勝法則，但是當他們目的是向境外投射力量時，官辦非政府組織就能發揮類似的作用。

官辦非政府組織就像是同形擬態（isomorphic mimicry），使得偽法律很難被發現。這些偽非政府組織利用真正的公民社會組織的合法性來扶持完全相反的價值觀。

當官辦非政府組織扮演記者的角色時，情況會變得愈發混亂。分辨合法的公共廣播公司以及仿公共廣播公司的政治宣傳機構變得特別困難。畢竟，如果英國有BBC、德國有德國之聲（Deutsche Welle）、日本有NHK，為什麼俄羅斯不能有RT電視台，委內瑞拉和拉美盟友不能有南方電視台，伊朗不能有新聞電視台（Press TV）呢？老實說，就是因為前者是真正的新聞報導組織，而後者是政治宣傳機構，但這個答案雖然真實，卻又容易被反駁：「我不是假新聞，你才是假新聞。」

野心放眼國際的 3P 獨裁者已經了解到，模仿國際新聞平台的外觀和形象非常有效。這就是如何將虛構的政治宣傳直接當作新聞傳遞給世界各地願意收看的消費者的必勝法則。冷戰時期推動積極措施的 KGB 恐怕難以相信這件事居然變為可能。

## 轉折點：當 3P 獨裁成為新常態

在這個世紀，民主往專制倒退的速度快得不可思議。二〇〇〇年代初科技烏托邦主義（techno-utopianism）興起時，網路普及和社群媒體的出現彷彿是世界上的專制國家難以克服的問題，現在回頭看卻像是古代史。從俄羅斯到中國，當今的專制大國都嫻熟地將網路當作控制工具。事實證明，比起解放，網路更能為控制所用。

在本世紀的前幾年，幾個似乎正在倒退為某種新世襲制的民主國家只是少數中的少數。貝盧斯科尼的義大利和戴克辛的泰國被視為特例，而不是對全球秩序的威脅。這些領導人看起來各自獨立，不會構成威脅。

但那段美好時光早已過去。

從那時到現在這段期間內，獨裁者已經攻占了關鍵多數。情勢已經逆轉，在許多地區的許多聲音都將專制視為正常，以至於民主陣營開始顯得孤立。

在世界上人口最多的前二十五個國家中，有四個國家是沒有靠 3P 策略掌權的傳統專制國家

（中國、埃及、越南和泰國），還有十個國家曾有領導人利用民粹主義、兩極分化和後真相獲得權力：印度、美國、巴西、俄羅斯、墨西哥、菲律賓、土耳其、伊朗、英國和義大利。這些國家都是強大的大國。3P框架已在七大工業國組織的三個成員國中得到或多或少的成功。在二〇一九年和二〇二〇年，聯合國安理會的五個常任理事國中，有四個國家由獨裁者或民粹主義者領導。目前為止只有法國堅持下來，但它的前景也不安全。我們也可以從這個觀點來看：在世界上二十五個人口最多的國家、總共五十七億人口中，有四十三億人生活在經歷專制或往專制偏移的國家。

這種偏移已經不是十年前看似邊緣的政治現象。雖然在許多國家，它也在社會中引發強烈的反制力量，但如今我們還無法確定這些社會中的民主主義者是否有足夠的資源來恢復民主常態。正如我們所見，義大利自一九九四年以來的經歷令人感到非常悲觀。其他幾個民主國家也完全有可能陷入我們目前提到的不同弊病，無論是反政治漩渦、3P專制，或是發展成熟的黑手黨國家。

但這不是在鼓吹宿命論，還差得很遠。抵抗這個往專制漂移的動力的離心力仍在作用。在正常情況中使權力更難獲得、更容易失去、更難利用的力量還沒有消失。

# 第10章 權力與疫情

本書的研究於二〇一九年底在中國武漢通報第一例新型肺炎病例的幾年前就已經開始。在二〇二〇年和二〇二一年，隨著新冠肺炎疫情成為全球焦點，回頭看我們在前幾章中討論的主題如何在一個被困住的世界中充分發揮作用，實在非常有趣。無論是看見兩極分化或後真相的影響、偽法律或外國軍事冒險主義（military adventurism）的影響、經濟不平等或醫療民粹主義的影響等等，新冠肺炎的全球疫情都清楚展現了3P框架在前所未有的極端環境中發揮的作用。

正如過往危機所展現的，重大破壞的長期影響往往更取決於政府對於破壞穩定的事件的反應（或過度反應），而非事件本身。美國對於二〇〇一年九月十一日的恐怖攻擊做出的大規模、全球性回擊，對於世界的改變遠遠超過恐怖攻擊本身。二〇〇八年世界對於金融危機的反應在各國經濟和社會造成的變化，也比最初的金融危機本身的影響更深遠、更長久。

新冠肺炎也會以同樣的方式留在人們記憶中。當然，這場疫情本身就是一個影響長久的重大全球事件。然而，政治、經濟、軍事、企業、社會和國際對於病毒的反應，比起疫情本身的影響帶來的改變更大。

在剛開始分析時，我們很容易將新冠疫情視為一種全新的強大向心力，使權力更加集中在原本就擁有權力的人手中。這種未知的致命病毒在各大洲失控肆虐的不安現實，使政府成為應對措施的中心，並反映了當權者的能力和限制。在大多數地區，疫情的緊急情況極大擴張了大眾願意容忍、甚至可能要求政府採取行動的範圍。從強制要求戴口罩、廣泛的封城到大規模的經濟干預，或在正常情況下難以接受的監控，世界各地的公民都對國家力量侵入性的擴張表現出不可思議的容忍。這在傳統獨裁者和3P獨裁者眼中，簡直妙不可言。

在全球各地，獨裁者抓住了這個機會，乘著新冠疫情的浪潮進一步鞏固對權力的控制。早在二〇二〇年四月，如弗朗西絲・布朗（Frances Brown）、薩絲基雅・布雷肯馬赫（Saskia Brechenmacher）和托馬斯・卡羅瑟斯（Thomas Carothers）在卡內基國際和平基金會（CEIP，筆者也是其中研究員）的報告中所解釋，很明顯的，新冠疫情將以多變得令人驚訝的各種方式擾亂全球的民主和政府體系[1]。在疫情初期即出現各種擾動，而且大多是負面的。在二〇二〇年短短上半年中，疫情就使權力更集中、封鎖了民主空間、為剝奪基本權利開道、擴大國家監控、允許國家禁止抗議、中斷選舉、破壞文人領軍，並阻礙民防動員。他們認為，新冠疫情有可能「讓全球重新設定對於威權主義與民主優劣的辯論論點」。

有些人，例如中國這個坐擁成熟而龐大警察國家的傳統獨裁政權，就利用這個機會來平息此起彼落的不滿源頭，同時發起挑釁行動，企圖解決與鄰國的邊境衝突。其他人，例如匈牙利和俄羅斯的領導人，則視持續的疫情為絕佳的機會長久鞏固權力，同時破壞民主對手的穩定。還有一些人，如巴西、墨西哥、美國和英國的領導人，則將這場疫情視為民粹的機會，透過誇大展現對專家建議的輕蔑，顯出自己的真誠不做作。還有更多人，從泰國、土耳其，到柬埔寨和中國，則非常享受有新的藉口來鎮壓異議言論。在各個情況下，民粹主義、兩極分化和後真相都塑造了當權者如何回應疫情，也指引他們利用疫情獲取更多（以及更穩定、更長久）的權力。

然而，我們也很快發現，這場疫情並不只是讓3P獨裁者生活更輕鬆那麼簡單。根據川普競選民意調查員托尼·法布里齊奥（Tony Fabrizio）在二〇二〇年底進行的競選檢討報告指出，川普拙劣應對疫情的失誤很可能是他失去連任的原因[2]。在一個威權主義仍需面對真實競爭侷限的社會中，在重大危機中執政表現不佳仍然得付出代價。

因此，疫情至少在政治方面取得一次大勝利，而且是非常重要的關鍵。但每個國家經歷的疫情都各不相同，我們不應該概括而論。不過從疫情初期，一些早期的模式就已經很明顯了。

## 乘著新冠疫情的機會

世界各地的專制政權都很快意識到，新冠疫情提供了強化社會控制的機會。隨著各國政府以健康為由對公民行動實施前所未有的限制，任何在其他情況下會過於嚴厲的措施，都彷彿變成常態，甚至不足為奇。

習近平大膽利用疫情潛力來集中權力的能力，大概連其他專制領導人也望塵莫及。這位中國獨裁者強勢地攻擊長期惹怒北京政府的不同敵人。習近平最明顯的攻擊行動，就是他在二〇二〇年對香港民主運動的致命一擊，他批准了國安法，成功廢除香港在中英協議的「一國兩制」原則下的準自治地位。身為英國前殖民地的香港，在一九九七年主權回歸中國。新頒布的國安法迅速遏止了二〇一九年震撼香港的街頭抗爭運動，也壓制了這個前英國殖民地的公民參與傳統。

香港不是唯一一個習近平想在疫情掩護下一了百了的長期問題。中國與印度在喜馬拉雅山區偏遠、複雜、劃定模糊的國界也是其中之一。從二〇二〇年初開始的一連串侵略行動中，習近平派出中國軍隊占領了長期以來由印度管理的領土。習近平決定發出一個信號，也就是中國將繼續行使權力來捍衛其邊境。

疫情悄悄地幫助習近平完成了這一計畫。中國情報單位似乎發現印度軍隊的嚴重戰備危機，當時印度軍營中爆發了一連串新冠肺炎疫情。在中印邊境，中國破解印度的軍事信號並不難，因為印度軍隊仰賴中國的電信設施進行內部通訊。

中國隨著疫情出現的好戰行為，讓所有競爭國家和鄰國都處於緊張狀態。從與中國在南海存在複雜領土爭端的越南和菲律賓，到日本和南韓，習近平的自信恐怕會成為疫情中引起最大混亂的長期影響。

不過在中國的鄰國當中，沒有一個比台灣更在疫情中感到不安。雖然台灣已經事實上獨立了八十年，但中華人民共和國仍認為台灣是自己的領土。看到北京背棄香港長期以來的「一國兩制」承諾，讓一些台灣人放棄了在保持台灣開放、經濟成功、保有活躍民主傳統的前提下與中國大陸統一的希望。

新冠疫情也擴大、加深中國對最西邊的新疆維吾爾族的鎮壓。北京政府在幾乎沒有國際監督的情況下，大大擴展其偏遠、難以發現、猶如「古拉格群島」的陰險的「再教育營」。

在上述每個情況下，這場疫情都為中國提供了完美的掩護，讓中國能在不同的戰線上強勢行動，面對的阻力又比平時預期的更小。就算沒有疫情當幌子，中國政府的這些攻擊行動大概也終究會發生。但疫情的緊急情況絕對加速了這些行動的發生。

當然，這不是利用病毒的唯一方法。說到利用疫情來打擊異己，只有想不到的，沒有做不到的。舉亞塞拜然的獨裁者阿利耶夫為例。他對封城規定的詮釋，包括以違反社交距離規則為理由取締異議組織，雖然他們只不過在市區辦公室舉行四人會議而已。

匈牙利總統奧班是另外一位迅速有效利用疫情集中權力的領導人。他以大型集會會增加感染風險的公衛措施為理由，關閉議會並無限期延後選舉。如此一來，奧班得以完全控制國家機器，以法令統治。

在玻利維亞，臨時總統珍妮·艾尼茲（Jeanine Áñez）同樣在二〇二〇年藉著疫情的掩護下，兩次延後總統大選。艾尼茲向全國人民辯解，她岌岌可危的民調只是個巧合。（同年，艾尼茲在民調排名第四後退出選戰，讓位給左派政黨。平心而論，她民調落後的原因與執政時的糟糕表現更有關係，而非疫情本身的影響。）

實際上，在二〇二〇年，國際選舉制度基金會（IFES）記錄了六十四個國家和八個地區出現選舉延期，總共一〇九場選舉活動被延後[3]。智利、衣索比亞、伊朗、肯亞、北馬其頓、塞爾維亞、斯里蘭卡等國家都延後了全國性的總統、議會、州級和地方選舉或公投。當然，並非所有選舉延期都是為了緊抓權力，有些是出於真正的健康疑慮。這也正是為什麼防疫這個藉口可信度很高，對於想利用疫情謀取政治利益的人非常有用。

當然，以防疫為藉口延後選舉只是其中一種操縱方式，忽略合理疫情擔憂、拒絕延後選舉也是另一種方法。波蘭就拒絕延後總統選舉，因為當時民粹主義總統安傑伊．杜達（Andrzej Duda）有望再次獲勝。而他確實贏得了大選，在第二輪投票中獲得百分之五十一的選票。

事實上，波蘭的民粹主義者毫不避諱地利用疫情達成自己目的。正如波蘭科學院（Polish Academy of Sciences）的喬安娜．福米納（Joanna Fomina）所指出的，他們藉此機會通過了在疫情之前遭受民眾強烈反對、高度爭議的社會議題法案。在疫情來襲之前，立法禁止性教育並進一步限制墮胎的法案引發大規模的街頭示威抗議。疫情爆發後，政府就禁止了上街抗議（聲稱需要保持社交距離），並在深夜批准了該法案。

幾乎在世界各地，疫情都強化了行政部門與其他政府部門的關係，並擴大了「合理」措施的範圍。澳洲人在一段時期內被禁止出國：這種原本難以想像的事情，在疫情期間卻變得無可非議。如此的轉變在許多方面產生深遠的影響，尤其為貪腐創造了全新、誘人的機會。由於政府官員面對迅速批准防疫物資採購合約的巨大壓力，腐敗和貪汙的機會激增，而且在實際已經成為犯罪企業的國家中，這些機會幾乎絕對會被用於非法得利。

在面對破壞公民自由的防疫措施時，全球各地限制言論自由的行動是最有破壞性的。我們可以說，新冠病毒之所以演變為一場全球危機，最初就是因為審查制度。李文亮博士及其武漢的同事在二〇一九年十二月首次試圖對這個奇怪的疾病發出警告後，中國政府強迫他們噤聲，浪費了疫情首次爆發時在當地得到控制的早期關鍵階段。李文亮博士後來於二〇二〇年二月死於新冠肺炎，這不僅使他成為這場疫情的第一位犧牲烈士，也是言論自由最新的殉道者。

政府利用權力壓下關於疫情見不得人的資訊，這個現象不只在中國出現。正如雅各布．麥坎加馬（Jacob McHangama）和莎拉．麥克勞克林（Sarah McLaughlin）在《外交政策》（*Foreign Policy*）雜誌上發表的，在新冠肺炎疫情爆發的最初幾個月，全球也同時出現審查制度的疫情，世界各地的專制政府打著禁止散播疫情假消息的幌子打擊異己[4]。在柬埔寨，數十個人因為發表有關疫情的評論，被指控發布假新聞而遭拘捕，其中包括被禁的反對派成員，他們之後遭到長期拘押。在泰國，對於散播疫情假消息的擴大定義，導致許多人只因為批評政府的應變不及就被拘捕。在土耳其，數十個人因為在社群媒體上發表有關疫情的「毫無根據且煽動」的貼文而被鎖定，其中至少十九人因批評政府的反應而被指控「針對政府官員並散播恐慌和恐懼」為由拘捕。

二〇二〇年，記者因報導疫情危機、疫情帶來的經濟影響及政府應對措施而遭到騷擾的事件屢見不鮮。亞塞拜然、埃及、宏都拉斯、印度、伊朗、菲律賓、俄羅斯和新加坡等國家，都是試圖讓媒體噤聲的眾多政府之一。在所有案例中，政府都聲稱是為了大眾健康的利益而壓制有關疫情的不實消息。啟人疑竇的是，很多時候這些「不實消息」正好都暴露了政府處理危機的無能。

在某些情況下，疫情將高壓統治政府推向了全新的資訊控制領域。例如，在土耳其，主流媒體早在疫情之前就已經受到艾爾多安政權的嚴密控制。但疫情成為土耳其政府推出嚴厲規定「限制假消息」的藉口，這些規定實際上禁止了各式各樣的言論自由。艾爾多安政權以疫情為由，在二〇二〇年年中批准了一項新的法律封殺臉書、推特和YouTube，除非這些平台同意遵守土耳其政府的審查制度[5]。若平台未執行法院命令移除政府審查人員認為冒犯的內容，將受到巨額罰款並大舉削減頻寬。

布朗、布雷肯馬赫和卡羅瑟斯也發現，國家對高科技監控技術的使用擴增，而表面上的理由都是為了對抗疫情[6]。舉例來說，南韓、新加坡和以色列率先使用手機監控來追蹤密切接觸者。大眾後來才意識到，如果政府獲准使用這種技術來追蹤一個人是否接觸過帶原者，政府也同樣可以追蹤他出於任何其他原因接觸過的人。

「雖然加強監控本身並不等於反民主，」他們寫道，「但這些全新措施遭到政治濫用的風險非常高，尤其當這些措施在不透明或不受監督的情況下得到授權和實施時。」

在印度，衛生單位要求隔離者定期上傳開啟定位功能的自拍照，以確保照片是在家中拍攝的。在香港，入境旅客被迫佩戴類似於居家監禁的人配戴的電子定位追蹤裝置。這些措施被濫用的可能性高得難以想像。

除此之外，在世界各地，疫情也強化了武裝部隊的權力。在伊朗、以色列、巴基斯坦、秘魯和南非，軍隊在制訂和執行公共衛生決策方面扮演了更重要的角色，以至於出現一些指控過於狂熱的軍人濫用權力的情形。話說回來，每個趨勢都至少有一個反例，卡內基基金會的研究人員阿穆爾·哈姆扎維（Amr Hamzawy）和內森·布朗（Nathan J. Brown）就發現，埃及為了應對疫情，塞西專制政府內部的技術官僚和平民派系的影響力擴張，取代了以軍隊為中心的國安建置的影響力[7]。自一九三〇年代以來，緊急權力的使用已被視為鞏固專制權力的關鍵。當現實中發生的緊急情況與專制的野心重合時，特殊的機會就會出現。疫情就是一個明顯的例子。超過五十個國家宣布進入緊急狀態以應變危機，其中許多國家是出於完全正當的公衛原因。然而在一些國家，發布緊急狀態幾乎等同於公開宣揚自己的威權野心。

在評估發布緊急狀態被專制目的濫用的可能性時，學者會特別仔細研究兩個方面：緊急狀態是否有期限，以及是否有範圍限制。沒有詳細界定範圍或期限的緊急狀態很容易遭到濫用。而在這場疫情中，這一類緊急狀態的數量多得令人擔憂。

在菲律賓，國會授予杜特蒂總統毫無限制原則的緊急權力。在柬埔寨，總理洪森（Hun Sen）也認為他可以無限擴大使用軍力的權力[8]。由安娜·留爾曼（Anna Luehrmann）領導的哥德堡大學研究團隊發現，這個趨勢也出現在歐洲[9]。舉例來說，匈牙利國會授予奧班的緊急權力沒有任何具體的結束日期，其權力包含將散播疫情假新聞者判處徒刑。波蘭的緊急狀態雖然範圍沒有那麼廣泛，但也沒有結束日期，並且限制了部分媒體自由。在保加利亞，緊急權力被利用來騷擾羅姆人少數族群，而在羅馬尼亞，緊急權力則被用來限制言論自由，並引發警察濫用宵禁措施的事件。

## 後真相疫情

長期以來，克里姆林宮一直在尋找對手國家的社會裂痕來加以發揮，而這場疫情就提供了充足的機會，讓他們向焦慮和困惑的大眾散播假消息。正如歐盟二〇二〇年三月的報告所發現的，俄羅斯情報機構發起了「大規模的假消息行動」，試圖加劇疫情給歐洲對手國家帶來的危機[10]。他們的目標是什麼？就是要破壞大眾對民主國家緊急應變的信心。

有俄羅斯在背後支持的激進分子緊抓著歷久不衰的FUD原則——恐懼、不確定和懷疑——來散播假消息，破壞大眾對本國政府的信心。早在二〇二〇年一月二十二日，歐盟就發現了八十則與新冠肺炎病毒相關的假消息，比第一波大規模、破壞經濟的各國封城潮早了六週之多。許多參與此次行動的社群媒體機器人帳戶，過去也長期在幫克里姆林宮散播有關敘利亞內戰、法國黃背心運動、加泰隆尼亞獨立等議題的假消息。此次行動散播範圍非常廣，不僅有英文內容，也包括西班牙文、義大利文、德文和法文的內容。

假消息行動經常同時散播各種不實資訊。在一些情況下，俄羅斯機器人會散播「新冠病毒是人造的，而且被西方當作武器使用」等假消息。但在大眾對政府特別不信任的國家，如義大利，他們會更強調將政府抹黑成無能且無法應對危機的形象。與此同時，西班牙文的假消息則著重在關於世界末日，或指控資本家嘗試從疫情中獲得好處，根據報告中指出，並且「強調俄羅斯和普丁應對疫情時做得有多好」[11]。

這些機器人帳戶在俄羅斯公共領域也非常活躍。俄羅斯的公共國際廣播公司RT電視台的西班牙文部門，光在疫情初期的幾週內報導就獲得約六百八十萬次的「轉發」。俄羅斯的政治宣傳在政治敏銳的人眼中看似明目張膽，但對於形塑廣大目標社會對於疫情的看法卻成效卓越。

當然，美國也沒有倖免於難，很快就發現了有類似行動的證據。假消息瞄準了熱烈和火爆的輿論氛圍，成效極佳。二〇二〇年二月，美國國務院指責俄羅斯策畫一場散播疫情假消息的行動，利用上百個臉書、推特和Instagram帳戶來散播包括中央情報局研發新冠病毒做為生化武器的說法[12]。科技巨頭必須再一次關閉涉嫌散播假消息的帳戶。但他們似乎總是慢一步，只能亡羊補牢。

中國顯然很佩服俄羅斯散播疫情假消息的成功，因此很快就加入戰局，也發起了針對西方的新冠病毒後真相的行動。對中國而言，最重要的目標就是打破大眾對於中國（最初爆發疫情的國家）與疫情造成的死傷和經濟損失之間的連結，因此中國致力於散播中國「被陷害」的印象，主張病毒其實起源於別處。

中國能夠以這種方式投射力量，得歸功於中國極為複雜的對外影響基礎建設，包括中國國家電視台如今能播送到世界各地的家中，從肯亞到葡萄牙等國家皆能接收到。但中國的力量不僅透過電視廣播投射；中國也很快仿效俄羅斯最擅長的網路假消息行動[13]。在二〇二〇年六月，歐盟指責中國是如「巨浪」般席捲歐洲的病毒假消息的幕後黑手，目標是詆毀歐盟各國政府的危機應變[14]。

中國在這方面的行動往往與其他專制國家互相配合。正如獨立非政府組織保障民主聯盟（Alliance for Securing Democracy）透過複雜的網絡研究發現的，有明確的證據顯示中國官方對外宣傳機構藉著伊朗和俄羅斯的政治宣傳網絡發聲[15]。自二〇一九年十一月以來，轉發次數最多的前五間新聞媒體中（不包含中國政府在背後操作的媒體），有三間媒體由伊朗或俄羅斯政府資助（伊朗的PressTV、俄羅斯的RT電視台和俄羅斯衛星通訊社分別為轉發次數排名第三、第四和第五的媒體）。此外，幾個與俄羅斯政府資助的媒體或親克里姆林宮的網站有關的帳戶，也在中國帳戶轉發最多的一百個帳戶之列[16]。

許多網路監管機構中發現愈來愈多類似結果。牛津網路研究所所長菲利普·霍華德（Philip Howard）也發現在疫情出現後，假消息數量急劇上升。「我們看見外國製造的假消息顯著增加，尤其是來自俄羅斯和中國的假消息，」霍華德在接受CBC新聞採訪時表示，「事實上，有百分之九十二國家資助機構發出的假消息都來自俄羅斯和中國。」[17]

這種追蹤研究通常發現，國家資助的後真相在疫情時代不僅更廣為流傳，而且行動更加縝密。俄羅斯網路研究機構等組織愈來愈善於掩蓋自己的蹤跡，防止影響行動輕易露餡，像二〇一六年英國脫歐和美國大選中的新手錯誤一樣。有些方式很簡單，例如對機器人推特文加以審稿，避免出現明顯的文法和語序錯誤，以免被發現推特文不是來自英文母語者。但也有更進階的方式。如同CNN一項調查發現的，俄羅斯甚至開始外包部分假消息工作給奈及利亞和迦納的非政府組織和承包商，在二〇二〇年夏季反種族歧視抗議席捲美國之際，他們付錢雇用非洲人在美國社群媒體上挑撥種族緊張神經。CNN發現，有些非洲網軍甚至不知道自己工作背後的金主正是俄羅斯[18]。

## 反彈有多大？

那麼，疫情就是這個時代讓權力集中的強大向心力，對吧？

不盡然。面對這前所未有的危機，過度簡化非常危險。太早推定的假設很快就會被證據推翻，直覺也不能當作未知領域的指引。

只要舉一個例子就能證明。在二〇二〇年初幾個月對於疫情的分析，最早得出的其中一個結論是，疫情將會終結從幾年前開始在世界各地蔓延的社會動盪和街頭抗議，包含加泰隆尼亞、香港、智利等許多國家的抗爭。但現實很快就推翻了這個預測：到了二〇二〇年六月，受疫情影響最嚴重的美國爆發了反種族歧視警察執法的社會運動，而從阿爾及利亞到辛巴威等國家的街頭抗議也再次復甦。沒有國家能置身事外：到了二〇二〇年八月，大規模的街頭抗爭席捲了白俄羅斯，動搖了世界上最冷血的傳統獨裁者亞歷山大・盧卡申科（Alexander Lukashenko）的權力。短短六個月後，在普丁政權毒殺不成又監禁俄羅斯最知名的批評者阿列克謝・納瓦尼（Alexei Navalny）後，前所未有的大規模抗議行動席捲了整個俄羅斯，而且不限於大城市。納瓦尼揭發了黑海一座巨大宮殿的醜聞，他稱之為俄羅斯歷史上最大的賄賂，這個爆炸性醜聞震撼了克里姆林宮。在撰寫本章的同時，這場抗議還沒有看到終點，但看到俄羅斯人在嚴冬中上街抗議，絕對打消了任何認為病毒會削弱民眾抗議意願的看法。

早期認為新冠病毒會成為權力集中的向心力的假設，是否會在中期被證明錯誤？部分證據的確證明了這一點。一些早期關於新冠病毒影響的學術研究顯示，疫情在不同國家環境中的政治影響差異很大，不僅取決於原有的社會分歧和政府的作風，也取決於當權者的反應。

這個強而有力的觀點，由我的同事卡羅瑟斯提出，他是卡內基國際和平基金會鑽研此議題的研究負責人。在一系列關於疫情危機早期影響的案例研究中，卡羅瑟斯發現，雖然新冠疫情確實加劇了巴西、印尼、波蘭、斯里蘭卡、土耳其和美國的政治兩極分化，但在其他國家卻並非如此，例如智利、印度、肯亞和泰國等[19]。

但若要觀察疫情成為奪走獨裁者權力的**離心力**可能性，我們應該看美洲三個最大的國家。世界上權力最大的幾個3P獨裁者：巴西總統波索納洛、墨西哥總統歐布拉多和美國總統川普，在國家死亡人數飆升時，卻以否定科學、迷信和各種謊言來回應。在短期內即使水深火熱，兩極分化仍能確保三位領導人保有足夠的支持者，包含支持歐布拉多的絕大多數墨西哥民眾，儘管官方未公開數據的數千人感染了新冠肺炎而死亡，還有數百萬人失去了生計。但這種模式又能持續多久？

這三位西半球民粹主義者蔑視科學建議的糟糕回應，顯示出疫情與後真相複雜關係的另外一面。當俄羅斯和中國領導人處心積慮使用假消息做為對付對手的武器時，巴西的波索納洛和美國的川普卻似乎對中俄製造的牽強陰謀論深信不疑。後真相對於老謀深算的獨裁者來說或許是有效的戰略工具，但也可能成為容易輕信的獨裁者致命的盲點。

俄羅斯人對疫情的沮喪，激起他們對普丁的憤怒，並演變成二〇二〇年夏天震撼莫斯科和聖彼得堡的大規模街頭抗議。由於俄羅斯的新冠肺炎疫情非常嚴重，政府的公信力受到嚴重損傷。但即便如此，在疫情爆發初期、大眾憤怒爆發之前，普丁仍大膽將自己任期延長至二〇三六年。

若說許多 3 P 領導人的失誤為自己的未來蒙上了一層陰影，那麼世界上一些表現最好的民主國家相對更有效的應變，則讓我們知道自由派陣營還沒失去希望。丹麥、冰島、德國、紐西蘭、韓國和台灣對於危機的公共應變效率表現突出：這些國家得以透過果斷、科學的決策快速控制疫情，都要歸功於嚴謹的民主以及（除了韓國之外）清一色的**女性**領導人。

## 疫苗的力量

由於疫苗的生產和分配，新冠疫情也重新引起世界對於各國技術能力的關注。長期被遺忘的排名保護主義（rank protectionism）和科學沙文主義（scientific chauvinism）心理再次出現，美國、歐盟、英國、俄羅斯和中國開始在疫苗研發的速度和可靠性上相互競爭。在二〇二一年的頭幾個月中，疫苗分配的優先順序成為全球關注的焦點。中國和俄羅斯充分利用專制給予他們的自由，優先向客戶國家出口疫苗，有時甚至排在自己需求孔急的國民前面。而西方世界的盟國自身面臨快速免疫的強烈需求，並未在前期輸出自身有限的疫苗存貨。

實際發生的現實有時會與過往的刻板印象相符，有時又背道而馳。以色列人口少、擁有高超的生命科學研究能力、軍事實力雄厚，因此不出所料地最先實現了群體免疫。但反觀歐盟，雖然擁有龐大的科學和研究基礎，並以技術官僚效率著稱，卻輸在起跑點上，無法為龐大的歐盟人口穩定供應足夠的疫苗，在提供世界疫苗方面也遠遠落後於領先的國家。

隨著時間流逝，大眾對於二〇二〇年疫苗競賽的記憶，可能都會集中在mRNA療法可行性的概念驗證。這個研發出莫德納（Moderna）和輝瑞BNT（Pfizer-BioNTech）疫苗的高科技技術，為劃時代的藥品點亮了未來，為治療各樣人類疾病開闢了新蹊徑。如果人們記得的是疫情加速了疫苗療法的研發，那麼早期疫苗分配的小衝突很可能會被遺忘，而開發新技術的國家（主要是美國和德國，以及他們的盟國）的聲望也會蓋過歐盟在行政上的混亂。或許到了二一〇〇年，大眾只會記得這場全球疫情加快了精準醫學的研發，並重新樹立了民主國家的聲望，因為是民主國家的科學家帶來了革命性發展。

最後一點說明了本章的核心前提。與近年來發生的所有重大危機一樣，對於疫情的回應及衍生事件的影響，都遠大於最初的危機本身。毫無疑問的，新冠肺炎疫情重塑了世界。但同樣的，政府的回應和社會對這些回應的反應，可能和疫情本身一樣重要，或甚至更加重要。

於是，有一個可能的未來——我要聲明，只是幾個可能的未來**之一**——新冠肺炎將成為世界脫離新的3P獨裁者的轉捩點。如果在幾年內，事實證明尊重科學專業知識和資訊自由流動的國家，明顯優於那些堅持後真相的國家，那麼一無所知的獨裁者的合法性將受到嚴重打擊。

第11章

# 我們需要打贏的五場戰役

根據具有聲望的美國智庫自由之家發布的年度報告「世界自由度」（Freedom in the World），二〇二〇年有七十三個國家的「自由度得分」低於前一年[1]。只有二十八個國家分數上升。不幸的是，根據報告指出，世界上有百分之七十五的人口生活在選民權利被削弱的國家。正如英國歷史學家提摩西．賈頓．艾許（Timothy Garton Ash）所觀察到的，「這是本世紀首次，在超過一百萬人口的國家中，民主政體的數量少於非民主政體。」[2]

全球民主面臨的威脅再真實不過。對自由的攻擊不但遍布全球，而且既強大又持續不斷。各種不同意識形態的政府，包括許多自稱為民主典範的政府，都抓住機會削弱了制約其權力的制衡機制。正如我們前文所討論的，在某些國家，這些攻擊直截了當、清晰可見；但在其他國家，則非常低調而隱密。

民主陣營必須在生存競賽中贏過喜愛權力集中且不受限制的世界的敵人。然而，我們如何贏得多條戰線的戰爭，又如何能贏過善於利用民主弱點，以及利用民主國家一直未能解決的大眾失望和不滿情緒的 3P 對手？在這場如同約翰．甘迺迪（John F. Kennedy）總統就職演說形容的「勝負難決的奮鬥」的現代版本中，民主捍衛者必須智慧選擇戰役，才能取勝[3]。

在未來將面臨的戰役中，我相信這五個方面是最重要的：

1. 對抗「大謊言」
2. 對抗犯罪政府
3. 對抗嘗試破壞民主的專制國家
4. 對抗壓制競爭的政治卡特爾
5. 對抗專制敘事

在下文中，我概述了我們應該怎麼做才能在這五個戰役中都獲得勝利。這些不是靈丹妙藥，而是專注在認清我們應該完成的關鍵目標，以及實現這些目標最有可能的方式。

## 對抗大謊言

任何捍衛民主、確保政治制度為社會造福的策略，都取決於恢復公民辨別真假消息的能力。正如對當代專制主義最敏銳觀察的編年史家史奈德所警告的：「後真相就是前法西斯主義……拋棄事實就是拋棄了自由。」[4]

然而在世界各地，政治領袖愈來愈常將謊言做為追求權力的手段。我所說的謊言不是像政客們常常脫口而出的胡說或杜撰故事，而是指會破壞民主共存和民主存在可能的謊言。就像川普所做的：二〇二一年五月，川普在將自己連任失敗憑空歸咎於投票做假的五個多月後，他又厚顏無恥地宣稱「二〇二〇年造假的總統選舉……從今天起，將被稱為『大謊言』！」[5]

大政治謊言與一般的政治小謊完全不同。克里姆林宮將一九九九年莫斯科和其他俄羅斯城市的四個公寓發生的可怕爆炸事件誣陷給車臣分離主義分子，就是一個可怕的例子，展現了大謊言如何被用來鞏固權力，普丁在鮑利斯・葉爾欽（Boris Yeltsin）生病後指定他成為總理起，就開始進行這場可怕的謊言行動。無論是普丁指控車臣人、土耳其的艾爾多安指控葛蘭派的陰謀，或川普聲稱一個邪惡的「深層政府」（deep state）對自己的政府不利，3P政治人物都利用大謊言來為自己奪取權力辯護。每個民粹主義的宣傳核心都是大謊言，將充滿野心的獨裁者刻畫成為高尚、被壓迫和背叛的大眾對抗憎恨他們的神祕菁英的唯一希望。

直到近年為止，在成熟的民主國家中，有志競選高位的人若被抓到撒謊，都是非常損害名譽的嚴重行為，因而能發揮嚇阻作用。但川普、艾爾多安、莫迪、杜特蒂、奧班和波索納洛等人上台掌權，顯示出說大謊言的成本效益平衡發生了危險的轉變。如果散播大謊言可以持續以獲得權力為回報，那麼沒有任何民主國家能夠倖存。消除大謊言的力量，需要大量的政治決心、立法創新，以及科技和新聞創新。但是，若我們輸掉了這場戰役，那麼其他戰役的成功也毫無意義。

許多關注都集中在網路對大謊言力量的強化作用上。這其實有點誇大網路的影響。畢竟，在網路發明的三個世紀之前，《格列佛遊記》作者強納森・史威夫特（Jonathan Swift）就已經說過：「謊言飛馳，而真相跛足其後。」[6]但網路扭曲了公共領域，讓謊言更占上風，以至於大眾不再相信現存的媒體機構能夠辨明真假。網路演算法強烈偏好搶眼而虛假的資訊而忽略單調但真實資訊的傾向，使得說實話陷入了危機，認知混亂威脅了整體民主精神。

正如艾普邦姆和波莫蘭契夫主張的，這種趨勢可以逆轉。他們認為：「網路不一定是糟糕的影響。」[7]從台灣、巴西到美國西雅圖和佛蒙特州等許多地方，都在嘗試創意方法來提高網路公民參與品質，也取得一定的成功。有些創新方式嘗試消除助長惡意網路言論的匿名性；有些方式則試著建立能促進與獎勵建立共識、消弭網路公共領域兩極分化的平台。

這些創新措施需要被如今壟斷網路搜尋和廣告的網路巨頭採納；透過企業自行採納是最好的，否則必要的話則透過法規規定。科技巨頭的財務、法律和信譽激勵機制，都需要與社會的廣泛利益保持一致。

川普於白宮辦公室長達四年每天謊言連篇後，推特決定封鎖川普的帳號，可說是對抗謊言的第一步，儘管這麼做不太公平也有點問題。但隨之而來的，則是關於將川普從推特和臉書上封鎖的效果和正當性的辯論（臉書召開獨立董事會來審查這些決定，對此輿論有褒有貶），這件事讓我們知道還有很長的路要走。美國科技巨頭受到保護而免於承擔責任這件事，應該也會持續成為立法關注的目標。這些以營利為目標的公司，其商業模式本身就建立在極大化使用者參與度，而假消息在這方面的優勢完全贏過真實資訊，因此想寄望這些企業自願清除平台的毒素，無異是與虎謀皮。

傳統媒體也面臨挑戰。根據愛得曼（Edelman）二〇二〇年的年度全球信任度調查，只有不到一半的美國人表示他們信任傳統媒體。百分之五十六的美國人同意「記者會故意透過一些他們知道是虛假或嚴重誇大的言論來誤導民眾」。百分之五十八的人認為，「大多數新聞機構比起告知大眾資訊，更關心支持特定意識形態或政治立場」。在二〇二〇年美國總統大選後，愛得曼對美國人進行民意調查，結果數字更加惡化，只有百分之五十七的民主黨支持者信任媒體，而共和黨支持者對媒體的信任度更只剩百分之十八[8]。新聞業曾經是對抗大謊言的基地，但如果記者的報導失去大眾信任，就無法再發揮作用。

若要克服這場危機，代表傳統媒體必須修改，或甚至在某些情況下放棄過去做新聞的那一套方法。若報導中的其中一方攻擊民主制度，新聞媒體就必須摒棄根深蒂固的「兩面主義」習慣，也就是嘗試在道德對等不存在的地方尋求道德對等[9]。

正如英國《金融時報》前總編輯萊奧納·巴伯（Lionel Barber）所說，這並不代表新聞業應該公然偏袒一方。只要雙方論點都出於善意，並有證據佐證，雙方意見的確都需要被聽見。然而，如果論點不是出於善意，或是證據被惡意操縱或忽略，懷著尊重聆聽這些論點不但不明智，而且還有可能帶來破壞[10]。記者和評論家不能為了當公正的觀察者，而與散播大謊言和對抗謊言的人保持同等的距離。野心的獨裁者長期以來一直利用這種有害的道德相對主義做為3P策略的一部分。

當權者使用大謊言就應該被罷黜的原則，應該要重新雷厲風行。那些計畫廢除民主決策的領袖，例如支持川普推翻二〇二〇年美國大選結果的共和黨國會議員，必須失去政治前途，民主才能存活。正如亞歷山大·漢密爾頓（Alexander Hamilton）在一七八七年所寫：「有罪不罰的希望，是對煽動叛亂的強烈激勵；而對懲罰的恐懼，則是對煽動叛亂的同等阻力。」[11]然而，受川普支配的共和黨員並沒有遵循這個原則，反而在大選後整肅了黨內擁護該原則的人。

加強對惡意謊言的制裁，並非如我們所想的前所未有或是不尋常。例如，所有西方國家都有保護措施，以防止廣告商宣傳毫無根據的療效。向病人銷售的藥物若出現虛假或誇大的說詞會帶來傷害，這個共識不會有爭議，也不應該有爭議。監管機構會仔細審查這些廣告，尋找藥物不得宣稱的療效，以及必須包含的警告和免責聲明，這件事但凡在美國看過電視廣告的人都很熟悉。我們不會將這種審查視為侵犯言論自由。而國家政治人物向選民灌輸關於二〇二〇年大選和疫情（更不用說氣候變遷）的謊言，點醒了我們政治謊言可能和醫學謊言一樣危險。

不願規範政治言論的本能有著深刻而光榮的根源。若立法要求政治言論誠實，會讓我們陷入滑坡謬誤。畢竟，如果我們允許部分政治言論存在，又不允許特定政治言論，那麼如果被要求做出裁判的是我們的對手怎麼辦？在法官被要求對任何抵制大謊言的新法律框架的挑戰做出裁決時，這樣的論點一定會正當被提出，要求列入考慮。但是在一個民主制度可行性受到質疑的世界裡，這樣的論點不能再做為最終定論。我們需要更加審慎。

公民也應該對民主治理機制有更健全的認識。公民教育曾經是全世界中等教育的重點。但在太多情況中，公民課程被更受歡迎的課程所取代，無法提供學生歷史背景和知識來評判民主制度固有的辯論。事實上，二〇一八年的一項調查發現，只有三分之一的美國人能夠通過美國入籍考試的選擇題測試[12]。這種無知的後果顯而易見。

「回歸基本」並教導青少年法案如何變成法律是遠遠不夠的。如今的科技環境要求資訊消費者自行選擇相信什麼，這種要求已達到前所未有的程度。在一個世代以前，決定哪些想法能獲得廣泛傳播的權力，掌握在少數文化首都的一小群菁英編輯手裡。現在則全然不同。如今，每個新聞消費者都是自己的編輯。這個邏輯套用到未受過專業訓練的人身上，就是假消息猖獗的祕訣。

若要讓大眾拒絕謊言，我們需要開始關注網路衛生（digital hygiene）。民主國家必須為學生制訂課程，賦予他們心智技能來過濾數位生活中湧入的大量假消息。在這個大工程裡，科技也必須被徵召來助攻。人工智慧工具可以衡量參與線上辯論的用戶可信度，以及他們是否遵守一般驗證和誠實發言的標準。如今的網路巨頭已經擁有必要的科技，可以根據用戶有多容易受假消息影響來給他們分級，因此可以建立機制來保護脆弱的群體，免受最具誤導性、有害的資訊影響。

見多識廣、反應迅速的公民，是抵抗大謊言的第一道防線。若公民缺乏工具來履行公民義務，當今的3P獨裁者就更有可能鞏固自己的權力。若我們沒有守住這道防線，代價將非常高。

我們必須加快制訂並實施新的法律、制度、科技和激勵措施，讓公民有辦法拒絕當前或潛在的獨裁者灌輸他們的一連串謊言。這是一個非常可能實現的目標。

## 對抗犯罪政府

我們必須贏得的第二場戰役，就是對抗犯罪的政府。別誤會，這裡所說的不是又要對抗貪腐。犯罪政府之於貪腐，就像大政治謊言之於傳統的政治小謊。民主國家可以與一定程度的貪腐共存。

事實上，現實早已如此。但是，如果政府最高層的官員同時是控制關鍵公共機構（警察、軍隊、情報機構、外交部門、稅務機關、海關、監管機構等）以及利潤豐厚的私人企業（受保護的國有企業、開採自然資源的產業、私人壟斷企業等）的犯罪組織領袖時，民主制度一定會崩壞。這些犯罪組織讓國家領導人和親信賺得盆滿缽盈，使他們能夠攻擊和鎮壓國內外的對手。在依賴組織犯罪策略、權謀和方法又有主權國家支持的黑手黨國家中，民主制度是無法落實的。

從俄羅斯、敘利亞和科索沃，到委內瑞拉、北韓和宏都拉斯，黑手黨國家無法無天，一邊輸出黑社會的策略，一邊為全球犯罪分子提供安全的避風港。他們的金融機構包庇了來自世界各地的不義之財，他們的外交破壞了世界各地人民的民主理想，他們的國安機構則被用來恐嚇異議者。任何黑手黨國家都會對世界各地的民主造成威脅。

在當今的國際體系中，普丁領導的俄羅斯在維持這個鬆散的全球黑手黨國家聯盟上扮演重要的角色。俄羅斯的外交官、間諜、駭客和網軍危害了世界各地的民主土壤。俄羅斯的規模和地緣戰略權重為其他國家創造了犯罪空間。這就是為什麼在不久的將來，我們必須強硬地對抗俄羅斯的權力投射，並阻止俄羅斯犯罪菁英享受戰利品，才能達到對抗「用犯罪治國」的趨勢。除了俄羅斯之外，那些將黑社會權謀做為治國之道的國家也必須堅決抵制。在3P專制時代，對民主的威脅並非對自由意識形態的挑戰，而是對基於法律和真理的治理原則的挑戰。我們絕不能放任國家將謀殺、恐嚇、敲詐勒索和散播假消息變為常態性手段。

制伏當今的黑手黨國家將是一場消耗戰。我們或許難以大獲全勝，但至少能夠逐漸削弱黑手黨國家造成的威脅。

對抗的第一步很簡單：跟著金流走。只要擴大追蹤和制裁黑手黨國家領導人藏匿資產的地方，就已經能大大削弱這種犯罪模式的吸引力。然而，儘管近幾十年來打擊非法金融交易的執法活動大幅增加，但洩密、駭客攻擊和調查仍在繼續[13]。黑手黨國家的領導人和親信仍在利用一些世界最大的銀行，將巨額資金轉移和隱藏在境外公司，這早已是公開的祕密。

在這個作業流程中，每個黑手黨國家背後都有領取高額酬勞的專業人士組成的隱形網絡，努力把犯罪行為變現。律師、會計師、財富管理人、私人銀行家、公關和傳播專家、貪腐的執法人員以及負責掩護的角色，都必須謹慎協調，以掩飾和保護不義之財的洗錢機制。若非他們存在，黑手黨國家的領導人就只能侷限在自己的國家，這件事令他們難以忍受。民主國家需要分配更多資源來遏止這個犯罪生態。舉例來說，美國財政部金融犯罪執法局（Financial Crimes Enforcement Network）在二〇二〇年的預算只有一點二億美元，這與數兆美元的非法資金流相比簡直微不足道[14]。民主國家必須加強受益所有人登記並公開資訊，讓設立匿名空殼公司變得更加困難。他們也必須遏制出售公民身分的可疑做法，這種做法使黑手黨國家成員不僅能藏身在加勒比海的避稅天堂，也能透過馬爾他和賽普勒斯在歐盟有立足點。

犯罪國家的領導人也著迷於洗白聲譽，他們「慷慨」捐贈給慈善機構和非營利組織，但這些組織正是為了洗白而存在。我們需要找到那些假慈善機構，公開名稱，讓它們無地自容。犯罪國家掌權者享有通行外國和持有外國財產的特權；我們也可以撤回這些特權。我們需要一一提高犯罪國家業務的成本和風險，並且在機會出現時將掌權者定罪。執法部門需要制裁犯罪行為，無論犯罪者是黑幫老大或是內閣部長。

## 對抗破壞民主的獨裁政權

任何學過歷史的人都知道，從各個國家存在開始，就不停在干涉彼此的事務。早在公元前五世紀，身為將軍和最早期歷史學家的修昔底德（Thucydides）就已經指出希臘城邦如何利用政治宣傳、謠言和假消息來削弱敵國的士氣，助長敵國菁英之間的分歧，並安插盟友去領導敵國的軍隊，有時甚至是領導政府[15]。

現代國家也不例外，無論是歐洲大陸革命和戰爭背後的陰謀，或是全球冷戰時期的恐嚇、詭計和操縱。舉例來說，政治學家道夫．列文（Dov H. Levin）發現，「一九四六年至二〇〇〇年間，在各國國家級行政選舉中，平均每九次選舉就有一次受到（美國和蘇聯／俄羅斯）干預。」[16]在二十世紀專制與民主的競賽中，民主體制在蘇聯解體後取得了優勢。到了二〇〇七年，系統性和平中心的政體IV資料庫（Center for Systemic Peace's Polity IV dataset）中，七十五個在一九八七年被評為獨裁政體的國家，大多數已經成為民主國家或擁有混合制度[17]。

但正如我們看見的，這場競賽的情勢正在逆轉。專制的中國日益增長的權力和影響力，顛覆了我們對於民主勢不可擋的期待。捲土重來的俄羅斯也是如此。中國和俄羅斯透過新的團體、倡議和機構來推翻原本的國際秩序，藉此擴展他們的共同利益，無論是金磚五國（巴西、俄羅斯、印度、中國和南非）、中國的「一帶一路」，或是上海合作組織等。事實上，全球化和相互依賴使民主與專制體制在過往沒沒無名的多邊組織的競爭白熱化，如世界衛生組織、萬國郵政聯盟（Universal Postal Union）、網路名稱與數位位址分配機構（ICANN）和國際民航組織（International Civil Aviation Organization）等。

然而在這所有變化中，我們看見最隱密、前所未有的破壞，就是惡意利用國家力量，透過新的網路通訊技術破壞國外民主對手的政治合法性。到了二十一世紀，干預他國的政治變得更容易、更便宜，以至於這個手段不再只有超級大國才會使用。北韓、土耳其、巴西和伊朗，就是規模中等又貧窮的國家，對美國、法國或西班牙等富裕大國的政治人物、政府和私人企業發起攻擊的其中一些例子。

我們花了很長時間，才了解到這個問題的規模有多大。對英國人而言，隨著證據顯示俄羅斯干預了二〇一六年的英國脫歐公投，他們才意識到這一點。對於美國人來說，則是在莫斯科干預二〇一六年和二〇二〇年總統大選的證據開始累積時才猛然驚覺。西班牙人則在二〇一七年十月加泰隆尼亞不可靠的獨立公投之前就學到了教訓。在二〇一九年十月地鐵票價上漲引起廣大抗議行動後，許多智利人也開始起疑。來自獨裁國家的假消息行動一再破壞了看似穩固的民主體制。這樣的影響力操作非常不對等，煽動者擁有一切優勢。攻擊成本之低加上潛在回報之高，類似攻擊一定會激增。

以最近兩次美國大選中的境外假消息攻擊為例。正如前文所述，這種網路抗衡是不對等的，但這並不是因為美國處於科技劣勢（美國在發動網路戰所需的科技方面處於全球領先地位），而是因為俄羅斯、中國和其他獨裁國家能夠利用民主國家的弱點。美國容易受到獨裁俄羅斯攻擊的原因，也概括了所有民主國家容易受到境外政治網路攻擊的弱點。一方面，俄羅斯瞄準了民主程序。引用美國情報體系二〇一七年一月的報告來說，駭客和洩密行為的目標是「破壞大眾對美國民主程序的信心」[18]。

他們的目標是利用民主社會中資訊的自由流動、資訊對大眾輿論的影響，以及大眾輿論決定國家領導地位的選舉機制。此外，不僅民主政治人物更容易受洩密攻擊，民主國家本來就更有可能出現洩密者。民主國家為個人提供的法律保護使這種行為難以阻止。

那麼，為什麼西方民主國家沒有進行必要的改革以應對威脅？為什麼他們有更強的能力，卻讓俄羅斯等國家占上風？其中一個原因，絕對是限制權力集中以及減緩政府決策的制衡機制。雖然無論威權或民主的官僚機構都行動緩慢，但普丁和習近平受到的法律和制度限制遠遠少於他們的民主對手[19]。

這些民主天生的弱點，也可能阻礙民主國家建立統一的多邊戰線對抗3P獨裁者。舉例來說，我們可以看見歐盟的投票結構如何阻礙其向奧班究責，或是阻止匈牙利封鎖批評中國和俄羅斯的言論。川普政府對多邊外交的挑戰和民主程序的繁瑣感到挫折，導致其退出聯合國人權理事會等機構，理由是中國、委內瑞拉和剛果民主共和國等犯罪國家也是成員。然而，正如前美國眾議員艾略特・安格爾（Eliot Engel）所指出的，退出人權理事會只會讓「理事會的不良行為者不受拘束地發揮他們最惡劣的本能」[20]。強化民主的方式並不是退出普遍主義的組織，這正是影響力的戰場，而是應該建立聯盟和互補的團體，並有效地利用它們。舉例來說，民主國家提供世界衛生組織百分之八十的資金，相比之下中國僅貢獻了百分之二。如果民主國家的影響力集中起來，就可能削弱中國對於世界衛生組織最初對新冠病毒疫情起源調查的干涉[21]。然而，在建立更好聯盟的同時，也不能犧牲原則。當民主國家出於戰略原因，不帶批判地歡迎莫迪、艾爾多安、奧班和杜特蒂等3P領導人加入行列時，他們失去的比得到的更多。

卡羅瑟斯呼籲民主國家「做出集體、相互支持的承諾，以改善自身的民主體制，並在其他國家的民主受到威脅時挺身而出」[22]。這樣的承諾應該成為復興民主聚焦的「三個優先事項：打擊貪腐、對抗威權主義、促進人權」的重點[23]。一小群核心的成熟民主國家在這三個事項鞏固相互支持的承諾，將會是防範外國勢力顛覆的重大成就。

這種承諾需要公開、鄭重，並以具體行動支持，因為專制會像癌症一樣轉移。如果不加以控制，它會在境內外尋找新的感染目標。因此，民主制度的保護不只應該是自由社會的行善主義，也是保護國家安全的重要關鍵。

## 對抗政治卡特爾

民主是組織政治競爭的一種方式。在民主國家，對於現狀不滿的人可以改變情況，前提是他們能說服足夠的同胞投票給他們。民主制衡的核心目的是確保公平合法的政治競爭。公正的法院、任期限制，以及對行政權力的制約，都是為了阻止在任的人顛覆民主體制以無限期掌權。

在當今民主國家中，幾乎所有的負面趨勢都來自政治體制中反競爭壓力的出現。3P獨裁者以本書提及的各種方式，利用國家的力量——法官、警察、軍隊、媒體、官員和監管機構——為自己服務，而非為國家服務。他們的目標很簡單，就是操縱遊戲規則，並鞏固自己的權力。

在商業世界中，從一百多年前開始，反競爭行為即受到嚴格監管。法律保護消費者免受價格壟斷、卡特爾和掠奪性定價等扼殺競爭的行為影響。我們現在必須將同樣的邏輯拓展到政治領域。當涉及反競爭政治時，3P獨裁者肯定是全力以赴。他們利用政治獻金壟斷市場，為競爭對手投入選戰設下巨大的資金障礙。他們用傑利蠑螈為自己劃分安全選區；阻撓對手在媒體上曝光；在法院塞滿不公正的法官，他們將給威脅到政府的人定罪；並人為設下投票障礙，使對手處於不利地位。簡而言之，3P獨裁者就是十足的政治壟斷者。

為了打敗他們，我們需要屬於政治的反托拉斯學說，以保護民主核心的競爭活性。無論是競選資金、重新劃分選區、選民登記或媒體監管，政策制訂者都必須誠實面對一個問題：現存的規定是否能促進公平和有益的競爭？如果答案是否定的，那就證明了現有的規定需要介入和改革。

在這方面，我們需要特別提及美國。若要重新確立美國在國際體系中穩定力量的角色，美國需要從總統職務開始重新構想其中心政治制度，以抑制美國往專制倒退的威脅。美國需要改革國會的選舉和運作方式，好讓國會能做出及時、艱難的決定。美國也需要徹底改革現有的選舉制度，解決因此而生的棘手黨派僵局和積怨。還有一個當務之急，就是美國需要重新思考金錢在政治中的作用，以遏止金權政治改寫最重要的制度。

從玻利維亞、印度、義大利到菲律賓，許多國家也都需要有同樣規模和野心的改革，才能應對民主現在面臨的威脅。這種改革面臨的障礙眾所周知。根深蒂固的利益，往往代表深入的改革在政治上窒礙難行，而可行的改革又往往過於膚淺。

然而，現實如此並不代表我們就只能絕望。改革可行性的外部限制可能會在危機中迅速變化，而3P獨裁者正是變幻莫測的危機。沒有什麼比突然意識到危險更能激發政治想像了，因此在3P獨裁的衝擊下，那些仍然相信民主的人更願意動員起來。

## 對抗非自由敘事

川普曾將華盛頓形容為「沼澤」，並承諾要完全抽乾。查維茲也稱他的反對者為「骯髒的人」，並揚言要用監禁或更糟糕的方式對付他們。西班牙的巴勃羅・伊格萊西亞斯（Pablo Iglesias）和義大利的葛里洛大力抨擊「種姓」：他們以此代稱國內富有的政治和經濟菁英。在英國，強生嘲笑「布魯塞爾」是未經選舉產生的官僚體系，利用歐盟向英國施加愚蠢的規定和過度規範。匈牙利的奧班批評「全球主義者」想讓非法移民填滿匈牙利和歐洲，而土耳其的艾爾多安則執著於葛蘭派，將他們描述為由異議教長葛蘭領導、類似邪教的恐怖組織成員。所有3P獨裁者都愛用「陰謀」一詞來攻擊對手。他們幫敵人取的綽號或許根據不同社會、政治背景和意識形態而各不相同，但是所有3P獨裁者灌輸他們的支持者的敘事都遵循著差不多的模式。雖然經過必要微調，但它們講的都是相同的敘事。所有3P領導者都將自己刻畫成英雄，力抗受惠於國內外邪惡利益的敵人。在這種敘事中，國家的叛徒，尤其是工人階級和窮人的敵人，是需要去除的毒瘤。有時他們所謂的敵人是敵對政黨的領袖，有時是制度，還有很多時候是另一個國家或社會、種族或民族。

就像所有精彩的故事一樣，這個敘事也有明確的反派和英雄，並巧妙地結合了事實和虛構。正如關注歐美極端主義和民粹主義的荷蘭政治學家穆德所指出的，這個童話故事中的「受難少女」始終如一，都是被菁英掠奪者虐待的「高尚人民」。而救世英雄也始終如一，他們是受命運召喚挺身而出的必要獨裁者，以保護窮人並擊退菁英[24]。

民粹主義領導人用來激化支持者的敘事中充滿了陰謀論，而二十一世紀初期更提供了他們許多素材。貧困、嚴重的經濟危機、不平等、疫情、武裝衝突、毀滅性的氣候變遷、導致失業的科技發展，以及多不勝數的不滿和破滅的希望，這些都不是獨裁領導人編造出來的謊言，而是現實。他們所編造的是足以驅動恐懼和憤怒的敘事，並提出異想天開的解決方法，以激發支持者熱情。他們提供了一個應許之地，讓掠奪性菁英能夠被制伏，問題也能隨之消失。當然，前提是3P領導者能被賦予無限的權力。

民主派很難與這種3P敘事抗衡。正如政治學家大衛・朗西曼（David Runciman）對川普的感嘆：「他的推特文、各式各樣的發言，全都如此輕易就進入大眾輿論空間。我以為大眾會學習阻擋這些資訊，但並沒有。川普的政治手段總是輕易成功。」[25]

後真相民粹主義者無需固守證據確鑿的事實。他們可以隨意承諾不痛不癢、快速的解決方法，重新燃起群眾的希望、激發期待，並承諾復仇。此時，這種陰謀敘事會讓支持者感覺良好，這就是它之所以強大的原因。

而民主派又如何回應？他們以抽象的思想和進程、法治、制衡、自由、市場的力量，以及經濟機會帶來的可能性來回應。這些原則，只會對不必擔心基本需求的人具有吸引力。對於一個長期失業，又需要養家活口的父親來說，這些思想遙不可及、無關緊要，而且絕對不是解決生計的方法。自由主義者提供複雜的解釋，說明為什麼以特定方式實行政治才會給所有人帶來最好的結果。這種反敘事不僅充滿了抽象的想法，而且往往缺乏明確的英雄和反派。我們的「好人」只是一群願意奉行抽象理想和程序規則的人，而我們的「壞人」也只是拒絕這樣做的人。整個敘事都顯得冷冰冰、毫無生氣、不近人情。我堅信民主敘事才是正確的……但我也不得不承認，它並沒有像 3P 敘事那樣激動人心。

這種不平衡將無可避免成為辯論的一環。這是民主陣營不得不面對的不公平弱勢，只有像馬丁·路德·金（Martin Luther King Jr.）、羅伯特·甘迺迪（Robert F. Kennedy）、納爾遜·曼德拉（Nelson Mandela）、安貝卡（B.R. Ambedkar）和瓦茨拉夫·哈維爾（Vaclav Havel）等鼓舞人心的民主領袖，才有非凡的修辭天賦與之抗衡。但是，即便我們永遠無法完全克服這個弱勢，但是透過強調自由和民主能帶給人類專制無法帶來的繁榮發展，我們仍能削弱 3P 獨裁者的優勢。

我們可以給予人們支持民主的實質理由，而不僅僅是反對專制的原因。我們可以呈現出深植於西方傳統的美好自由生活，這些承諾或許不如後真相光鮮亮麗，卻是最真實的。

民粹主義的框架太過強大，不可能被永久擊退。就像病毒一樣，民粹主義在歷史上一次又一次捲土重來。但民粹主義的浮誇言論是空洞的。我們只要指出其論點的空洞，就有機會再次向大眾推廣民主生活的承諾。

節制是對的。民主在過去三個世紀中存活了下來，但並不能保證它會再次戰勝敵人。不過，如果我們能夠擊退大謊言、排擠犯罪政府、阻止境外勢力顛覆民主的企圖、壓制扼殺競爭的政治卡特爾，並擊退支撐起專制攻擊的非自由敘事，我們就能夠贏得維護民主之戰。

結　語

# 重新點燃大衆的政治熱情

在世界各地，特別是在面對專制挑戰的民主國家，廣大選民因兩極分化而在政治上感覺無所適從。隨著激進的政治人物攻占政治機構和社群媒體，一般大眾發現他們得在自己不認識、也無法完全代表自己價值觀和利益的政黨之間做出選擇。通常，這會導致他們完全遠離政治，或是和家人、朋友或鄰居選擇同一陣線，以保持認同感和群體的歸屬感。大眾對政治的疏遠奠定了這個時代最嚴重的問題：反政治。

制度創新可以帶領這些對政治冷感的人重新關注政治。幾個例子說明了改變現狀的可能性。舉例來說，排名選擇投票制（ranked-choice voting）大概是現有的改革方案中，最有可能壓制3P獨裁者的野心的一個。在這個制度中，每位選民不只投一票，而是按喜好為選票上的候選人排序。如果一位選民排名第一的候選人在選舉中獲得的票數最少，候選人就會被淘汰，而將該候選人列為首選的票則會轉移給第二選擇。這個制度是為了排擠那些獲得少數選民支持，而多數選民不以為然的候選人。這種極端的候選人有時會在票數分散的選舉中當選，即便大多數的選民都否決他。川普二〇一六年被選為共和黨提名人就是這種情況的典型例子。

在排名選擇投票制下，川普仍會比他任何競爭對手獲得更多首選票數。但當其他對手的次選票數也計算出來時，就可以明顯看出，川普吸引的選民組成過於狹隘。

使用排名選擇投票制選舉的政治制度，通常會選出嘗試體現政治光譜廣泛中心偏好的政治人物。在排名選擇投票制下，政治人物對權力的競爭仍然會非常激烈。不同的是，他們會受到規則限制，將競爭導向更廣泛的利益。透過給予候選人正向誘因，讓他們努力獲得最多的次選票數，就能有效打擊負面選戰。排名選擇投票制獎勵政治人物將彼此視為政壇的競爭對手，而非需要摧毀的敵人，並選出更接近普遍選民偏好的官員。這並不是個空想，這個制度已經在澳洲、紐西蘭和愛爾蘭的大選以及英國的市長選舉中使用。即便在美國，這個制度也已經在二十一個司法管轄區的地方選舉中使用，從加州到馬里蘭州，以及紐約市等，以及在緬因州和阿拉斯加州的全州內使用。排名選擇投票制對許多人來說仍然很陌生，但這應該改變[1]。

想像一下，如果排名選擇投票制受到更廣泛採用，美國政治體系會發生什麼變化。政治人物一向忌憚初選會遭遇困難而固守黨內最極端派系，現在這種恐懼將會消退，讓政治人物能夠更公正代表廣大的中間派選民。由於猛烈攻擊競爭對手的弊大於利，競選的基調就能改變。整個公共領域的氛圍都能降溫，理性的聲音就有可能開始在互罵之外重新浮現。

另一個具有很大影響力的改革例子，則是廣泛採用公民陪審團和公民代表大會——隨機選出公民代表群體，讓他們聚在一起討論特定問題，並對於解決問題提出建議。在最理想的公民代表大會設想中，是召集公民長期待在一個隔離的地方，聽取專家報告，並有機會詳細詢問專家意見，最後再擬定建議。愛爾蘭的公民大會辦得大概比任何國家更好，他們透過這些小組提出正式建議，而議會必須對其建議進行表決。愛爾蘭人並沒有只指派公民代表大會處理沒沒無名的小議題或技術問題。相反的，在愛爾蘭，墮胎的合法性掌握在九十九名過去互不相識的公民手中，其中有家庭主婦、學生、退休教師、卡車司機以及專業人士，他們在二〇一六年底聚在都柏林北部的一間旅館中，經過五個週末的審議後提出建議，該建議最後通過全民公投，被採納成為愛爾蘭憲法的第三十六條修正案。

我們往往認為排名選擇投票制或公民代表大會等改革不切實際。這樣的實驗聽起來太理想化，當然，任何將權力從穩固的黨機器政治人物轉移到公民哲人王的嘗試都會面臨強烈的反彈。這種激進的實驗不應輕易採納；若目前的系統沒有面臨致命的威脅，或許也完全不需要。但我們現在確實面臨這樣的威脅。

排名選擇投票制和公民代表大會等改革，隨著時間推進，可能有助於重新塑造政治話語常態，削弱極端主義者的權力，培養出產生共識而非製造混亂的競爭。漸漸的，美國共和黨的極端主義就有可能消退，從而形成中間偏右的現代政黨：具有前瞻性、關注選民的經濟和社會問題，並致力於有效的有限政府，類似於德國基督教民主聯盟（Christian Democratic Union）等政黨。

當然，排名選擇投票制和公民代表陪審團等改革並非靈丹妙藥，它們只是其中兩個值得我們考慮的制度創新。創新只是**策略**，好讓我們追求更遠大的目標。這些創新可以幫助政治冷感的人有機會重新參與，並推動一個權力競爭活躍、激烈，同時也公平、合法、積極的政治體系。

在民主世界的大部分地區，實驗性、顛覆性思維已經被私部門接受，但在政治領域上卻基本不存在。雖然精準醫學、量子計算等未來技術能夠從世界創投家獲得慷慨投資，我們的政治決策卻仍彷彿活在過去。許多決策可以直接或間接追溯到美國兩百四十五年前的革命，而那場革命也是由想將美國從羅馬共和國的命運中拯救出來的人發起的。難道我們應該繼續接受這種信念，認為二十一世紀的問題可以繼續沿用兩百年前的機制來解決嗎？更何況這機制還是受兩千年前的政治困境啟發？

在已開發國家中，大膽、富有創造力、典範轉移的科學家和顛覆性、以知識為基礎的企業，與單調、恪守傳統、嚴肅的公部門以及控制它的政治人物，形成鮮明對比。如果這種創意和能量的不平衡沒有解決，將削弱民主派克服我們正在面對的 3P 挑戰的能力。

現今時代需要政府大膽實驗，不僅是創新的政策，也需要創新的政策制訂。數位技術以及認知科學和社會心理學累積五十年的研究成果，顛覆了我們對於集體決策最佳方式的理解。如果我們想讓政治冷感的人重新參與政治，就必須願意承擔風險，嘗試集體決策的新方式。正如朗西曼指出，政策問題的技術複雜度正逐漸增加：

> 解決問題總比不解決好。但解決方法往往超出了民主的控制——投票選民的意見一直在被忽視。我們一直在等別人來提供答案，這實在有失尊嚴。這會導致不滿，以及無可避免對專業的反彈[2]。

因此，我們需要在不同地區和各級政府嘗試制訂公共決策的不同方式，開始了解哪些方法有效、哪些無效，並讓最好的想法在民主世界中傳播。就我們所知，真正的變革性想法甚至還沒有被構思出來。若要贏得與3P獨裁者的戰爭，我們需要擁有當初創造現代代議民主的革命性勇氣和創意。如果我們失敗，就會留給後代一個逐漸偏離自由和自治原則的世界，而這原應是他們與生俱來的權利。因此，我們必須贏得這場戰爭。

# 致謝

「我們所遭遇到的正是不知道我們身上發生了什麼事，也就是對於發生了什麼事毫不知情……在歷史危機時期，人們總是為這種致命的感受所苦。」著名的西班牙哲學家荷西・奧德嘉・賈塞特（José Ortega y Gasset）在一九三〇年代早期如此寫道，那是歐洲社會和政治動盪的時期。

賈塞特的觀察也適用於當今世界。我們的時代也是一個充滿動盪和不確定性的時代。我們可以感受到深刻的變化正在發生，即將影響我們、我們的家人、朋友、雇主和員工、城市、國家，以及整個世界。本書的挑戰就是辨別這些變化如何實際影響我們；我試圖理清「我們正在面臨什麼事」。在我研究和編寫本書的幾年中，很幸運能夠依靠充滿知識和嚴謹，又慷慨幫助我的同事和朋友。

我想特別感謝佛朗西斯科・托羅（Francisco "Quico" Toro），他是我敬重的同事和親愛的朋友。他是我在寄草稿、提出想法、困境或疑問時第一個想到的人。他一針見血的問題、明智的建議和細心的糾正，幫助我精煉了自己的想法，理清我表達想法的方式。感謝我的好朋友詹姆斯・吉布尼（James Gibney），也是我合作過最好的編輯之一，大力幫助我改善論點和寫作。

感謝邁克・阿布拉莫維茨（Mike Abramowitz）、比爾・布拉德利（Bill Bradley）、潔西卡・馬修斯（Jessica Mathews）、喬納森・泰柏曼（Jonathan Tepperman）和勞勃・佐利克（Robert Zoellick）審閱並仔細評論了我早期的草稿。感謝他們讓這本書更加精進。

我也非常感謝麥德琳・歐布萊特（Madeleine Albright）、安・艾普邦姆（Anne Applebaum）、法蘭西斯・福山（Francis Fukuyama）、亞當・格蘭特（Adam Grant）、艾倫・默瑞（Alan Murray）和大衛・魯賓斯坦（David Rubenstein）有益的評論和慷慨的意見。

感謝 Roger Abravanel、Cayetana Alvarez de Toledo、Ricardo Avila、Sebastian Buckup、Gustavo Coronel、Javier Corrales、Liza Darnton、Luca d'Agnese、Uri Friedman、Enrique Goni、Francisco Gonzalez、Gianni di Giovanni、Brian Joseph、David Kamenetzky、Julie Katzman、Ricardo Lagos、Ed Luce、Thierry Malleret、Maurizio Molinari、Luis Alberto Moreno、Yascha Mounk、Anne Neuberger、Ben Press、Jose Rimsky、Gianni Riotta、Gerver Torres、Christopher Walker、Andrew Weiss 和 Brian Winter 閱讀了手稿的部分章節或全文，並給予我有用的評論和鼓勵。

我在華盛頓的智庫卡內基國際和平基金會（Carnegie Endowment for International Peace）工作時，與基金會建立了長久而且成果豐碩的合作關係。幾十年來，和平基金會一直是幫助我知識進步的地方，而我學習思考世界以及我們面臨的艱鉅挑戰或可能性的方式，也有很大一部分是在卡內基的歲月中塑造的。威廉・伯恩斯（William Burns）在二〇一四年至二〇二一年期間擔任卡內基基金會主席，後來他離職擔任中央情報局局長。在這段期間，我也正在研究和撰寫本書大部分內容，因此大大受益於威廉的支持。托馬斯・卡羅瑟斯（Thomas Carothers）是卡內基基金會的高級研究副總裁，也是世界上最致力於研究民主及其危機的學者之一。這些正是本書的中心主題，因此我很幸運能得到托馬斯的評論和建議。感謝威廉、托馬斯和許多卡內基同事，多年來與我分享了各種知識和想法。感謝卡內基圖書館館長瑪莎・希金斯（Martha Higgings）和她的團隊在尋找文本和指引我尋找相關材料方面提供了極大的幫助。

感謝聖馬丁出版社的執行編輯蒂姆・巴特利特（Tim Bartlett），他是我上一本書《微權力》（*The End of Power*）以及本書的編輯。他對主題的深刻理解，加上長期指導作者、讓作者想法發光發熱的經驗，使他成為最理想的編輯。我很幸運能在這些年來得到他的支持。感謝我的著作出版經紀人蓋爾・羅斯（Gail Ross）、西班牙企鵝蘭登書屋的米格爾・阿吉拉爾（Miguel Aguilar）和義大利費爾特里內利出版社（Feltrinelli）的詹盧卡・福利亞（Gianluca Foglia），提供了寶貴的建議和支持。

感謝我堅強的助理安潔莉卡・埃斯特維茲（Angelica “Angie” Estevez），她以精準、有效和優雅的方式完成了無數任務。她也幫助我研究和製作分析式索引。勞拉・巴魯（Lara Ballou）、克里斯蒂娜・拉拉（Christina Lara）和瓦倫蒂娜・卡諾（Valentina Cano）是我在這個研究計畫不同時期的助理，提供我極大的幫助。非常感謝她們。

我很幸運，有個不但願意閱讀本書多版草稿，而且還善於發現缺失並幫助我糾正錯誤的家庭。非常感謝我的妻子蘇珊娜、我們的孩子和他們的配偶。

我想將這本書獻給努西亞・費爾德曼（Nusia Feldman），即便她親眼目睹了邪惡力量最黑暗的一面，仍然保持著溫暖的微笑、溫柔的靈魂，以及對人性本善的堅定信念。

# 注釋

## 引言：危機四伏


1. Cas Mudde and Cristóbal Rovira Kaltwasser, Populism: *A Very Short Introduction* (New York: Oxford University Press, 2017).
2. Timothy Snyder, *On Tyranny: Twenty Lessons from the Twentieth Century* (New York: Penguin Random House, 2017).
3. Yascha Mounk, *The People vs. Democracy: Why Our Freedom Is in Danger and How to Save It* (Cambridge, MA: Harvard University Press, 2018).
4. Daron Acemoglu and James Robinson, *Why Nations Fail: The Origins of Power, Prosperity and Poverty* (New York: Penguin Random House, 2013).
5. Anne Applebaum, *Twilight of Democracy: The Seductive Lure of Authoritarianism* (New York: Doubleday, 2020).
6. Enrique Krauze, *El pueblo soy yo* (Madrid: Random House, 2018).
7. Larry Diamond, *Ill Winds: Saving Democracy from Russian Rage, Chinese Ambition, and American Complacency* (New York: Penguin Books, 2019).
8. Francis Fukuyama, "Against Identity Politics," University of Pennsylvania, accessed March 18, 2021, https://amc.sas.upenn.edu/francis-fukuyama-against-identity-politics.
9. Steve Tesich, "A Government of Lies," *The Nation*, January 20, 1992.
10. "Word of the Year 2016," Oxford Dictionaries, https://languages.oup.com/word-of-the-year/2016.
11. Sean Illing, "A Philosopher Explains America's 'Post-Truth' Problem," Vox, August 14, 2018.
12. Barbara A. Biesecker, "Guest Editor's Introduction: Toward an Archaeogenealogy of Post-truth," *Philosophy and Rhetoric* 51, no. 4 (2018): 329–41.
13. David Stasavage, *The Decline and Rise of Democracy: A Global History from Antiquity to Today* (Princeton, NJ: Princeton University Press, 2020).
14. Francis Fukuyama, "The End of History?," *The National Interest* 16 (Summer 1989): 3–18.
15. François, duc de La Rochefoucauld, *Reflections or Sentences and Moral Maxims*, trans. J. W. Willis Bund and J. Hain Friswell (London: Simpson Low, Son, and Marston, 1871), 218.
16. Erica Frantz, *Authoritarianism: What Everyone Needs to Know* (Oxford: Oxford University Press, 2018).
17. Jackson Diehl, "Putin and Sissi Are Putting on Elections. Why Bother?," *Washington Post*, March 4, 2018.

## 第1章 制衡系統全球大戰

1. Joanna Berendt, "Polish Government Pushes Legislation to Tighten Control over Judges," *New York Times*, December 21, 2019.
2. "CBI Raids at Prannoy Roy's Residence—Read What NDTV and Roys Are Accused Of," OpIndia, June 5, 2017, https://www.opindia.com/2017/06/cbi-raids-prannoy-roy-ndtv-396-crore-icici-bank-fraud.
3. "Bolivian Court Clears Way for Morales to Run for Fourth Term," Reuters, November 28,2017.
4. Charlie Savage, "Trump Vows Stonewall of 'All' House Subpoenas, Setting Up Fight over Powers," *New York Times*, April 24, 2019.
5. Steve Coll, *Private Empire: ExxonMobil and American Power* (New York: Penguin Books, 2013).
6. David Michaels, *The Triumph of Doubt: Dark Money and the Science of Deception* (Oxford: Oxford University Press, 2020).
7. Javier Corrales, "Trump Is Using the Legal System Like an Autocrat," *New York Times*, March 5, 2020.
8. Ronald L. Numbers, *The Creationists: From Scientific Creationism to Intelligent Design* (Cambridge, MA: Harvard University Press, 2006).
9. Paul Volcker, "Paul Volcker's Final Warning for America," *Financial Times*, December 11, 2019.
10. "Putin for Life: State Duma Resets Presidential Term-Limit Clock to Zero," Warsaw Institute, March 25, 2021, https://warsawinstitute.org/putin-life-state-duma-resets-presidential-term-limit-clock-zero.
11. Mila Versteeg, Timothy Horley, Anne Meng, Mauricio Guim, and Marilyn Guirguis, "The Law and Politics of Presidential Term Limit Evasion," *Columbia Law Review* 120, no. 1 (January 2020): 173–248.
12. James Worsham, "The 'Gerry' in Gerrymandering," National Archives, June 21, 2018, https://prologue.blogs.archives.gov/2018/06/21/the-gerry-in-gerrymandering.
13. Paul Krugman, "American Democracy May Be Dying," *New York Times*, April 9, 2020.
14. Sean Illing, "David Frum on Why Republicans Chose Trumpocracy over Democracy," Vox, October 26, 2018.
15. David Frum, *Trumpocracy: The Corruption of the American Republic* (New York: Harper Collins, 2018).
16. Robert Siegel, "Cleric Accused of Plotting Turkish Coup Attempt: 'I Have Stood Against All Coups,'" NPR, July 11, 2017.
17. Girish Gupta, "Special Report: How a Defrocked Judge Became the Chief Legal Enforcer for Maduro's Venezuela," Reuters, November 15, 2017.
18. Will Doran, "Roy Cooper Loses a Lawsuit in His Power Struggle Against the NC Legislature," *News and Observer*, December 21, 2018.

19. Patrick Kingsley, "As West Fears the Rise of Autocrats, Hungary Shows What's Possible," *New York Times*, February 10, 2018.
20. "Would-Be Autocrats Are Using Covid-19 as an Excuse to Grab More Power," *The Economist*, April 25, 2020.
21. Viktor Orbán, speech at the 25th Bálványos Free Summer University and Youth Camp, July 26, 2014, Băile Tuşnad (Tusnádfürdő), trans. Csaba Tóth, *The Budapest Beacon*, July 29, 2014, https://budapestbeacon.com/full-text-of-viktor-orbans-speech-at-baile-tusnad-tusnadfurdo-of-26-july-2014.

## 第2章 狂熱政治

1. Gabriel Garcia Marquez, *The Autumn of the Patriarch* (New York: Harper Collins, 2006).
2. Ryszard Kapuściński, *The Emperor: Downfall of an Autocrat* (New York: Penguin Random House, 1989).
3. Donald H. Reiman and Neil Fraistat, *Shelley's Poetry and Prose* (New York: W. W. Norton,2002).
4. Aaron Couch and Emmet McDermott, "Donald Trump Campaign Offered Actors $50 to Cheer for Him at Presidential Announcement," *Hollywood Reporter*, June 17, 2015.
5. "Full Text: Donald Trump Announces a Presidential Bid," *Washington Post*, June 16, 2015.
6. Alex Altman and Charlotte Alter, "Trump Launches Presidential Campaign with Empty Flair," *Time*, June 16, 2015.
7. Roderick P. Hart, *Trump and Us: What He Says and Why People Listen* (London: Cambridge University Press, 2020).
8. Silvio Berlusconi,"1994 - Discesa in campo di Berlusconi," campaign launch speech from 1994, posted by liberalenergia, YouTube, August 11, 2009, 00:05, https://www.youtube.com/watch?v=B8-uIYqnk5A.
9. Berlusconi, "1994 - Discesa in campo di Berlusconi," 00:23.
10. Ruben Durante, Paolo Pinotti, and Andrea Tesei, "The Political Legacy of Entertainment TV," *American Economic Review* 109, no. 7 (July 2019): 2497–530.
11. "Survey of Adult Skills (PIAAC)," Programme for the International Assessment of Adult Competencies, OECD, last modified November 15, 2019, https://www.oecd.org/skills/piaac.
12. Ruben Durante, Paolo Pinotti, and Andrea Tesei, "Voting Alone? The Political and Cultural Consequences of Commercial TV," Paolo Baffi Centre Research Paper No. 2013–139, June 6, 2013, available at SSRN, https://ssrn.com/abstract=2290523 or http://dx.doi.org/10.2139/ssrn.2290523.
13. Alexander Stille, *The Sack of Rome: Media + Money + Celebrity = Power = Silvio Berlusconi* (New York: Penguin Random House, 2007).

14. John Lloyd, "The New 'Italian Miracle, ' 1993," *Financial Times*, May 9, 2008.
15. Max Weber, *The Theory of Social and Economic Organization* (New York: Oxford University Press, 1947).
16. Max Weber, *Economy and Society* (Berkeley: University of California Press, 1978).
17. David A. Fahrenthold, "Trump Recorded Having Extremely Lewd Conversation About Women in 2005," *Washington Post*, October 8, 2016.
18. Simon Kuper, "Trumpsters, Corbynistas and the Rise of the Political Fan," *Financial Times*, July 20, 2017.
19. Maggie Haberman, Glenn Thrush, and Peter Baker, "Trump's Way: Inside Trump's Hour-by-Hour Battle for Self-Preservation," *New York Times*, December 9, 2017.
20. Patrick R. Miller and Pamela Johnston Conover, "Red and Blue States of Mind: Partisan Hostility and Voting in the United States," *Political Research Quarterly*, March 30, 2015.
21. Shanto Iyengar and Sean J. Westwood, "Fear and Loathing across Party Lines: New Evidence on Group Polarization," *American Journal of Political Science* 59, no. 3 (July 2015): 690–707.
22. Francis Fukuyama, "Against Identity Politics," University of Pennsylvania, accessed March 18, 2021, https://amc.sas.upenn.edu/francis-fukuyama-against-identity-politics.
23. Thomas E. Mann and Norman J. Ornstein, *It's Even Worse than It Looks: How the American Constitutional System Collided with the New Politics of Extremism* (New York: Basic Books, 2016).
24. Fukuyama, "Against Identity Politics."
25. Andrew Sullivan, "America Wasn't Built for Humans," *New York Magazine*, September 18, 2017.
26. Beppe Grillo,"Reset!" show in Rome, March 30, 2007, posted by Grilli quotidiani, YouTube, August 2, 2017, https://www.youtube.com/watch?v=8sR6pSLDFdU.
27. Alberto Nardelli and Craig Silverman, "Italy's Most Popular Political Party Is Leading Europe in Fake News and Kremlin Propaganda," BuzzFeed News, November 29, 2016.
28. Nick Gass, "Trump on Small Hands: 'I Guarantee You There's No Problem,'" Politico, March 3, 2016.
29. Hugo Chávez, *Aló Presidente* no. 30, Caracas, February 13, 2000, http://todochavez.gob.ve/todochavez/3822-alo-presidente-n-30.
30. "Lula, Kirchner y Chávez acuerdan construir 'el gran gasoducto del sur,' que atravesará Suramérica," *El Mundo*, January 20, 2006.
31. Naomi Klein, "The Media against Democracy," *The Guardian*, February 18, 2003.

32. Michael Wolff, *Fire and Fury: Inside the Trump White House* (New York: Henry Holt, 2018).
33. Juan Forero, "Venezuela's Chavez Marks 10 Years with Talkathon," NPR, May 29, 2009.
34. Toby Meyjes, "Leaders of These Countries Say the Press Is the 'Enemy of the People,' " *Metro*, February 20, 2017.
35. Max Weber, "The Nature of Charismatic Authority and Its Routinization," in *The Theory of Social and Economic Organization*, trans. A. M. Henderson and Talcott Parsons (New York: Oxford University Press, 1947).
36. Marshall McLuhan, *Understanding Media: The Extensions of Man* (Boston: Massachusetts Institute of Technology Press, 1964).

### 第3章 權力工具

1. Anders Aslund, *Russia's Crony Capitalism: The Path from Market Economy to Kleptocracy* (New Haven, CT: Yale University Press, 2019).
2. Sydney P. Freedberg, Scilla Alecci, Will Fitzgibbon, Douglas Dalby, and Delphine Reuter, "How Africa's Richest Woman Exploited Family Ties, Shell Companies, and Inside Deals to Build an Empire," *International Consortium of Investigative Journalists*, January 19, 2020, https://www.icij.org/investigations/luanda-leaks/how-africas-richest-woman-exploited-family-ties-shell-companies-and-inside-deals-to-build-an-empire/.
3. E. J. Dionne Jr., Norm Ornstein, and Thomas E. Mann, "How the GOP Prompted the Decay of Political Norms," *The Atlantic*, September 19, 2017.
4. Steven Levitsky and Daniel Ziblatt, "The Crisis of American Democracy," *American Educator* 44, no. 3 (Fall 2020): 6.
5. George Packer, "The President Is Winning His War on American Institutions," *The Atlantic*, April 2020.
6. Timothy Snyder, *On Tyranny: Twenty Lessons from the Twentieth Century* (New York: Penguin Random House, 2017).
7. Timothy Snyder, "House Committees Accelerate Impeachment Inquiry," interview by Rachel Maddow, *The Rachel Maddow Show*, MSNBC, September 27, 2019, transcript, https://www.msnbc.com/transcripts/rachel-maddow-show/2019-09-27-msna1285286.
8. Anne Applebaum, "History Will Judge the Complicit," *The Atlantic*, July/August 2020.
9. Francesca Gina and Max Bazerman, "When Misconduct Goes Unnoticed: The Acceptability of Gradual Erosion in Others' Unethical Behavior," *Journal of Experimental Social Psychology* 45, no. 4 (July 2009): 708–19.
10. Clare Baldwin and Andrew C. Marshall, "How a Secretive Police Squad Racked Up Kills in Duterte's Drug War," Reuters, December 19, 2017.
11. Chieu Luu, Tiffany Ap, and Kathy Quiano, "Philippines President 'Ordered

Death Squad Hits While Mayor,' Alleged Hitman Claims," CNN, September 16, 2016.
12. Eduardo Galeano, *Open Veins of Latin America: Five Centuries of the Pillage of a Continent*, trans. Cedric Belfrage (New York: Monthly Review Press, 1997).
13. Pablo Neruda, Un canto para Bolívar, ed. especial (Madrid: Visor Libros, 2014).
14. Silvio Berlusconi, "1994 - Discesa in campo di Berlusconi," campaign launch speech from 1994, posted by liberalenergia, YouTube, August 11, 2009, 00:18, https://www.youtube.com/watch?v=B8-uIYqnk5A.
15. David A. Graham, "Really, Would You Let Your Daughter Marry a Democrat?," *The Atlantic*, September 27, 2012.
16. Belinda Luscombe, "Would You Date Someone with Different Political Beliefs? Here's What a Survey of 5,000 Single People Revealed," *Time*, October 7, 2020.
17. Lisa Bonos, "Strong Views on Trump Can Be a Big Dating Dealbreaker, and Other Takeaways from a Survey on Love and Politics," *Washington Post*, February 7, 2020.
18. Frank Newport, "In U.S., 87% Approve of Black-White Marriage, vs. 4% in 1958," Gallup, July 25, 2013, https://news.gallup.com/poll/163697/approve-marriage-blacks-whites.aspx.
19. Francis Fukuyama, *Identity: The Demand for Dignity and the Politics of Resentment* (New York: Farrar, Straus and Giroux, 2018).
20. Michael Gove, "Gove: Britons 'Have Had Enough of Experts,'" interview with Faisal Islam of Sky News on June 3, 2016, posted by rpmackey, YouTube, June 21, 2016, 01:02, https://www.youtube.com/watch?v=GGgiGtJk7MA&t=61s.
21. BBC News, "EU Referendum," BBC, June 2016, https://www.bbc.co.uk/news/politics/eu_referendum/results.
22. Joe Twyman (@JoeTwyman), "Over two thirds of Leave supporters (+ quarter of Remainers) say it is wrong to rely too much on 'experts'. #EURef," Twitter, June 15, 2016, https://twitter.com/JoeTwyman/status/743079695986622464?s=20.
23. Daniel W. Drezner, *The Ideas Industry: How Pessimists, Partisans, and Plutocrats Are Transforming the Marketplace of Ideas* (New York: Oxford University Press, 2017).
24. Representatives Fred Upton [R-MI-6], Spencer Bachus [R-AL-6], Ed Whitfield [R-KY-1], Sue Wilkins Myrick [R-NC-9], Tim Murphy [R-PA-18], Lee Terry [R-NE-2], Judy Biggert [R-IL-13], and Robert E. Latta [R-OH-5], H.R. 5979 — United States Nuclear Fuel Management Corporation Establishment Act of 2010, July 29, 2010, https://www.congress.gov/bill/111th-congress/house-bill/5979/cosponsors?s=3&r=1&overview=closed&searchResultViewType=expanded.
25. Brad Johnson, "Rep. Fred Upton on Global Warming: 'I Do Not Say That It Is Man-Made,' " ThinkProgress, February 8, 2011.
26. Zachary Coile, "Pelosi, Gingrich Team Up for Global Warming TV Ad," SFGate, April 18, 2008.

27. Michael O'Brien, "Gingrich Regrets 2008 Climate Ad with Pelosi," *The Hill*, July 26, 2011.
28. Michael Young, *The Rise of the Meritocracy* (Oxfordshire: Routledge, 1994).
29. Hugo Chávez, *Aló Presidente*, no. 131, Caracas, December 15, 2002, http://todochavez.gob.ve/todochavez/4138-alo-presidente-n-131.
30. Hannah Arendt, *The Origins of Totalitarianism* (New York: Harcourt Brace Jovanovich, 1973), 339.
31. A. G. Sulzberger, "The Growing Threat to Journalism Around the World," *New York Times*, September 23, 2019.
32. Philip Bennett and Moisés Naím, "21st-Century Censorship," *Columbia Journalism Review*, January 5, 2015.
33. "Poland's Campaign Against the Press Could Devastate What's Left of Its Democracy," editorial, *Washington Post*, October 23, 2020.
34. Thomas R. Lansner, ed., "Capturing Them Softly: Soft Censorship and State Capture in Hungarian Media," WAN-IFRA, 2013, http://m.wan-ifra.org/sites/default/fles/field_article_file/WAN-IFRA%20Soft%20Censorship%20Hungary%20Report_0.pdf.
35. Krisztián Simon and Tibor Rácz, "Hostile Takeover: How Orbán Is Subjugating the Media in Hungary," *Focus on Hungary*, Heinrich Böll Stiftung, August 22, 2017, https://www.boell.de/en/2017/08/22/hostile-takeover-how-orban-subjugating-media-hungary.
36. Carl Schmitt, *Political Theology: Four Chapters on the Concept of Sovereignty* (Chicago: University of Chicago Press, 2006).

## 第4章　找出罪魁禍首

1. Roberto Stefan Foa and Yascha Mounk, "The Danger of Deconsolidation: The Democratic Disconnect," *Journal of Democracy* 27, no. 3 (July 2016): 5–17.
2. Alexis de Tocqueville, *Democracy in America: And Two Essays on America*, trans. Gerald E. Bevan (London: Penguin, 2003).
3. Samuel P. Huntington, *Political Order in Changing Societies* (New Haven, CT: Yale University Press, 1968).
4. Stanley Feldman, "Authoritarianism, Threat, and Intolerance," in Eugene Borgida, Christopher Federico, and Joanne Miller, *At the Forefront of Political Psychology: Essays in Honor of John L. Sullivan* (Oxfordshire: Routledge, 2020), chap. 3.
5. Christopher Johnston, B. J. Newman, and Y. Velez, "Ethnic Change, Personality, and Polarization over Immigration in the American Public," *Public Opinion Quarterly* 79, no.3 (January 1, 2015): 662–86.
6. Michele Gelfand, Joshua Conrad Jackson, and Jesse R. Harrington, "Trump Culture: Threat, Fear and the Tightening of the American Mind," *Scientific American*, April 27, 2016.

7. Diana Rieger, Lena Frischlich, and Gary Bente, *Propaganda 2.0: Psychological Effects of Right-Wing and Islamic Extremist Internet Videos* (Cologne: Wolters Kluwer Deutschland, 2013), 37.
8. Marc J. Hetherington and Jonathan D. Weiler, *Authoritarianism and Polarization in American Politics* (Cambridge: Cambridge University Press, 2012).
9. Philip E. Converse "The Nature of Belief Systems in Mass Publics (1964)," *Critical Review* 18 (2006): 1–74.
10. Yascha Mounk, *The People vs. Democracy: Why Our Freedom Is in Danger and How to Save It* (Cambridge, MA: Harvard University Press, 2018).
11. "Meet ALICE," United for ALICE, accessed March 19, 2021, https://www.unitedforalice.org.
12. Stephanie Hoopes et al., *United Way ALICE Report—The Consequences of Insufficient Household Income* (New Jersey: United Way, 2017), https://www.unitedforalice.org/Attachments/AllReports/17UWALICE%20Report_NCR_12.19.17_Lowres.pdf.
13. Board of Governors of the Federal Reserve System, *Report on the Economic Well-Being of U.S. Households in 2017* (Washington, DC: Federal Reserve, 2018).
14. Anne Case and Angus Deaton, *Deaths of Despair and the Future of Capitalism* (Princeton, NJ: Princeton University Press, 2020).

### 第5章　企業權力：永久抑或短暫？

1. Thomas Philippon, *The Great Reversal: How America Gave Up on Free Markets* (Cambridge, MA: Harvard University Press, 2019).
2. Tom Orlik, Justin Jimenez, and Cedric Sam, "World-Dominating Superstar Firms Get Bigger, Techier, and More Chinese," Bloomberg Economics, May 21, 2021, https://www.bloomberg.com/graphics/2021-biggest-global-companies-growth-trends/?srnd=politics-vp&sref=nXmOg68r.
3. John Maynard Keynes, *The General Theory of Employment, Interest, and Money* (Camden: Palgrave Macmillan, 2021).
4. Alberto Cavallo, "More Amazon Effects: Online Competition and Pricing Behaviors," *Jackson Hole Economic Symposium Conference Proceedings* (Kansas City: Federal Reserve Bank, 2019).
5. Alan B. Krueger, "Luncheon Address: Reflections on Dwindling Worker Bargaining Power and Monetary Policy," speech, Federal Reserve Bank, Kansas City, MO, August 24, 2018.
6. Whole Foods Market, "Amazon and Whole Foods Market Announce Acquisition to Close This Monday, Will Work Together to Make High-Quality, Natural and Organic Food Affordable for Everyone," news release, August 24, 2017.
7. Robert H. Bork, *The Antitrust Paradox: A Policy at War with Itself* (New York: Free Press, 1993).

8. Lina M. Khan, "Amazon's Antitrust Paradox," *Yale Law Journal* 126, no. 3 (January 2017): 564–907.
9. Charlie Warzel, "Mark Zuckerberg Is the Most Powerful Unelected Man in America," *New York Times*, September 3, 2020.
10. Javier Espinoza and Sam Fleming, "EU Seeks New Powers to Penalise Tech Giants," *Financial Times*, September 20, 2020.
11. Jerrold Nadler and David N. Cicilline, "Investigation of Competition in Digital Markets," U.S. House of Representatives, October 6, 2020, https://fm.cnbc.com/applications/cnbc.com/resources/editorialfiles/2020/10/06/investigation_of_competition_in_digital_markets_majority_staff_report_and_recommendations.pdf.
12. Khan, "Amazon's Antitrust Paradox."
13. Nadler and Cicilline, "Investigation of Competition in Digital Markets."
14. Thomas Philippon, "Commentary: Understanding Weak Capital Investment: The Role of Market Concentration and Intangibles," paper presented at Jackson Hole Economic Policy Symposium 2018, Federal Reserve Bank, Kansas City, MO, https://www.kansascityfed.org/documents/6978/philippon_JH2018.pdf.
15. Ufuk Akcigit and Sina T. Ates, "Slowing Business Dynamism and Productivity Growth in the United States," paper presented at Jackson Hole 2020, October 8, 2020, https://www.kansascityfed.org/documents/4952/aa_jh_201008.pdf.
16. "America's Concentration Crisis," Open Markets Institute Report, accessed March 19, 2021, https://concentrationcrisis.openmarketsinstitute.org.
17. "Fortune's List of America's Largest Corporations in 1990," *Fortune*, accessed March 19, 2021, https://archive.fortune.com/magazines/fortune/fortune500_archive/full/1990.
18. Andrea Murphy, Hank Tucker, Marley Coyne, and Halah Touryalai, "Global 2000: The World's Largest Public Companies," *Forbes*, May 13, 2020.
19. Dino Grandoni, "Big Oil Just Isn't as Big as It Once Was," *Washington Post*, September 4, 2020.
20. Per-Ola Karlsson, Deanne Aguirre, and Kristin Rivera, "Are CEOs Less Ethical Than in the Past?," *PwC* 87 (Summer 2017): 5.
21. Dan Marcec, "CEO Tenure Drops to Just Five Years," Equilar Inc., January 19, 2018, https://www.equilar.com/blogs/351-ceo-tenure-drops-to-five-years.html.
22. Director of National Intelligence, "Background to 'Assessing Russian Activities and Intentions in Recent US Elections': The Analytic Process and Cyber Incident Attribution," Office of the Director of National Intelligence, January 6, 2017, https://www.dni.gov/files/documents/ICA_2017_01.pdf.

### 第6章　反政治：通往民粹主義的快速道路

1. Javier Corrales, "Beware the Outsider," *Foreign Policy*, March 16, 2016.
2. Roberto Stefan Foa, A. Klassen, M. Slade, A. Rand, and R. Collins, "The Global

Satisfaction with Democracy Report 2020," Centre for the Future of Democracy, Cambridge, UK, 2020, https://www.cam.ac.uk/system/files/report2020_003.pdf.
3. Mancur Olson, *The Rise and Decline of Nations: Economic Growth, Stagflation, and Social Rigidities* (New Haven, CT: Yale University Press, 1982).
4. David Mora, "Update: We Found a 'Staggering' 281 Lobbyists Who've Worked in the Trump Administration," ProPublica, October 15, 2019.
5. "GDP Growth (Annual %) - Italy," World Bank, accessed March 19, 2021, https://data.worldbank.org /indicator/NY.GDP.MKTP.KD.ZG?locations=IT.
6. "Tax Dodgers Cost Italy €122 Billion in 2015," The Local Italy, December 16, 2015, https://www.thelocal.it/20151216/bosses-put-italys-tax-dodging-bill-at-122bn-euros.
7. Rakesh Kochhar, "Middle Class Fortunes in Western Europe," Pew Research Center, April 24, 2017, https://www.pewresearch.org/global/2017/04/24/middle-class-fortunes-in-western-europe.
8. "Italian Elections 2018—Full Results," *The Guardian*, March 5, 2018.
9. José Meléndez, "Ellos son los expresidentes centroamericanos en prisión," *El Universal*, February 14, 2018.
10. Moisés Naím, "Politician-Eating Beasts," *El País*, May 1, 2019.

### 第7章 追殺真相的權力

1. "George Washington and the Cherry Tree," National Park Service, accessed March 19, 2021, https://www.nps.gov/articles/george-washington-and-the-cherry-tree.htm.
2. Jay Rosen (@jayrosen_nyu), "Phrases like 'rewriting history' and 'muddying the waters' do not convey what is underway. It's an attempt to prevent Americans from understanding what happened to them through the strategic use of confusion," Twitter, April 13, 2020, https://twitter.com/jayrosen_nyu/status/1249885575655632896.
3. Alan Rusbridger, "Breaking News—A Summary of the Book's Arguments for Medium," ARusbridger.com, December 9, 2018, https://www.arusbridger.com/blog/2018/12/9/breaking-news-a-summary-of-the-books-arguments-for-medium.
4. "Post-truth," *Collins Dictionary*, accessed March 19, 2021, https://www.collinsdictionary.com/us/dictionary/english/post-truth.
5. Hannah Arendt, *The Origins of Totalitarianism* (New York: Harcourt Brace Jovanovich, 1973), 474.
6. Michael Isikoff and David Corn, *Russian Roulette: The Inside Story of Putin's War on America and the Election of Donald Trump* (New York: Twelve Books, 2018).
7. Andrew S. Weiss, "Vladimir Putin's Political Meddling Revives Old KGB Tactics," *Wall Street Journal*, February 17, 2017.
8. John B. Dunlop, *The Moscow Bombings of September 1999: Examinations of*

*Russian Terrorist Attacks at the Onset of Vladimir Putin's Rule*, 2nd ed. (Stuttgart: Ibidem, 2014).
9. Michael McFaul, "The Smear That Killed the 'Reset,'" *Washington Post*, May 11, 2018.
10. Committee on Intelligence of the 116th Congress, 1st sess., "Report on Russian Active Measures Campaigns and Interference in the 2016 U.S. Election; Volume 2: Russia's Use of Social Media with Additional Views," U.S. Senate, accessed March 19, 2021, https://www.intelligence.senate.gov/sites/default/files/documents/Report_Volume2.pdf.
11. Melissa M. Lee, "Subversive Statecraft: The Changing Face of Great-Power Conflict," *Foreign Affairs*, December 4, 2019.
12. Christopher Paul and Miriam Matthews, *The Russian "Firehose of Falsehood" Propaganda Model: Why It Might Work and Options to Counter It* (Santa Monica, CA: RAND Corporation, 2016).
13. "Bot Army," *Collins Dictionary*, accessed March 19, 2021, https://www.collinsdictionary.com/us/dictionary/english/bot-army.
14. Sinan Aral, *The Hype Machine: How Social Media Disrupts Our Elections, Our Economy, and Our Health—and How We Must Adapt* (New York: Penguin Random House, 2020).
15. Soroush Vosoughi, Deb Roy, and Sinan Aral, "The Spread of True and False News Online," *Science* 359, no. 6380 (2018): 1146–51.
16. AFP, "Facebook Closes Fake News Pages in Poland: Rights Group," Yahoo! News, May 17, 2019.
17. Roberto Saviano, "Facebook Closes Italy Pro-Government Fake News Pages: Rights Group," Yahoo! News, May 13, 2019.
18. Natasha Lomas, "Facebook Has Quietly Removed Three Bogus Far-Right Networks in Spain Ahead of Sunday's Elections," TechCrunch, April 23, 2019.
19. Oxford Internet Institute, "State-Backed Media from China and Russia Targets European and Latin American Audiences with Coronavirus News," press release, Oxford Internet Institute, June 29, 2020.
20. Katarina Rebello, Christian Schwieter, Marcel Schliebs, Kate Joynes-Burgess, Mona Elswah, Jonathan Bright, and Philip N. Howard, "Covid-19 News and Information from State-Backed Outlets Targeting French, German and Spanish-Speaking Social Media Users: Understanding Chinese, Iranian, Russian and Turkish Outlets," Oxford Internet Institute, June 2020.
21. Elyse Samuels, "How Misinformation on WhatsApp Led to a Mob Killing in India," *Washington Post*, February 21, 2020.
22. Trisha Jalan, "Updated: Tripura Govt Extends 2-Day Internet Ban by 48 Hours," Medianama, January 11, 2019, https://www.medianama.com/2019/01/223-tripura-internet-shutdown-2019.
23. Bharti Jain, "Lok Sabha Elections: At 67.1%, 2019 Turnout's a Record, Election

Commission Says," *Times of India*, May 21, 2019.
24. Snigdha Poonam and Samarth Bansal, "Misinformation Is Endangering India's Election," *The Atlantic*, April 1, 2019.
25. Nikhil Dawar, "Fact Check: Viral Post Claiming Sonia Gandhi Richer than Britain's Queen Elizabeth II Is False," *India Today*, January 9, 2019.
26. Supriya Nair, "The Meaning of India's 'Beef Lynchings,'" *The Atlantic*, July 24, 2017.
27. Dexter Filkins, "Blood and Soil in Narendra Modi's India," *New Yorker*, December 9, 2019.
28. "How WhatsApp Is Used and Misused in Africa," *The Economist*, July 20, 2019.
29. Danny Rayman, "Mexico: How Data Influenced Mexico's 2018 Election," *Tactical Tech Collective*, July 2, 2018, https://ourdataourselves.tacticaltech.org/posts/overview-mexico/.
30. Redacción Desinformémonos, "Con el hashtag #SaqueaUnWalmart bots y mensajes anónimos generan caos y pánico," Desinformémonos, January 5, 2017, https://desinformemonos.org/hashtag-saqueaunwalmart-bots-mensajes-anonimos-generan-caos-panico.
31. John McBeth, "Is Indonesia's Widodo in China's Pocket?," *Asia Times*, December 11, 2017.
32. Andreas Harsono and Tempe McMinn, "'I Wanted to Run Away': Abusive Dress Codes for Women and Girls in Indonesia," Human Rights Watch, March 18, 2021, https://www.hrw.org/report/2021/03/18/i-wanted-run-away/abusive-dress-codes-women-and-girls-indonesia.
33. "Police Question Prabowo Campaigners for Saying Jokowi Would Ban Call to Prayer, Legalize Gay Marriage," Coconuts Jakarta, February 25, 2019, https://coconuts.co/jakarta/news/police-question-prabowo-campaigners-saying-jokowi-ban-call-prayer-legalize-gay-marriage.
34. Mali Walker, "Indonesia's Democracy at Risk from Disinformation," *The Strategist*, Australian Strategic Policy Institute, May 15, 2019.
35. Marshall McLuhan, *The Medium Is the Message: An Inventory of Effects* (London: Penguin Books, 1967).
36. European Union, "Commission Regulation (EC) No 2257/94 of 16 September 1994 Laying Down Quality Standards for Bananas (Text with EEA Relevance)," September 20, 1994, 6–10.
37. Dominic Wring, "Going Bananas over Brussels: Fleet Street's European Journey," The Conversation, June 21, 2016, https://theconversation.com/going-bananas-over-brussels-fleet-streets-european-journey-61327.
38. Sarah Lambert, "Putting the Banana Story Straight," *The Independent*, September 21, 1994.
39. "Guide to the Best Euromyths," BBC News, March 23, 2007.
40. "Euromyths," European Parliament Liaison Office in the United Kingdom,

https://www.europarl.europa.eu/unitedkingdom/en/news-and-press-releases/euromyths.html.

41. Damian C. Adams, Michael T. Olexa, Tracey L. Owens, and Joshua A. Cassey, "Déjà Moo: Is the Return to Public Sale of Raw Milk Udder Nonsense?," *Drake Journal of Agriculture Law* 13, no. 305 (2008).
42. Jon Henley, "Is the EU Really Dictating the Shape of Your Bananas?," *The Guardian*, May 11, 2016.
43. Anne Applebaum, "Boris Johnson's Victory Proves It's Fiction, Not Fact, That Tories Want to Hear," *Washington Post*, July 23, 2019.
44. Glenn Kessler, Salvador Rizzo, and Meg Kelly, "Trump's False or Misleading Claims Total 30,573 over 4 Years," *Washington Post*, January 24, 2021, https://www.washingtonpost.com/politics/2021/01/24/trumps-false-or-misleading-claims-total-30573-over-four-years.
45. Chris Cillizza, "Donald Trump Lies More Often than You Wash Your Hands Every Day," CNN, June 10, 2019.
46. Michael Foucault, *The Foucault Reader* (New York: Penguin Random House, 1984).
47. Bruno LaTour, *Science in Action: How to Follow Scientists and Engineers Through Society* (Cambridge, MA: Harvard University Press, 1988).
48. David Frum, *Trumpocracy: The Corruption of the American Republic* (New York: Harper Collins, 2018).
49. Jop de Vrieze, "Bruno Latour, a Veteran of the 'Science Wars,' Has a New Mission," *Science Magazine*, October 10, 2017.
50. Alyza Sebenius, "Microsoft Releases Deepfake Detection Tool Ahead of Election," Bloomberg, September 2, 2020.
51. Peter Pomerantsev, *This Is Not Propaganda: Adventures in the War Against Reality* (New York: Public Affairs, 2019).

## 第8章 黑手黨國家，犯罪的政府

1. Philip Zelikow, Eric Edelman, Kristofer Harrison, and Celeste Ward Gventer, "The Rise of Strategic Corruption: How States Weaponize Graft," *Foreign Affairs*, July/August 2020.
2. Francis Fukuyama, http://www.ridge.uy/wp-content/uploads/2016/05/Fukuyama_Francis.pdf.
3. Charles Tilly, "Warmaking and Statemaking as Organized Crime," CRSO Working Paper No. 256, University of Michigan, February 1982, 8, https://deepblue.lib.umich.edu/bitstream/handle/2027.42/51028/256.pdf.
4. Niccolo Machiavelli, *The Prince* (New York: Bantam Books, 1984).
5. Thomas Hobbes, *Leviathan* (Baltimore: Penguin Books, 1968).
6. Mancur Olson, "Dictatorship, Democracy, and Development," *American Political Science Review* 87, no. 3 (1993): 567–76.

7. Francis Fukuyama, "Political Order and Political Decay," lecture, Chatham House, September 22, 2014, https://www.chathamhouse.org/sites/default/files/field/field_document/20140922PoliticalOrderDecay.pdf.
8. Gordon Tullock, *Rent Seeking, in The World of Economics*, ed. J. Eatwell, M. Milgate, and P. Newman (London: Palgrave Macmillan, 1991), 604–9.
9. Anne O. Krueger, "The Political Economy of the Rent-Seeking Society," *American Economic Review* 64, no. 3 (1974): 291–303.
10. Daron Acemoglu and James Robinson, *Why Nations Fail: The Origins of Power, Prosperity and Poverty* (New York: Penguin Random House, 2013).
11. Luke Harding, "WikiLeaks Cables Condemn Russia as 'Mafia State,'" *The Guardian*, December 1, 2010.
12. Paul Klebnikov, "Godfather of the Kremlin: Boris Berezovsky and the Looting of Russia," *Kirkus Reviews*, September 1, 2000.
13. Ruth May, "Putin: From Oligarch to Kleptocrat," *New York Review of Books*, February 1, 2018.
14. Zelikow et al., "The Rise of Strategic Corruption."
15. Leonardo Coutinho, "Hugo Chávez, the Spectre," Center for a Secure Free Society, September 20, 2018, https://www.securefreesociety.org/research/hugo-chavez-the-spectre.
16. Marton Dunai, "How Viktor Orbán Will Tap Europe's Taxpayers and Bankroll His Friends and Family," Reuters, March 15, 2018.
17. Balint Magyar and Balint Madlovics, "Hungary's Mafia State Fights for Impunity," Balkan Insight, June 21, 2019, https://balkaninsight.com/2019/06/21/hungarys-mafia-state-fights-for-impunity.
18. Patrick Kingsley, "Orbán and His Allies Cement Control of Hungary's News Media," *New York Times*, November 29, 2018.
19. "Putin Critic Bill Browder Freed After Brief Arrest in Spain," BBC, May 30, 2018.

## 第9章　走向全球化的3P獨裁者

1. Nate Schenkkan and Isabel Linzer, "Out of Sight, Not Out of Reach: Understanding the Global Scale and Scope of Transnational Repression," Freedom House, February 2021, https://freedomhouse.org/sites/default/files/2021–02/Complete_FH_TransnationalRepressionReport2021_rev020221.pdf.
2. Angela Merkel, "Bundeskanzlerin Merkel gratuliert dem designierten Präsidenten der Vereinigten Staaten von Amerika, Donald Trump," *Presse- und Informationsamt der Bundesregierung (BPA)*, November 9, 2016, https://www.bundesregierung.de/breg-de/aktuelles/bundeskanzlerin-merkel-gratuliert-dem-designierten-praesidenten-der-vereinigten-staaten-von-amerika-donald-trump-479452.

3. Nancy A. Youssef, Vivian Salama, and Michael C. Bender, "Trump, Awaiting Egyptian Counterpart at Summit, Called Out for 'My Favorite Dictator,'" *Wall Street Journal*, September 13, 2019.
4. "ALBA," Portal ALBA, accessed March 19, 2021, http://www.portalalba.org/index.php.
5. Christopher Walker and Jessica Ludwig, "The Long Arm of the Strongman: How China and Russia Use Sharp Power to Threaten Democracies," *Foreign Affairs*, May 12, 2021.
6. Kirk Semple and Marina Franco, "Bots and Trolls Elbow into Mexico's Crowded Electoral Field," *New York Times*, May 1, 2018.
7. Constella Intelligence, "Protests in South America: An Analysis of New Trends in Digital Disinformation and Influence Campaigns," Constella Intelligence, February 13, 2020, https://constellaintelligence.com/social-unrest-colombia-chile.
8. Katy Lee, "China Is on a Crazy Mission to Build Artificial Islands. What the Hell Is It Up To?," Vox, March 13, 2015.
9. Lily Kuo, "China Says It's Building Islands and Airstrips in the South China Sea for Better Weather Forecasts," *Quartz*, June 22, 2015.
10. Associated Press, "Sepp Blatter: Fixing FIFA takes time," ESPN, July 27, 2011.
11. Chris Mills Rodrigo, "Kobach 'Very Concerned' Voter Fraud May Have Happened in North Carolina," *The Hill*, December 6, 2018.
12. Carl Schreck, "From 'Not Us' to 'Why Hide It?': How Russia Denied Its Crimea Invasion, Then Admitted It," Radio Free Europe Radio Liberty, February 26, 2019.
13. Bill Chappell and Mark Memmott, "Putin Says Those Aren't Russian Forces In Crimea," NPR, March 4, 2014.
14. "MH17 Ukraine Plane Crash: What We Know," BBC, February 26, 2020.
15. Gabriela Baczynska, "Putin Classifies Information on Deaths of Russian Troops in Peacetime," Reuters, May 28, 2015.
16. James Kirchick, "Anti-Nazi Group Secretly Helping Kremlin Rebuild Russian Empire," *Daily Beast*, April 14, 2017.
17. Halya Coynash, "Russian 'Right Sector War Against Odessa Jews' Debunked," Kharkiv Human Rights Protection Group, September 10, 2014, http://khpg.org/en/1412804893.
18. Halya Coynash, "Chief Rabbi and Others Dismiss Putin's 'Anti-Semitic Extremist' Claims," Kharkiv Human Rights Protection Group, May 3, 2014, http://khpg.org/en/1393978300.
19. UN Watch, "Report: Venezuela Used 500 Front Groups to Subvert Today's UN Review of Its Rights Record," Human Rights Council, November 1, 2016, https://unwatch.org/report-venezuela-used-500-front-groups-subvert-todays-un-review-rights-record.
20. Daniel Baer, "Mind the GONGOs: How Government Organized NGOs Troll

Europe's Largest Human Rights Conference," *Medium*, September 29, 2016.
21. National Endowment for Democracy homepage, accessed March 19, 2021, https://www.ned.org.

## 第10章 權力與疫情

1. Frances Z. Brown, Saskia Brechenmacher, and Thomas Carothers, "How Will the Coronavirus Reshape Democracy and Governance Globally?" Carnegie Endowment for International Peace, April 6, 2020, https://carnegieendowment.org/2020/04/06/how-will-coronavirus-reshape-democracy-and-governance-globally-pub-81470.
2. Fabrizio, Lee & Associates, "Post Election Exit Poll Analysis: 10 Key Target States," Politico, December 2020, https://www.politico.com/f/?id=00000177–6046-de2d-a57f-7a6e8c950000.
3. "Global Impact of COVID-19 on Elections," Election Guide: Democracy Assistance and Elections News, accessed March 19, 2021, https://www.electionguide.org/digest/post/17591.
4. Jacob McHangama and Sarah McLaughlin, "Coronavirus Has Started a Censorship Pandemic," *Foreign Policy*, April 1, 2020.
5. Zeynep Bilginsoy and Mehmet Guzel, "Turkey: Social Media Law's Passage Raises Censorship Worries," *Washington Post*, July 29, 2020.
6. Brown, Brechenmacher, and Carothers, "How Will the Coronavirus Reshape Democracy and Governance Globally?"
7. Amr Hamzawy and Nathan J. Brown, "How Much Will the Pandemic Change Egyptian Governance and for How Long?," Carnegie Endowment for International Peace, July 23, 2020, https://carnegieendowment.org/2020/07/23/how-much-will-pandemic-change-egyptian-governance-and-for-how-long-pub-82353.
8. Sun Narin, "Gov't Defends Draft 'State of Emergency' Law; Rights Groups Remain Concerned," VOA Khmer, April 2, 2020, https://www.voacambodia.com/a/govt-defends-draft-state-of-emergency-law-rights-groups-remain-concerned/5356841.html.
9. Anna Luehrmann, Amanda B. Edgell, Sandra Grahn, Jean Lachapelle, and Seraphine F. Maerz, "Does the Coronavirus Endanger Democracy in Europe?," Carnegie Endowment for International Peace, June 23, 2020, https://carnegieeurope.eu/2020/06/23/does-coronavirus-endanger-democracy-in-europe-pub-82110.
10. Robin Emmott, "Russia Deploying Coronavirus Disinformation to Sow Panic in West, EU Document Says," Reuters, March 18, 2020.
11. Andrea Dudik, "Russia Aims to Stir Distrust in Europe on Virus Disinformation," Bloomberg Businessweek, March 19, 2020.
12. Amanda Seitz, "State Dept.: Russia Pushes Disinformation in Online Network,"

AP News, August 5, 2020.
13. Sarah Cook, "Beijing's Global Megaphone: The Expansion of Chinese Communist Party Media Influence Since 2017," Freedom House, 2020, https://freedomhouse.org/report/special-report/2020/beijings-global-megaphone.
14. Jennifer Rankin, "EU Says China Behind 'Huge Wave' of Covid-19 Disinformation," *The Guardian*, June 10, 2020.
15. Jessica Brandt and Fred Schafer, "Five Things to Know About Beijing's Disinformation Approach," Alliance for Securing Democracy, March 30, 2020, https://securingdemocracy.gmfus.org/five-things-to-know-about-beijings-disinformation-approach.
16. Jessica Brandt and Torrey Taussig, "The Kremlin's Disinformation Playbook Goes to Beijing," Brookings Institution, May 19, 2020, https://www.brookings.edu/blog/order-from-chaos/2020/05/19/the-kremlins-disinformation-playbook-goes-to-beijing.
17. Elizabeth Thompson, Katie Nicholson, and Jason Ho, "COVID-19 Disinformation Being Spread by Russia, China, Say Experts," CBC News, May 26, 2020, https://www.cbc.ca/news/politics/covid-coronavirus-russia-china-1.5583961.
18. Clarissa Ward, "Inside a Russian Troll Factory in Ghana," CNN, March 12, 2020.
19. Thomas Carothers and Andrew O'Donohue, "Polarization and the Pandemic," Carnegie Endowment for International Peace, April 28, 2020, https://carnegieendowment.org/2020/04/28/polarization-and-pandemic-pub-81638.

### 第11章 我們需要打贏的五場戰役

1. Sarah Repucci and Amy Slipowitz, "Freedom in the World 2021: Democracy Under Siege," Freedom House, 2021, https://freedomhouse.org/report/freedom-world/2021/democracy-under-siege.
2. Timothy Garton Ash, "The Future of Liberalism," *Prospect*, December 9, 2020.
3. President John Fitzgerald Kennedy, "Inaugural Address," transcript of speech delivered in Washington, DC on January 20, 1961, https://www.ourdocuments.gov/doc.php?flash=false&doc=91&page=transcript.
4. Timothy Snyder, *On Tyranny: Twenty Lessons from the Twentieth Century* (New York: Penguin Random House, 2017).
5. Allan Smith and Leigh Ann Caldwell, "Cheney Hits Back at Trump over Election 'Big Lie,'" NBC News, May 3, 2021, https://www.nbcnews.com/politics/donald-trump/cheney-hits-back-trump-over-election-big-lie-n1266143.
6. Jonathan Swift, *The Examiner*, No. XIV, 1710.
7. Anne Applebaum and Peter Pomerantsev, "The Internet Doesn't Have to Be Awful," *The Atlantic*, March 8, 2021.
8. Felix Salmon, "Media Trust Hits New Low," Axios, January 21, 2021.

9. "Bothsidesing: Not All Sides Are Equal," *Merriam-Webster Dictionary*, accessed May 19, 2021, https://www.merriam-webster.com/words-at-play/bothsidesing-bothsidesism-new-words-were-watching.
10. Lionel Barber, "Lionel Barber: Trump and Truth," Persuasion, January 18, 2021, https://www.persuasion.community/p/lionel-barber-trump-and-truth.
11. Alexander Hamilton, James Madison, John Jay, John Dunn, Donald L. Horowitz, and Eileen Hunt Botting, *The Federalist Papers*, ed. Ian Shapiro (New Haven, CT: Yale University Press, 2009).
12. Patrick Riccards, "National Survey Finds Just 1 in 3 Americans Would Pass Citizenship Test," Woodrow Wilson National Fellowship Foundation, October 3, 2018, https://woodrow.org/news/national-survey-finds-just-1-in-3-americans-would-pass-citizenship-test.
13. Alicia Tatone, "Global Banks Defy U.S. Crackdowns by Serving Oligarchs, Criminals and Terrorists," International Consortium of Investigative Journalists, September 20, 2020, https://www.icij.org/investigations/fincen-files/global-banks-defy-u-s-crackdowns-by-serving-oligarchs-criminals-and-terrorists.
14. Matthew Collin, "What the FinCEN Leaks Reveal About the Ongoing War on Dirty Money," Brookings Institution, September 25, 2020, https://www.brookings.edu/blog/up-front/2020/09/25/what-the-fincen-leaks-reveal-about-the-ongoing-war-on-dirty-money.
15. Thucydides, *History of the Peloponnesian War*, trans. Rex Warner (Baltimore: Penguin Books, 1968).
16. Dov H. Levin, "When the Great Power Gets a Vote: The Effects of Great Power Electoral Interventions on Election Results," *International Studies Quarterly* 60, no. 2 (June 2016): 189–202.
17. Drew Desilver, "Despite Global Concerns About Democracy, More than Half of Countries Are Democratic," Pew Research Center, May 14, 2019, https://www.pewresearch.org/fact-tank/2019/05/14/more-than-half-of-countries-are-democratic.
18. Director of National Intelligence, "Background to 'Assessing Russian Activities and Intentions in Recent US Elections': The Analytic Process and Cyber Incident Attribution," Office of the Director of National Intelligence, January 6, 2017, https://www.dni.gov/files/documents/ICA_2017_01.pdf.
19. Moisés Naím, "How Democracies Lose in Cyberwar," *The Atlantic*, February 13, 2017.
20. Colin Dwyer, "U.S. Announces Its Withdrawal from U.N. Human Rights Council," NPR, June 19, 2018.
21. Bruce Jones and Adam Twardowski, "Bolstering Democracies in a Changing International Order: The Case for Democratic Multilateralism," Brookings Institution, January 25, 2021, https://www.brookings.edu/research/bolstering-democracies-in-a-changing-international-order-the-case-for-democratic-

multilateralism.

22. Frances Z. Brown, Thomas Carothers, and Alex Pascal, "America Needs a Democracy Summit More Than Ever: How to Bring the Free World Together Again," *Foreign Affairs*, January 15, 2021.
23. Ejeviome Eloho Otobo and Oseloka H. Obaze, "Biden's Likely Policy Orientation Toward Africa," *The Guardian*, February 1, 2021.
24. Cas Mudde and Cristóbal Rovira Kaltwasser, *Populism: A Very Short Introduction* (New York: Oxford University Press, 2017).
25. Angus Colwell, "'I Genuinely Think 2020 Is Scary': David Runciman on Trump, Young People, and the Future of Democracy," *Pi*, March 2, 2020.

**結語**

1. "Where Ranked Choice Voting Is Used," Fairvote, May 2021, https://www.fairvote.org/where_is_ranked_choice_voting_used?gclid=CjwKCAjw-e2EBhAhEiwAJI5jg5iKpN7hEJaQvR_M7M_P0CksPS1uwMI8LPViJd37yWiIL74evP-RQBoChzgQAvD_BwE.
2. Frank Wilkinson, "Democracy Will Die, Maybe in Its Sleep," BNN Bloomberg, May 22, 2018.

國家圖書館出版品預行編目資料

以民主之名的獨裁：民粹、兩極分化、後真相，戕害自由的 21 世紀「權力遊戲」/ 摩伊希斯．奈姆 (Moisés Naím) 著；陳於勤，洪婉禎譯 . -- 初版 . -- 臺北市：商周出版：英屬蓋曼群島商家庭傳媒股份有限公司城邦分公司發行，2022.10
面；　公分 . -- ( 生活視野；32)

譯自：The revenge of power : how autocrats are reinventing politics for the 21st century

ISBN 978-626-318-439-8 ( 平裝 )

1.CST: 政治權力 2.CST: 民主政治 3.CST: 民粹主義

570.11　　111015404

線上版讀者回函卡

# 以民主之名的獨裁：民粹、兩極分化、後真相，戕害自由的21世紀「權力遊戲」

The Revenge of Power: How Autocrats are Reinventing Politics for The 21st Century

作　　者／摩伊希斯．奈姆 Moisés Naím
譯　　者／陳於勤、洪婉禎
責任編輯／余筱嵐
編輯協力／聞若婷

版　　權／林易萱、吳亭儀
行銷業務／林秀津、周佑潔、黃崇華
總 編 輯／程鳳儀
總 經 理／彭之琬
發 行 人／何飛鵬
法律顧問／元禾法律事務所　王子文律師
出　　版／商周出版
台北市 104 民生東路二段 141 號 9 樓
電話：(02) 25007008　傳真：(02)25007759
E-mail：bwp.service@cite.com.tw
Blog：http://bwp25007008.pixnet.net/blog
發　　行／英屬蓋曼群島商家庭傳媒股份有限公司 城邦分公司
台北市中山區民生東路二段 141 號 2 樓
書虫客服服務專線：02-25007718；25007719
服務時間：週一至週五上午 09:30-12:00；下午 13:30-17:00
24 小時傳真專線：02-25001990；25001991
劃撥帳號：19863813；戶名：書虫股份有限公司
讀者服務信箱：service@readingclub.com.tw
城邦讀書花園：www.cite.com.tw
香港發行所／城邦（香港）出版集團有限公司
香港灣仔駱克道 193 號東超商業中心 1 樓；E-mail：hkcite@biznetvigator.com
電話：(852) 25086231　傳真：(852) 25789337
馬新發行所／城邦（馬新）出版集團 Cite (M) Sdn. Bhd.
41, Jalan Radin Anum, Bandar Baru Sri Petaling, 57000 Kuala Lumpur, Malaysia.
Tel: (603) 90563833　Fax: (603) 90576622　Email: service@cite.my

封面設計／李東記
排　　版／邵麗如
印　　刷／韋懋印刷事業有限公司
總 經 銷／聯合發行股份有限公司
電話：(02)2917-8022　傳真：(02)2911-0053
地址：新北市 231 新店區寶橋路 235 巷 6 弄 6 號 2 樓

■ 2022 年 10 月 27 日初版　　Printed in Taiwan
定價 480 元



城邦讀書花園
www.cite.com.tw

 ISBN 978-626-318-439-8